D*A*S*H*-Diät

DASH-Lebensmittelkunde

DASH-Ernährungslehre

DASH-Kochlehre

94 Rezepte für DASH-Food und DASH-Drinks

Die D*A*S*H*-Diät gegen Bluthochdruck

The D*A*S*H*-Diet for Hypertension

Die D*A*S*H*-Diät gegen Übergewicht
The D*A*S*H*-Diet for Weight Loss

Die D*A*S*H*-Diät gegen Cholesterinerhöhung
The Low Cholesterol D*A*S*H*-Diet

Die No-Salt-Added-Diät

D*A*S*H*-Diät

DASH-Diät-Kochbuch

für die schnelle Küche
zu Hause, im Büro und unterwegs

Diät gegen **A**dipositas, **S**alzexzeß und **H**ypertonie (**DASH**)
Zugleich auch Diätküche bei Cholesterinerhöhung
nach der „Formula Dr. Rathgeber"

Mit einem Grundriß der
DASH-Lebensmittelkunde,
DASH-Ernährungslehre und **DASH-Kochlehre**
Rezepte für DASH-Food und DASH-Drinks

Von

Dr. phil. Walter Rathgeber
Facharzt für Allgemeinmedizin und Soziologe
Ehemal. Lehrbeauftragter für Medizinische Soziologie an der Fakultät für Theoretische Medizin der Universität Heidelberg und an der Medizinischen Fakultät der Universität München

und

Dipl.-Psych. Gerda Plattner
Praktische Ärztin / Psychotherapie

Bengelmann Verlag • München 2015

Formula Dr. Rathgeber • Band 9

***NSA**-Diät — **N**o-**S**alt-**A**dded-Diät • **N**o-**S**alt-**A**dded-Diet*

***SOS-Diät** • **S**chlank **O**hne **S**alzexzeß*

***D.A.S.C.H-Diät** — **D**iät gegen **A**dipositas, **S**alzexzeß, **C**holesterinerhöhung und **H**ypertonie*

Die medizinischen und ernährungswissenschaftlichen Informationen, Ansichten, Erwägungen, Anregungen, Ratschläge und Empfehlungen dieses Buches wurden von den Herausgebern, den Autoren und vom Verlag nach bestem Wissen und Gewissen erarbeitet und sorgfältig geprüft. Dennoch kann eine Garantie nicht übernommen werden. Eine Haftung seitens der Herausgeber, der Autoren und des Verlages für Personen-, Sach- und Vermögensschäden ist ausgeschlossen.

Die Dosierangaben sind Empfehlungen, die dem einzelnen Patienten und dem jeweiligen gesundheitlichen Zustand angepaßt werden müssen. Die angegebenen Dosierungen wurden sorgfältig überprüft. Da Herausgeber, Autoren und Verlag für die Richtigkeit dieser Angaben keine Gewähr übernehmen können, sollte stets kompetenter ärztlicher individueller Rat eingeholt werden. Auch die Dosierungsempfehlungen des Herstellers sollten beachtet werden. Dieses Buch kann keine individuelle ärztliche Beratung ersetzen. Jede Leserin und jeder Leser sollte für eigenes Tun und Unterlassen auch weiterhin selbst verantwortlich sein.

Druck: Mediengruppe Universal, Grafische Betriebe München GmbH

ISBN 978-3-930177-30-1

Inhaltsverzeichnis

1. Hauptteil:
Die Grundnahrungsmittel für die Deutsche DASH-Diät nach der Formula Dr. Rathgeber
Ein kurzer Abriß der DASH-Lebensmittelkunde, DASH-Ernährungslehre und DASH-Kochlehre

Wieviel Kochsalz (Natriumchlorid) täglich braucht der Mensch?

Der menschliche Organismus besteht aus zwei verschiedenen getrennten Räumen, nämlich einerseits dem Inneren der Zellen und andererseits der wäßrigen Flüssigkeit, welche diese Zellen umgibt. Die Körperzellen baden gleichsam in einem Badewasser, in welchem verschiedene Stoffe gleichsam als „Badesalze“ gelöst sind, z.B. Zucker, Eiweiß und Mineralien, darunter auch das **Kochsalz**, welches chemisch als **Natriumchlorid** (chemische Formel „NaCl“) bezeichnet wird. Dieses „Badewasser“, in welchem die Zellen des Körpers schwimmen, befindet sich nur außerhalb der Zellen und wird deshalb **EXTRA-ZELLULÄR-RAUM** genannt. Auch das Blut, welches in den Blutgefäßen, in den Venen und in den Arterien, also im Blutkreislauf zirkuliert, gehört zu diesem Extrazellulärraum. Der Raum *innerhalb* der Körperzelle wird INTRA-ZELLULÄR-RAUM genannt.

In diesem *Extra*zellulärraum befindet sich der weitaus größte Teil des gesamten Körperbestandes an **Natrium** (Sodium) bzw. **Natriumchlorid (Kochsalz)**. Genauer gesagt, handelt es sich freilich nicht um metallisches, elementares Natrium, sondern um elektrisch positiv geladene sogenannte Natrium-Ionen. Nur ein sehr geringer Teil des Gesamtkörpernatriums befindet sich im *Inneren* der Zellen, also im Intrazellulärraum. Dieses Konzentrationsverhältnis zwischen dem intrazellulären und dem extrazellulären Natrium gehört zu den Grundbedingungen des menschlichen Lebens.

Ihre Frage: „Was ist denn eigentlich „Natrium“?

„Natrium“ ist ein *chemisches Element*, ein silberweißes, weiches Metall, das man mit einem Küchenmesser schneiden kann, und das sowohl am Festland der Erdoberfläche als auch im Meer niemals als chemisch reine, elementare metallische Substanz, also als Metall, wie es sich der chemische Laie vorstellt, vorkommt, sondern nur als Bestandteil chemischer Verbindungen (von Salzen), also als Bestandteil von Molekülen. Während wohl die meisten Menschen wissen, wie Gold ausschaut, haben nur wenige Menschen, nämlich allenfalls etliche Chemiker im Labor, jemals elementares Natrium gesehen. Dieses muß unter Luftabschluß in Petroleum aufbewahrt werden. Warum ist dies so? Weil elementares metallisches Natrium an der Luft rasch vom Luftsauerstoff oxydiert wird und sich mit Wasser in einer heftigen explosionsartigen Reaktion unter großer Hitzeentwicklung zur Natronlauge vereinigt, so daß Natrium nur als elektrisch positiv geladenes Teilchen, **als Ion**, eben als **Natriumion**, vorkommt.

An der Erdoberfläche ist das Natriumion vorwiegend ein Bestandteil von Feldspaten und Quarzsand (Siliciumverbindungen) und kommt in diesen als Salz der Kieselsäure, also als **Natriumsilikat**, vor. Außerdem kommt Natrium noch in Steinsalzlagern und im Meer als Salz der Salzsäure, also als **Natriumchlorid** vor. In den von Tieren und dem Menschen **verzehrbaren Pflanzen** kommt das Natrium nur in **sehr geringer Menge** vor, es ist außerhalb des Meeres, also an Land, ausgesprochene **„Mangelware"**. Als die ersten Lebewesen vor Jahrmillionen das Meer verlassen haben und zu Landbewohnern geworden sind, hatten die Nieren dieser ersten Landbewohner deshalb vorwiegend die Aufgabe, das seltene und lebensnotwendige Natrium im Organismus zurückzubehalten. Auch in den letzten Jahrhunderttausenden, bei den Steinzeitmenschen, war Natrium Mangelware, weil es eben in der Nahrung an der Erdoberfläche so selten ist.

Das mit der Nahrung und dem Trinkwasser in den Magen und in den Darm gelangende Natriumchlorid bzw. Kochsalz wurde also **bei den Steinzeitmenschen**, die **in einer natriumarmen Umgebung** leben mußten, ebenso wie beim heutigen Menschen in den Extrazellulärraum des menschlichen Körpers aufgenommen. Im Gegensatz zur Situation beim heutigen Menschen mußte jedoch beim Steinzeitmenschen nur sehr wenig Natriumchlorid täglich wieder über die Nieren ausgeschieden werden, nämlich genau die Menge, die täglich mit der Nahrung zugeführt worden war. Und diese Menge war sehr gering, schätzungsweise kaum über ein halbes Gramm, wenn man von dem natürlichen Kochsalzgehalt des damaligen Hauptnahrungsmittels, dem Fleisch jagdbarer oder domestizierter Tiere, ausgeht. **Mit einer derart geringen Natriumaufnahme und Natriumausscheidung befand sich der Organismus des Steinzeitmenschen im Natriumgleichgewicht, ohne daß die Nieren überlastet worden wären.**

Ab welcher Menge täglich zugeführten Kochsalzes die gesundheitliche Schädigung beginnt

Bei der **heutigen zivilisatorischen Ernährung** wird das *in immenser Menge zugeführte Natrium* zunächst in den Körper bzw. in den Blutkreislauf aufgenommen, weil sich der Körper nicht gegen die Aufnahme des Natriums wehren kann. Die Nieren müssen jedoch anschließend die gesamte Menge an aufgenommenem Kochsalz wieder ausscheiden, damit der Natriumgehalt des Extrazellulärraumes möglichst konstant bleibt — man nennt dies die *„Homöostase des inneren Milieus" (Claude Bernard, französischer Physiologe, 1813 - 1878)*. Die Nieren müssen dies tun, obgleich sie eigentlich vor Jahrmillionen für einen anderen Auftrag „konstruiert" worden sind: nämlich das seltene und deshalb begehrte Natrium eher zurückzubehalten als auszuscheiden. Und die Nieren können hierbei langfristig überfordert und geschädigt werden. Um so mehr, je größer die Salzzufuhr ist, je länger dieser Salzexzeß dauert und je länger der Mensch lebt, weil er nicht aus anderen Gründen vorher verstorben ist, bevor die durch Salzexzeß zugefügte Nierenschädigung zum Tragen kommt. Was den Blutdruck betrifft, gilt als ***Faustregel, daß ab einer täglichen Zufuhr von 3 Gramm Kochsalz sich der oben erwähnte sog. Extra-Zellulär-Raum auszudehnen beginnt und somit der Bluthochdruck beginnt.***

Wieviel Natriumchlorid (Kochsalz) der Mensch wirklich braucht

Der **physiologische Kochsalzbedarf** eines erwachsenen Menschen beträgt auf keinen Fall mehr als **1 Gramm (1000 mg) Kochsalz**

(Natriumchlorid) pro Tag, was einer täglichen **Natriumzufuhr von maximal 400mg** entspricht. Vermutlich ist der **wahre Mindestbedarf** noch viel niedriger, nämlich etwa **ein halbes Gramm (500mg) Natriumchlorid (entsprechend 200mg Natrium)**, wenn man Vergleichswerte auf der Basis der Ernährungsgewohnheiten bei Naturvölkern und in der Steinzeit berücksichtigt.

Wieviel Natriumchlorid der heutige Mensch bei zivilisatorischer Ernährung in Deutschland täglich verzehrt

Untersuchungen zur täglichen Kochsalzausscheidung im 24-Stunden-Sammelurin gesunder Versuchspersonen haben ergeben, daß **bei heutiger zivilisatorischer Ernährung der Mensch zwischen 5 Gramm und 32 Gramm Kochsalz täglich** aufnimmt. Dieser ***Kochsalzexzeß*** erfolgt allein schon durch den Verzehr der immens kochsalzhaltigen Fertigprodukte Brot, Schinken, Wurst und Käse sowie anderer Dauerwaren und Konserven. Eine Fertigpizza von 330g enthält schon 5g Kochsalz (Natriumchlorid) und mehr, das Natrium aus anderen Quellen als dem Kochsalz noch gar nicht mitberechnet! Hinzu kommen der Verzehr fertiger Speisen in Gaststätten und Kantinen sowie das eigene Nachsalzen fertiger Speisen bei Tisch. Da Kochsalz nicht die einzige Natriumquelle in Lebensmitteln ist, kommt zur täglichen Natriumaufnahme noch die Natriumzufuhr aus anderen Natriumquellen als dem Kochsalz hinzu.

Welche anderen Natriumquellen als Kochsalz (Natriumchlorid) es gibt

Natrium wird nicht nur mit dem Kochsalz, also dem Natriumchlorid, zugeführt, sondern mit vielen anderen Lebensmittelzusatzstoffen und Hilfsstoffen, wie z.B. **Natriumbikarbonat (Natriumhydrogenkarbonat)**, welches einerseits von den Bäckern als Backtriebmittel („Backpulver") verwendet wird, andererseits von der Gastronomie als **Weichmacher** für Fleisch: Um das Garen in der Küche zu beschleunigen, werden die Fleischstücke einige Stunden vorher mit Natriumbikarbonat eingerieben und in den Kühlschrank gelegt. Weitere Natriumverbindungen in Lebensmitteln sind z.B. manche Süßstoffe, Natriumnitrit, Natriumnitrat, Natriumphosphat, Natriumglutamat, Natriumcitrat.

Die Umstellung auf kochsalzarme Ernährung senkt die Morbidität, erhöht die Lebenserwartung und steigert die Empfindsamkeit der Geschmacksnerven und somit die Freude am Essen und Trinken

Die Entwicklung von Medizin, Hygiene, Seuchenverhütung und moderner Lebensmittelproduktion im Rahmen der naturwissenschaftlich-technischen Entwicklung von Landwirtschaft und Industrie seit gut hundert Jahren (z.B. wurden in München Kanalisation und hygienische Trinkwasserversorgung erst gegen Ende des 19. Jahrhunderts durch Max von Pettenkofer eingeführt) haben die krankheitsfreie Lebensspanne und die gesamte Lebenserwartung des Menschen in der wissenschaftlich-technischen Welt wie nie zuvor in der Geschichte der Menschheit ansteigen lassen. In den Zeiten vor dieser Wende, was die durchschnittlich erreichten Lebensjahre betrifft, sind die Menschen in so frühen Altersjahren gestorben, daß sie die zu erwartenden Alterskrankheiten ebensowenig erleben konnten wie die zu erwartenden Nierenschäden infolge des exzessiven Kochsalzkonsums. **Die Umstellung auf kochsalzarme Ernährung wird die Morbidität im Alter senken, d.h. die Alterskrankheiten, wie z.B. Herzinfarkt, Hirnschlag, Demenz und Alterskrebs, verhüten und die Lebenserwartung verlängern.**

Bei der Umstellung auf kochsalzarme Ernährung kann anfangs die mangelnde Geschmacksintensität der ungesalzenen Speisen ein Problem sein. Dies liegt daran, daß sich durch das bisherige übermäßige Salzen der Speisen die Geschmacksnerven an den hohen Salzgehalt gewöhnt haben und erst bei hohen Salzkonzentrationen überhaupt ansprechen – ähnlich ist es, wenn man sich an einen Grundpegel von Umgebungsgeräuschen gewöhnt hat und diese gar nicht mehr wahrnimmt. Durch salzarme Ernährung wird nach etwa zwei bis vier Wochen die generelle Empfindsamkeit der Geschmacksnerven der Zunge und des Gaumens gesteigert, nicht nur für die Wahrnehmung von Kochsalz. Bei kochsalzarmer Ernährung werden Ihre Geschmacksnerven natürliche Aromen in allen Lebensmitteln wahrnehmen können, die vorher gar nicht wahrgenommen werden konnten. Auch in höherem Lebensalter können so die bekannten alterstypischen Riech- und

Schmeckstörungen vermieden werden, die auch den Gesunden eines guten Teiles seiner Lebensfreude berauben. Denn ***„Essen und Trinken hält Leib und Seele zusammen“***, wie eine alte Spruchweisheit verkündet. In der französischen Spätrenaissance, einem genußfreudigen Zeitalter, hat dies der Gourmet, Kanonikus, Arzt, Dichter und Universalgelehrte Béroalde der Verville in seinem Roman „LE MOYEN DE PARVENIR“ (1610 in Paris erschienen) so formuliert: *„Il n'est que de faire grand'chère, et se réjouir; c'est vivre, cela!“* – , zu deutsch: ***„Nichts Besseres gibt es als ein köstliches Mahl, und sich zu erfreuen; das ist das Leben, das ist es!“***[1]**.**

---

[1] Zitiert aus: Béroalde de Verville: Der Weg zum Erfolg — Le Moyen de Parvenir. Die Gründe für alles, was war, ist und sein wird. Herausgegeben von Valentino Bonvicini. Übersetzung aus dem Französischen von Barbara Scholz. Bengelmann Verlag München 2013, S.332.

Wasser zum Trinken und zum Kochen in DASH-Qualität

Ihre Frage: Warum verdursten Schiffbrüchige im Meer, obwohl sie doch von Wasser umgeben sind?

Wasser ist das wichtigste Lebensmittel. Denn der Mensch besteht zum größten Teil aus Wasser, dem Verbrennungsprodukt des Wasserstoffes, und der Gesamtbestand des Körperwassers wird von den Regulationsmechanismen des Organismus sehr konstant gehalten. **Wasserverluste und mangelnde Zufuhr von Wasser werden vom menschlichen Organismus sehr, sehr schlecht vertragen, wohingegen mangelnde Nahrungszufuhr nur für ca. zwei Tage zu einem Hungergefühl führt, welches am dritten Tage völlig verschwindet.** Normalerweise darf der Wassergehalt der Körpermasse ohne Berücksichtigung des Depotfettes nur um ca. ±0,22% des Körpergewichtes schwanken, also z.B. bei einem Mann von 70kg Körpergewicht nur um ca. ±150 Milliliter (=0,150 Liter). **Durst** entsteht, wenn entweder der Körper über 0,5% seines Gewichtes an Wasser nach außen verloren hat, oder wenn bei übermäßiger Kochsalzzufuhr sich das Natrium im sog. Extra-Zellulär-Raum anreichert und deshalb Wasser aus dem Inneren der Körperzellen, also aus dem Intra-Zellulär-Raum, nach außen in den Extra-Zellulär-Raum verschoben werden muß, so daß im Inneren der Zellen dann zwangsläufig Wassermangel entsteht.

Das Gesamtkörperwasser des Neugeborenen ist ca. 75% des Körpergewichtes, männliche junge Erwachsene haben etwa 63% Körperwasser, weibliche junge Erwachsene aufgrund des höheren Gehaltes des Körpers an Depotfett nur 52% Körperwasser. Nach Abzug des Fettanteiles vom Gesamtkörper bei beiden Geschlechtern, also bezogen auf die *fettfreie Körpermasse*, beträgt der Wassergehalt erwachsener Menschen im Mittel 73,2±3%. Mit zunehmendem Alter nimmt der Wassergehalt des Menschen ab. Der Mensch führt seinem Körper Wasser mit pflanzlicher und tierischer Nahrung zu, welche naturgemäß Wasser enthält. Der menschliche Organismus produziert auch im Rahmen des Stoffwechselgeschehens einen Teil des benötigten Wassers selber, indem er den Wasserstoff, der in den

Nahrungsfetten, in den Nahrungskohlehydraten und in den Nahrungsproteinen enthalten ist, mit Hilfe des eingeatmeten Sauerstoffes zu Wasser verbrennt. Trotzdem ist der Mensch in allen klimatischen Regionen der Erde auf die Zufuhr von Trinkwasser angewiesen. Eiweißreiche Ernährung steigert den Wasserbedarf des Organismus.

Hygienisch und chemisch unbedenkliches Trinkwasser kommt nahezu nirgendwo auf der bewohnbaren Erdoberfläche *von Natur aus* vor. Selbst die Quellen als Auslaufstellen des Grundwassers können seuchenverdächtiges Wasser führen. Das Süßwasser der Flüsse und Seen in der Wildnis war schon seit Urzeiten nur für die Tiere und Pflanzen als Lebensmittel geeignet, zu keinen Zeiten war es ohne Krankheitsrisiken, wenn die Menschen es trinken mußten. Das Wasser der Flüsse und Seen enthält so z.B. zahllose lebende und unbelebte Schwebeteilchen, Ausscheidungen von Tieren, Fäulnisprodukte, Abwasserpilze, Plankton, Protozoen, Amöben, Würmer, Wurmeier z.B. von Spul- und Peitschenwurm, Schneckchen als Zwischenwirte von Trematoden, Kotbakterien, Typhusbakterien, Ruhr- und Choleraerreger und Viren, z.B. Hantaviren aus dem Speichel, Harn und Kot von Nagetieren. Selbst Regenwasser enthält z.B. die als Aerosol in der Luft aufgewirbelten Viren (z.B. das Hantavirus aus getrocknetem Urin von Mäusen und anderen Nagetieren), Fäkalkeime und Stäube. Mit verseuchtem Brunnen- und Quellwasser sind schon seit urdenklichen Zeiten zahlreiche Seuchen wie Hepatitis, Cholera, Typhus und Ruhr übertragen worden, wenn dieses nicht durch Kochen desinfiziert werden konnte. Erst seit der Einführung der naturwissenschaftlich-technischen Methoden der Trinkwasseraufbereitung konnte das in der Natur vorkommende, jedoch für den Menschen ungeeignete Wasser zu hygienischem Trinkwasser verarbeitet werden, das *frei von Krankheitserregern* (Viren, Bakterien, Pilzen, tierischen Erregern wie Amöben) und toxischen Beimengungen ist; frei von jeglichen mikrobiellen Lebewesen und von toxischen Beimengungen ist das aufbereitete Trinkwasser meist trotzdem nicht. Im Zuge der Propaganda für niedrigeren Wasserverbrauch kommt es zur Verlangsamung und Verringerung der Wasserdurchflußrate in den großen

Wasserversorgungsleitungen, so daß die toten Wasserasseln und der Kot der Wasserasseln sich als „Rost" im Rohrnetz festsetzen. Je sparsamer im privaten Haushalt mit dem Leitungswasser umgegangen wird, desto schlimmer steht es dann mit den Sekundärverkeimungen im Trinkwasser, weil sich Bakterien gerne in der Masse aus Asselkadavern und Asselkot ansiedeln. **Leitungswasser sollte deshalb nur in abgekochtem Zustand zur Zubereitung von Speisen verwendet werden, insbesondere dann, wenn die Speisen nach der Zubereitung noch im Kühlschrank aufbewahrt werden sollen.**

Die **mengenmäßig bedeutendste toxische Beimengung** des in der Natur am häufigsten vorkommenden Wassers, also des **Meerwassers**, ist das **Natrium-Ion (Sodium-Ion**) im **Kochsalz**, chemisch als Natriumchlorid bezeichnet, welches zugleich ein *lebensnotwendiges Salz* darstellt. Es ist gar nicht so selten, daß lebensnotwendige Substanzen in *höherer* Dosierung toxisch sind; beim Sauerstoff (Oxygenium) ist es ebenso. Der Mensch benötigt einerseits den Sauerstoff der eingeatmeten Luft, welcher andererseits in höherer Dosierung hochgiftig und mit dem Leben nicht vereinbar ist.

Umgangssprachlich heißt es einfach „Salz", wenn vom Kochsalz als dem Natriumsalz der Salzsäure gesprochen wird. Unsere eingangs gestellte Frage, warum Schiffbrüchige, die nur Meerwasser trinken, verdursten, ist deshalb wie folgt zu beantworten: Weil das Meerwasser so viel Salz (Natrium-Ionen, Sodium, Kochsalz) enthält, daß die Nieren den ***Salzüberschuß (Salzexzeß***) nicht ausscheiden können und bei dem vergeblichen Versuch der Nieren, dies zu bewerkstelligen, das Körperwasser verloren geht — und der Schiffbrüchige den Tod durch Wasserverlust (Dehydratation) erleidet. Weniger dramatisch, jedoch nicht ohne gesundheitliche Folgen, verläuft der Salzexzeß bei Menschen, die in küstennahen Regionen leben und, wenn sie keine Möglichkeit haben, kochsalzfreies Süßwasser zum Kochen und Trinken zu verwenden, gezwungen sind, Brackwasser zu benutzen: Die Nieren werden gezwungen, einen verzweifelten Kampf um die notwendige Ausscheidung von Kochsalz und das Zurückbehalten des Wassers im Körper zu führen, um einen gefährlichen Wasserverlust, also eine Dehydratation, zu vermeiden. Die Nieren tun dies, obgleich sie ursprünglich – vor Jahrmillionen – bei der Entstehung der ersten außerhalb des Meeres lebenden Landsäugetiere einen anderen physiologisch-chemischen Auftrag hatten, nämlich denjenigen, das an Land doch so seltene Natriumion – sprich Kochsalz – im Organismus zurückzubehalten! Auch die in Küstennähe lebenden Säugetiere haben dieses Problem der Anreicherung von Kochsalz im Körper mit Ödembildung, Entstehung eines Bluthochdruckes und Entwicklung von Nierenschädigungen, allerdings nur dann, wenn sie ein höheres Lebensalter erreichen. **Salzwiesenrinder** und **Salzwiesenlämmer** erreichen wohl so schnell die Schlachtreife, daß sie ihre Nierenschädigung gar nicht mehr erleben dürfen. In gleicher Weise führt der **zivilisatorische Salzexzeß,** insbesondere durch heutige industrielle Fertigprodukte, aber auch durch traditionelle handwerkliche Produkte (z.B. Brot, Käse, Wurstwaren, Schinken, Gemüsekonserven, Fleischkonserven), durch Kantinenessen und Restaurantessen zu krankhafter Anreicherung (Ödemen) von Kochsalz und Wasser im Körper, zu Appetitsteigerung, Fehlernährung mit kalorischem Exzeß, Übergewicht, **Nierenschäden** und **Bluthochdruck**.

Insofern sind Salzexzeß, Natriumexzeß, Adipositas und Bluthochdruck als gesellschaftlich bedingte Krankheiten aufzufassen, die RUDOLF VIRCHOW (1821 - 1902), Pathologe an der Berliner Charité und Begründer der modernen naturwissenschaftlichen Pathologie (Krankheitslehre), als **„soziale Krankheiten“** bezeichnet hat.

Wasser zum Trinken und zum Kochen in DASH-Qualität zur Vermeidung von Salzexzeß und Überlastung der Nieren als Entsalzungsorgane muß deshalb nahezu kochsalzfrei sein — also nahezu frei von Natrium-Ionen (Sodium). Auch Natrium-Ionen aus anderen Salzverbindungen als dem Kochsalz (z.B. Natriumglutamat, Natriumbicarbonat bzw. Natriumhydrogenkarbonat, Natriumnitrit und Natriumnitrat) dürfen in DASH-Trinkwasser und im DASH-Kochwasser nicht enthalten sein. Für die Verwendung als Trink- und Kochwasser im Rahmen der Lebensmittelzubereitung in DASH-Qualität sind deshalb Brackwasser und Wasser aus Entsalzungsanlagen, aber auch handelsübliche kochsalzhaltige Mineralwässer, nicht geeignet. In vielen Küstenregionen und auf

Inseln ist das Leitungswasser eine Mischung aus Süßwasser und Wasser aus Entsalzungsanlagen, so daß man z.B. als Inselbewohner oder Urlauber für die Zubereitung von Speisen und Getränken in DASH-Qualität das dortige Leitungswasser nicht verwenden soll, auch wenn dieses von den Behörden als Trinkwasser oder als zum Kochen geeignetes Wasser eingestuft wird. Für die DASH-Küche empfiehlt sich in solchen Regionen die Verwendung von handelsüblichem kochsalzfreiem Trinkwasser in Plastikflaschen.

Energiereiche Nähr- und Baustoffe für die DASH-Diät

Energiereiche Nährstoffe werden einerseits gleichsam als Brennmaterial für die Verbrennung (Oxidation) im Stoffwechsel des menschlichen Organismus, also für die Bereitstellung von Energie („Kalorien"), benötigt **(„Betriebsstoffwechsel"),** andererseits für den Aufbau körpereigener Substanzen (**„Baustoffwechsel").**

Betriebsstoffwechsel und DASH-Diät: Im Zusammenhang mit der Erklärung des Konzeptes der Freien Radikale und der Antioxidantien zum Schutz vor Korrosionsschäden an den Körperzellen [2] haben wir den Organismus mit einem Ofen verglichen, der Brennstoffe verbrennt und dabei aber auch sich selbst schädigt, indem z.B. durch Hitzeeinwirkung die Schamottauskleidung des Ofens beschädigt wird. Antioxidantien – sowohl körpereigene als auch zugeführte – sollen diesen oxidativen Alterungsprozeß der Zellen bremsen. Bei der DASH-Diät sollen mit der Nahrung genügend Antioxidantien bzw. Radikalfänger sowie andere Schutz- und Baustoffe aufgenommen werden, um oxidative Organschädigungen möglichst gering zu halten.

Baustoffwechsel und DASH-Diät: Bei der DASH-Diät sollen mit der Nahrung Baustoffe zugeführt werden, die als Schutzstoffe in den menschlichen Organismus, dessen Zellen und Gewebe, eingebaut werden. Solche Schutzstoffe sind z.B. kurzkettige und langkettige Omega-3-Fettsäuren in pflanzlichen und tierischen Lebensmitteln (z.B. Leinöl, Rapsöl, Hanföl, Walnußöl, Weizenkeimöl, Öl in

[2] Wer hierzu Genaueres wissen will, wird auf unser Beratungsbuch zum Thema verwiesen: Walter Rathgeber / Gerda Plattner: Anti-Aging. Strategie gegen das Altern. Bengelmann Verlag, 1999. ISBN 978-3930177028

Kaltwasserfischen), die, wenn sie in die Innenschicht der Gefäßauskleidung (Gefäßendothel) eingebaut worden sind, in der Lage sind, die Verkalkung von Blutgefäßen zu verhindern oder zumindest zu verlangsamen.

Die **energiereichen Nährstoffe**, mit denen in der DASH-Küche sorgfältig umgegangen werden muß, werden üblicherweise in **drei Gruppen** eingeteilt: in die **Kohlenhydrate**, in die **Fette** und in die **Eiweiße (Proteine)**.

Die Bedeutung der Kohlenhydrate für die Deutsche DASH-Diät:

Zur Familie der Kohlenhydrate gehören verschiedene **einfache Zucker** und **komplexe Gebilde aus Zuckermolekülen**, wie z.B. **Stärke** und andere **Polysaccharide** in Pflanzen. Im menschlichen Organismus werden Kohlenhydrate als sog. **Glykogen** (sog. „tierische Stärke") gespeichert, um bei Bedarf Zucker zur Verfügung stellen zu können. Kohlenhydrate sind für alle Körperzellen wichtige Energielieferanten. Aber auch als Baustoffe spielen sie eine Rolle. Das Zentrale Nervensystem (ZNS) des Menschen, das Gehirn, benötigt hauptsächlich Glucose (Traubenzucker) als Energielieferant. Die Muskeln hingegen können ihren Energiebedarf auch durch die Verbrennung von Fettsäuren stillen. Der menschliche Organismus ist nicht unbedingt auf die Zufuhr von Zucker mit der Nahrung angewiesen, da er aus vielen der mit den Nahrungseiweißen zugeführten Aminosäuren selber Glucose herstellen kann. **Der Mensch hat also seine eigene Zuckerfabrik**, so lange er genügend Eiweiß verzehrt und auch verdauen kann.

Der **Sättigungswert** von mit der Nahrung zugeführten Kohlehydraten ist **gering**. Infolge der durch die Zucker provozierten Insulinausschüttung aus den sog. Inselzellen der Bauchspeicheldrüse (Pankreas) kann beim Verzehr von Zuckern und Kohlenhydraten der Appetit sogar noch gesteigert werden, ohne daß Sättigung eintritt. **„Der Appetit kommt mit dem Essen"** – und dies gilt ganz besonders bei dem übermäßigen Zuckerverzehr und den viel zu häufigen täglichen Nahrungsaufnahmen des heutigen Zivilisationsmenschen.

Der Unterschied zwischen der Deutschen DASH-Diät und der amerikanischen DASH-Diät

Der 1. Unterschied: Die Deutsche DASH-Diät gestattet weniger Kochsalz als die amerikanische „dash diet".

Die **Deutsche DASH-Diät** hat mit dem **amerikanischen Konzept der DASH-Diät** gemeinsam, daß die Kochsalzzufuhr verringert wird, wobei die **amerikanische DASH-Diät** eine tägliche Zufuhr von bis zu 2000 mg (= 2 Gramm) Natrium, entsprechend 5000mg (5 Gramm!) Kochsalz gestattet, wobei der natürliche Kochsalzgehalt der Lebensmittel nicht mitgezählt wird. Dies geschieht womöglich mit Rücksicht auf die amerikanischen Ernährungsgewohnheiten.

Für die **Deutsche DASH-Diät** gilt die **unbestreitbare wissenschaftliche Erkenntnis der Physiologie und Physiologischen Chemie**, daß der ***Mindestbedarf für Kochsalz (Natriumchlorid)*** mit Sicherheit ***unter einem Gramm*** pro Tag liegt. Von diesen Werten für Natriumchlorid (Kochsalz) auf Natrium umgerechnet, bedeutet dies, daß von einem ***täglichen Bedarf von höchstens 400mg (0,4 Gramm) Natrium*** ausgegangen wird. Eine solche Natriumaufnahme bzw. Kochsalzaufnahme würde bei Naturvölkern oder bei den jungsteinzeitlichen Viehzüchtern und Ackerbauern, wie z.B. bei „Ötzi", dem Südtiroler Mann aus dem Eis, z.B. dem Verzehr von etwa 1000 Gramm (1kg) ungesalzenem Rinderfilet entsprechen, denn 100g Rinderfilet enthalten immerhin 40mg Natrium. Die gleiche Natriumaufnahme würde sich bei dem täglichen Verzehr von 1kg ungesalzenem Thunfisch mit einem natürlichen Gehalt von 40mg Natrium/100g ergeben. Die gleiche Menge von 400mg Natrium, die dem geschätzten Tagesbedarf an Natrium bzw. Kochsalz entspricht, ist in 400g Fischfleisch solcher Seefische enthalten, die gute 100mg Natrium entsprechend 400mg Kochsalz in 100 Gramm verzehrbarer Ware enthalten, wie z.B. die Lotte (Seeteufel, Lophius piscatorius, auch Anglerfisch genannt), Seehecht, Seezunge, Scholle. Eine Natriumaufnahme in dieser Größenordnung entspricht dem täglichen Verzehr von gemischter Kost, also von reichlich magerem Fleisch, Fisch, Milch und Milchprodukten mit reichlich gekochtem Gemüse ohne künstlich hinzugefügtem Salz, wobei allenfalls geringe Mengen von salzhaltigen Meeresfrüchten, Eiern und Eierspeisen verspeist werden, – **„no salt added"**. Eine solche Diät wird als ***streng kochsalzarme Diät*** zur raschen Blutdrucksenkung und, falls erforderlich, zur raschen Gewichtsabnahme bei hoher Zufuhr von Proteinen mit viel L-Arginin bezeichnet. Der Verzehr von derzeit handelsüblichem Brot mit einem Kochsalzgehalt von weit mehr als einem ganzen Gramm in 100 Gramm Ware (zuzüglich noch anderer hinzugesetzter Natriumquellen, wie z.B. Backtriebmittel) ist bei einem solchen diätetischen Vorhaben nicht erlaubt, ebensowenig der Verzehr von Wurst und fertigen Fleischwaren, Käse, Konserven und den meisten industriellen Fertigprodukten.

Ein weiterer wissenschaftlich unbestreitbarer **„Grenzwert" für die Kochsalzaufnahme** ist die tägliche Zufuhr von mehr als drei Gramm (= 3000mg) Kochsalz täglich, denn ab dieser Zufuhr beginnt die vermehrte Wassereinlagerung in den Organismus, indem sich der sogenannte Extrazellulärraum (das ist die Flüssigkeit, in welcher die Körperzellen schwimmen) auszudehnen beginnt und der Blutdruck allmählich steigt. Dieser Grenzwert einer gerade noch akzeptablen ***täglichen Kochsalzzufuhr von drei ganzen Gramm*** erlaubt die Begründung einer **weniger strengen salzarmen DASH-Diät im Sinne einer Kochsalzrestriktion**, die der Lebensweise des heutigen Zivilisationsmenschen Rechnung trägt und z.B. gelegentliche kleinere Diätsünden bei Einladungen, an Festtagen und bei Geburtstagsfeiern einfach „wegstecken" läßt. Wer langfristig – „adagio" – eine DASH-Diät durchführt und den einmal erreichten Erfolg halten will, soll sich schließlich nicht als „Diätkrüppel" fühlen, der davor Angst haben müßte, bei der nächsten Einladung im Kreise von Betriebsangehörigen, Familienmitgliedern und Freunden ausnahmsweise gesalzene Speisen, wie z.B. Schinken, Kaviar, Wurst und Pasteten zu genießen. Wer freilich rasch, „presto", Blutdruck und Übergewicht senken will, sollte bei der streng kochsalzarmen DASH-Diät bleiben.

Der 2. Unterschied: Die Deutsche DASH-Diät wendet sich gegen den übermäßigen Verzehr von leicht verdaulichen Kohlehydraten (= Zucker) in Obst und Früchten, und fordert einen höheren Verzehr

von hochwertigem Eiweiß mit der fettverbrennenden Aminosäure L-Arginin.

Die amerikanische DASH-Diät verwendet in ihren DASH-Rezepten reichlich Obst und Früchte, also Zucker. Die **Deutsche DASH-Diät geht mit den zuckerhaltigen Früchten und dem Obst sehr sparsam um**. Warum? **Erstens** weil die Zucker und andere Kohlenhydrate einen geringen Sättigungswert haben. **Zweitens**, weil der Organismus den Zucker kaum braucht, da er diese aus den Aminosäuren des Nahrungseiweißes selber herstellen kann. Und die eigene Zuckerfabrik im Körper verbraucht Energie! **Drittens**, weil Zucker und Kohlenhydrate über eine verstärkte Insulinausschüttung den Appetit steigern. **Viertens**, weil die Zucker und Kohlenhydrate im Stoffwechsel zu Fett aufgebaut werden.

Jeder traditionsbewußte Schweinezüchter, der Fleisch in aromatischer Qualität mit der Apfelmast des Schweines produzieren will, weiß das. Das Schwein frißt Äpfel, — also Kohlenhydrate, und setzt Fett an. Um reichlich schmackhaftes, aromatisches Fett anzusetzen, also adipös zu werden, muß das Schwein also nicht mit Fett gefüttert werden, sondern mit süßen Äpfeln!

Der 3. Unterschied: Die Deutsche DASH-Diät wendet sich wegen der wissenschaftlichen Erkenntnisse zu Hungergefühl und Sättigungsgefühl sowie zur Fettmobilisierung und zum Abbau von Depotfett gegen eine vier- bis fünfmalige Nahrungsaufnahme täglich. *Oftmals kann man lesen, daß fünfmal täglich Obst oder Gemüse gegessen werden solle, und man spricht von „Zwischenmahlzeiten". Hierzu ist zu sagen, daß die „Zwischenmahlzeiten", womöglich mit Obst und Früchten, also Zucker, infolge der Insulinausschüttung jede Fettverbrennung und jede Gewichtsabnahme verunmöglichen.* Die Deutsche DASH-Diät hat als **diätetisches Trainingsziel** die starke **Sättigung durch hohe Eiweißzufuhr** und dadurch die **Vergrößerung des zeitlichen Abstandes zwischen den Nahrungsaufnahmen.** Eine überschießende Insulinausschüttung aus den Inselzellen der Bauchspeicheldrüse, die nur das Hungergefühl steigern würde, soll strikt vermieden werden. Die fettverbrennenden **Fettmobilisierungsfaktoren** (z.B. das Wachstumshormon in der Hirnanhangsdrüse) können nur in den längeren Phasen ohne Nahrungszufuhr aktiviert werden, so daß endlich derjenige Vorgang ablaufen kann, welcher doch vom übergewichtigen Menschen herbeigesehnt wird, nämlich der **Fettabbau**: Das **überflüssige Depotfett**, welches sich der Organismus für Notzeiten zugelegt hat, z.B. die berühmte „Speckrolle“ am Bauch, (nicht das Strukturfett des Körpers!) kann dann zur Energiegewinnung verbrannt werden. Man nennt dies die **Lipolyse (Fettauflösung).**

Der 4. Unterschied: Die **amerikanische „dash diet“** hat sich anfänglich nur mit der diätetischen Behandlung des Bluthochdruckes durch Verringerung der Kochsalzzufuhr befaßt, später kam dann noch die Gewichtsabnahme bei Übergewicht hinzu. Die Drosselung der Kochsalzzufuhr ist bei der amerikanischen Dash-Diät also Mittel zum Zweck, wobei im übrigen andere Natriumquellen als das Kochsalz (z.B. das Pökelsalz Natriumnitrit) kaum berücksichtigt werden. Im Gegensatz hierzu ist die *Verringerung der Kochsalzzufuhr* bei der **Deutschen DASH-Diät** nicht nur ein Mittel zum Zwecke der Blutdrucksenkung und der Verringerung des Körpergewichtes, sondern ein *medizinisch eigenständiges Ziel*, welches von uns **Beendigung des Salzexzesses** und **Initiierung einer Kochsalzausschwemmung bzw. Natriumausschwemmung** zur **Beseitigung von Flüssigkeitsansammlungen (Ödemen)** im Gewebe genannt wird. Bei der **Deutschen DASH-Diät** steht deshalb in dem Wort „DASH“ der Buchstabe „D“ für „Diät“, der Buchstabe „A“ für „Adipositas“, der **Buchstabe „S“ für „Salzexzeß“** und der Buchstabe „H“ für „Hypertonie“. Und die deutsche DASH-Diät hat erkannt, daß zwar das **Zuviel an Natrium**, also der **Natriumexzeß**, die Ursache vieler Gesundheitsstörungen und Krankheiten ist, jedoch *das Kochsalz (chemisch: Natriumchlorid) nicht die einzige Natriumquelle* bei der heutigen zivilisatorischen Ernährung ist. Die **Beendigung von Kochsalz- und Natriumexzeß im Rahmen der Deutschen DASH-Diät** hat zusätzlich zur Normalisierung von Blutdruck und Körpergewicht noch eine **Reihe weiterer gesundheitlicher Vorzüge**: *Erstens* die drastische Verringerung des Risikos für Arteriosklerose in allen Regionen des menschlichen Körpers, nicht nur in den hirnversorgenden Blutgefäßen und den Herzkranzarterien. Und damit die Vorbeugung von Schlaganfall und Herzinfarkt. *Zweitens* die Verhinderung von Nierenerkrankungen, wie z.B. von Niereninsuffizienz und Salzverlustsyndrom der Nieren im Alter, so daß man sich mit Kochsalzrestriktion das Schicksal von Dialyse und Nierentransplantation ersparen kann. *Drittens* die Ausschwemmung von Ödemen bei „Wassersucht", also von Wasseransammlungen im Gesicht, in der Knöchelregion, an Gelenken und Fingern, bei Frauen auch die Beseitigung von Brustspannungen vor Beginn der Menstruation, welche auch „prämenstruelles Syndrom" genannt werden. *Viertens* die Milderung des Verlaufes von Allergien des Darmes und der Haut. Und *fünftens* die Risikominderung für Speiseröhrenkrebs, Magenkrebs und Darmkrebs durch die weitgehende Vermeidung von Pökelsalz, welches *Natriumnitrit* enthält. Desweiteren gibt es ärztliche Erfahrungen, wonach bei natriumarmer Ernährung die Wundheilung der Haut verbessert wird, z.B beim diabetischen Fuß, und Hautausschläge (Ekzeme) günstig beeinflußt werden.

Die Bedeutung der Fette und Speiseöle für die Deutsche DASH-Diät

Die Grundvoraussetzung für jedes Speisefett und Speiseöl, mag es ansonsten noch so lobenswerte Eigenschaften haben, für die **Eignung im Rahmen der DASH-Diät** ist **Natrium- bzw. Kochsalzarmut**, d.h. es dürfen weder Kochsalz noch andere Natriumverbindungen zugesetzt worden sein, das Fett bzw. Öl muß ungesalzen sein und darf lediglich den natürlichen Natriumgehalt aufweisen. *Als ungeeignet für die DASH-Diät müssen somit folgende Fette und Öle gelten: Gesalzene Butter, Gesalzenes Butterschmalz, Gesalzenes Schweinefett oder Schweineschmalz, Griebenschmalz, Gesalzenes Gänsefett und Gänseschmalz, alle industriellen Zubereitungen von Fetten und Ölen zum Braten und Grillen, wenn diesen Kochsalz oder andere Natriumverbindungen hinzugesetzt worden sind.*

Bei den Speisefetten und Speiseölen unterscheidet man hinsichtlich der chemischen Zusammensetzung der Fettsäuren die *gesättigten* Fettsäuren von den *ungesättigten* Fettsäuren, welche wiederum in die *einfach ungesättigten* Fettsäuren und in die *mehrfach ungesättigten* Fettsäuren eingeteilt werden. Bei den mehrfach ungesättigten Fettsäuren unterscheiden wir die *Omega-6-Fettsäuren* von den *Omega-3-Fettsäuren.* Das Verhältnis der mehrfach ungesättigten (*engl.* „**p**olyunsaturated") Fettsäuren zu den gesättigten Fettsäuren (*engl.* „**s**aturated") in einem Fett oder Öl wird **„P/S-Quotient"** genannt. Unter den Bedingungen einer **diätetischen Senkung der Fettzufuhr und der Cholesterinzufuhr** schützt ein **hoher P/S-Quotient über 1** bei überwiegendem Verzehr von solchen Lebensmitteln, die reichlich ***essentielle*** mehrfach ungesättigte **Omega-3-Fettsäuren** (z.B. Alpha-Linolensäure) und **Omega-6-Fettsäuren** (Linolsäure, Gamma-Linolensäure) enthalten, vor Cholesterinerhöhung, Arterienverkalkung, Bluthochdruck, Herzinfarkt und Schlaganfall. Die wichtigste kurzkettige Omega-3-Fettsäure ist die Alpha-Linolensäure, die wichtigsten langkettigen Omega-3-Fettsäuren sind Eicosapentaensäure (EPA) und Docosahexaensäure (DHA), z.B. im Fett von Kaltwasserfischen.

Das bedeutet in der DASH-Diät, daß man nur einen mäßigen Fettverzehr haben soll, daß aber der Gehalt der verzehrten Lebensmittel und küchentechnisch benutzten Kochfette an Omega-3-Fettsäuren und Omega-6-Fettsäuren möglichst hoch sein soll. Dies läßt sich küchentechnisch jedoch nicht immer verwirklichen:

Aus *küchentechnischer Sicht* sind die Fette mit überwiegend gesättigten Fettsäuren, die von fester bis harter Konsistenz sind, wie z.B. Kokosfett, gut geeignet zum stärkeren Erhitzen beim Braten und Grillen. Gesättigte Fettsäuren sind jedoch reine Energieträger und ohne gesundheitlichen Wert; wegen ihrer Eigenschaft, die körpereigene Cholesterinbildung noch zu steigern, gelten sie eher als ungesund. Speiseeöle mit hohem Anteil an Omega-3-Fettsäuren, wie z.B. Leinöl oder Hanföl, sind zum Erhitzen nicht geeignet, da sie leicht verschwelen und verkohlen. Die **DASH-Minutenküche** erfordert **rasches Garen** von Fleisch, Fisch, Innereien, Pilzen und Gemüsen, und zum raschen Garen sind Fette und Öle mit hohem Rauchpunkt erforderlich. Das bedeutet, daß solche Fette und Öle zum stärkeren Erhitzen von Bratengut geeignet sind, die nicht verschwelen oder gar verkohlen. Solche Fette und Öle sind Kokosfett (gesättigte Fettsäuren), Butterschmalz (ungesättigte Fettsäuren, jedoch cholesterinhaltig), die Omega-6-Öle Sonnenblumenöl, Sojaöl, Maiskeimöl sowie das *raffinierte* Omega-3-Öl Rapsöl.

Etliche Omega-3- und Omega-6-Fettsäuren sind essentielle Fettsäuren, die der menschliche Körper nicht selbst herstellen kann; diese Fettsäuren haben sozusagen Vitamincharakter. Das **Olivenöl** schützt mit seinem hohen Anteil an **einfach ungesättigten Fettsäuren** vor Arterienverkalkung; es eignet es sich jedoch wegen seines niedrigen Rauchpunktes nicht zum stärkeren Erhitzen, wie es z.B. beim schnellen Garen von Fleisch in der Minutenküche erforderlich ist. Geschmacklich hochwertige native Olivenöle aus traditioneller Produktion sind zum starken Erhitzen ohnehin zu schade. Preiswerte **raffinierte Olivenöle** eignen sich eher zum mäßigen Erhitzen. Die Bezeichnung ‚extravergine' für gutes Olivenöl ist noch keine Garantie für edlen Geschmack, das edelste Öl stammt von handgepflückten Oliven, die demgemäß nie am Erdboden gelegen sind und keine Schimmelpilze beherbergen, es ist kaltgepreßt nach traditionellen Methoden.

Desweiteren unterscheiden wir die *tierischen Fette und Öle* von den *pflanzlichen Fetten und Ölen*. Beide Arten von Fetten und Ölen enthalten mehr oder weniger große Mengen an sogenannten **Sterinen**, im angelsächsischen Schrifttum auch Sterole genannt. Die bekannteste Substanz dieser Art ist das **Cholesterin**, der Grundbaustein für die Biosynthese vieler lebensnotwendiger Substanzen, die vor allem bei heranwachsenden Lebewesen von Bedeutung sind. Cholesterin kommt nahezu ausschließlich in tierischen Lebewesen vor. Beim Erwachsenen führen das oftmals zu viel produzierte und nicht benötigte körpereigene LDL-Cholesterin einerseits und das mit den Nahrungsfetten andererseits zugeführte Cholesterin zu Ablagerungen an der Innenseite der Wände der Blutgefäße und zur Gefäßverkalkung, zur Einengung der lichten Weite der Blutgefäße (des sog. Lumens) infolge der Verkalkung (Arteriosklerose) sowie zu Herzinfarkt und Schlaganfall. In der DASH-Küche sollen deshalb Speisefette und Speiseöle mit einem hohen Anteil an gesättigten Fettsäuren und an Cholesterin nicht oder nur eingeschränkt verwendet werden, je nachdem, ob bei der betreffenden Person eine Störung des Cholesterinstoffwechsels mit erhöhtem Gesamtcholesterin, niedrigem protektivem HDL-Cholesterin und hohem LDL-Cholesterin vorliegt oder nicht.

Menschen, die trotz reichlichen Verzehrs tierischer Fette nach eingehenden ärztlichen Untersuchungen kein Problem mit dem Cholesterinspiegel im Blut haben, können weiterhin vortreffliche Butter, Butterschmalz, Gänseschmalz, Entenschmalz, Schweineschmalz usw. genießen.

Während das Cholesterin im tierischen und menschlichen Organismus produziert wird und somit in tierischen Lebensmitteln enthalten ist, kommen in den pflanzlichen Organismen und somit in der pflanzlichen Nahrung andere Mitglieder aus der Familie der Sterine vor: die **Phytosterine**. Die Phytosterine der pflanzlichen Lebensmittel, insbesondere das Sitosterin, das z.B. im Kürbis und im Kürbiskernöl enthalten ist, besitzen eine bestimmte chemische Ähnlichkeit mit dem „bösen" Cholesterin — kein Wunder, schließlich gehören beide ja zur Familie der Sterine. Das Sitosterin und andere Phytosterine behindern die Aufnahme sowohl des Nahrungscholesterins im Darm als auch des mit der Galle in den Darm gelangenden körpereigenen Cholesterins und senken auf diese elegante Weise den Cholesterinspiegel im Blut. Elegant! Hochelegant — wenn Sie z.B. zu einem leckeren Braten, der freilich reichlich Cholesterin enthält, reichlich solche Gemüsesorten verzehren, die viel Sitosterin und andere Phytosterine enthalten, können Sie die Aufnahme des Cholesterins in Ihrem Darm blockieren. Spitzenreiter sind hierzu pflanzliche Lebensmittel mit sehr hohem Phytosterolgehalt, wie z.B. gelber *(nicht: weißer!)* Mais als weich gedünstetes ganzes Korn, Polenta aus gelbem Maisgries, Maiskeimöl, Kürbisfruchtfleisch, Spinat und Tomaten. Sie können auch als Brotaufstrich eine pflanzliche Margarine mit hohem Sitosteringehalt (z.B. *Becel pro activ*) benutzen, um Ihr Cholesterin zu senken. **Phytosterine hemmen offenbar auch das Wachstum von Darmkrebszellen**.

Eine andere Art von **Sterinen in Pilzen**, das **Ergosterin**, ist eine Vorstufe von Vitamin D, das vor **Rachitis** und **Knochenabbau** schützt.

Die Bedeutung der Eiweiße (Proteine) und Aminosäuren für die Deutsche DASH-Diät

Innerhalb der Körperzellen – aller Körperzellen, nicht nur der Muskelzellen – sind die Proteine die häufigsten Moleküle, die über 50% des Trockengewichtes ausmachen. Alle Eiweiße enthalten Wasserstoff, Sauerstoff, Stickstoff und Kohlenstoff; etliche Proteine enthalten noch Schwefel, manche noch Spurenelemente wie Kupfer, Eisen, Phosphor und Zink. Proteine sind meist Riesenmoleküle, die bei allen an der Erdoberfläche lebenden pflanzlichen und tierischen Lebewesen im wesentlichen aus nur etwa 20 verschiedenen Aminosäuren in wechselnder Zusammensetzung aufgebaut sind

Nicht nur die Muskeln des Bewegungsapparates und der Herzmuskel, sondern auch die inneren Organe wie Gallenblase, Leber oder Milz, nicht zu vergessen die Wände der Blutgefäße, besitzen eine Proteinstruktur. In der *Physiologischen Chemie* werden die **lebenswichtigen Proteine** in ***vier Hauptgruppen*** eingeteilt: erstens in die **Kollagene** (welche als *kollagene Fasern*, als kollagene Proteinmatrix, die Eiweißgrundstruktur des Knochens darstellen, zweitens in die **Faserproteine** (welche als *elastische Fasern* z.B. in der innersten Schicht der Blutgefäße, der sog. Intima, eine elastische Spannung ausüben, drittens in die **Muskelproteine** und viertens in die **Blutproteine**. Hinzu kommt noch die fünfte, von dem Rostocker Physiologen und Nobelpreisträger Albrecht KOSSEL (1853 - 1927) entdeckte Gruppe der basischen Eiweißkörper des Zellkernes, die **Histone** und **Protamine** genannt werden und als Hauptbestandteil diejenige Aminosäure enthalten, welche in der DEUTSCHEN DASH-Diät eine zentrale Bedeutung für Gewichtsabnahme, Fettabbau und Proteinaufbau hat, nämlich das **L-Arginin**.

Proteine bestehen aus einer *Folge von komplexen dreidimensional aufgebauten Aminosäuren*, die *nur von Pflanzen neu synthetisiert,* d.h. aus den zur Verfügung stehenden „Rohstoffen" bzw. einfachen elementaren Bausteinen, wie z.B. Wasserstoff, Sauerstoff, Kohlenstoff und Stickstoff, neu, also *„de novo"*, hergestellt werden können. Der tierische und menschliche Organismus kann diese biochemische Syntheseleistung *nicht* erbringen, er ist *auf die Zufuhr von essentiellen Aminosäuren angewiesen,* die jedoch dann nahezu beliebig umgebaut und neu zusammengestellt werden können. Proteine, also Eiweiße mit verschiedener Aminosäurenzusammensetzung, sind deshalb ein unverzichtbarer, also *essentieller Nahrungsbestandteil.* Bei *gesunden Normalgewichtigen* soll die **tägliche Eiweißzufuhr mindestens 1 Gramm pro Kilogramm Körpergewicht** betragen. Bei schweren und abzehrenden Erkrankungen, bei schwerer körperlicher Arbeitsleistung sowie in der Schwangerschaft und Stillzeit und in höherem Alter kann ein *erhöhter täglicher Eiweißbedarf von zwei Gramm Eiweiß pro Kilogramm Körpergewicht* und mehr bestehen. Ab dem 5. Lebensjahrzehnt sollten deshalb bei einem Körpergewicht von 70kg mindestens 70g Eiweiß täglich, besser noch 140g Eiweiß täglich, verzehrt werden.

Frage: Was kann denn passieren, wenn man bei einer Diät oder überhaupt im Rahmen der täglichen Ernährungsgewohnheiten zu wenig Eiweiß bzw. Aminosäuren verzehrt?

Bei eiweißfreier Ernährung *ohne Verringerung der notwendigen Kalorien (= isokalorische Diät)* würde der menschliche Organismus täglich 13 bis 17 Gramm des körpereigenen Proteins abbauen, d.h. verlieren. Bei *gleichzeitiger Verringerung der zugeführten Kalorien, also im Hungerzustand,* wäre der Eiweißverlust noch wesentlich höher. Insbesondere Muskeln und Leberzelleiweiß werden im Hungerzustand bei Eiweißmangel abgebaut; Leber und Muskulatur können deshalb auch als Eiweißspeicher für Notzeiten mit Eiweißmangel betrachtet werden. Der Abbau von Aminosäuren aus diesen Organen geht freilich nicht ohne gesundheitliche Schädigung ab! Bei der **DASH-Diät** wird durch entsprechende ***Eiweißzufuhr der Verlust von körpereigenem Eiweiß*** in Muskulatur und inneren Organen ***verhindert*** bzw. ***infolge der hohen Proteinzufuhr, des Fettabbaues und der Kohlenhydrateinsparung der Muskelaufbau verstärkt***.

Kollagene und Faserproteine mit ihren spezifischen Aminosäuren werden insbesondere für die Wände der Blutgefäße, für Knorpel, Sehnen und alle Binde- und Stützgewebe benötigt und sollten deshalb mit der Nahrung zugeführt werden. Bei vorwiegendem Verzehr von sogenanntem hochwertigem, weil flachsen- und sehnenfreiem Fleisch, wie Rinderfilet, fehlen die bindegewebigen Anteile mit kollagenen und elastischen Fasern, also die Flachsen und Sehnen, die aus kulinarischer Sicht beim Schmoren auch die geschmackvollste Bratensoße ergeben, aus ernährungsphysiologischer Sicht jedoch genau die richtigen Aminosäuren für Aufbau und Erhaltung der körpereigenen Binde- und Stützgewebe liefern. Aus ernährungsphysiologischer Sicht ist deshalb z.B. eine Fleischbrühe aus preiswertem Suppenfleisch mit Flachsen, Sehnen, Suppenknochen oder Markknochen viel wertvoller als ein sündteures Filet, das fast ausschließlich Muskelproteine enthält!

Die Wertigkeit der Nahrungsproteine entsprechend der in den Proteinen enthaltenen Aminosäuren

Pflanzliche und tierische Eiweiße als Nahrungsmittel unterscheiden sich durch ihre ***Wertigkeit*** für die menschliche Ernährung und den Stoffwechsel des menschlichen Organismus. Was ist unter Wertigkeit zu verstehen? Die *Frage nach der Wertigkeit* könnte man auch so formulieren: *Welche Menge an menschlichem Körpereiweiß kann durch 100 Gramm Nahrungseiweiß ersetzt werden*? Die Antwort auf diese Frage lautet: Die jeweilige Aminosäurezusammensetzung eines proteinhaltigen Lebensmittels ist ausschlaggebend dafür, wie viele Prozent des verzehrten Eiweißes tatsächlich in körpereigenes Eiweiß aufgenommen werden können. Für Nahrungseiweiße tierischer Herkunft gilt die Faustregel, daß aus 100 Gramm des verzehrten und aufgenommenen Nahrungseiweißes tierischer Herkunft 80 bis 100 Gramm menschliches Körpereiweiß gebildet werden können; die **Wertigkeit tierischen Nahrungseiweißes beträgt also 80 bis 100 Gramm**.

Die **Wertigkeit pflanzlicher Eiweiße** ist geringer, hängt jedoch nicht nur von der absoluten Menge an enthaltenem Eiweiß ab, sondern von der Zusammensetzung hinsichtlich der Aminosäuren, insbesondere von der Frage, ob alle für den **menschlichen** Stoffwechsel essentiellen Aminosäuren (das sind solche

Aminosäuren, welche im menschlichen Stoffwechsel nicht aus Vorstufen selber hergestellt werden können und deshalb von außen her mit der Nahrung zugeführt werden müssen) vorhanden sind.

Die **Wertigkeit pflanzlicher Eiweiße** beträgt deshalb **nur etwa 60 bis 70 Gramm**. Wenn eine essentielle Aminosäure in zu geringer Menge vorhanden ist oder gar völlig fehlt, ist das Eiweiß nur begrenzt verwertbar, wenn die fehlende Aminosäure nicht aus anderen Nahrungsquellen nachgeliefert wird.

Essentielle Aminosäuren gehen leicht beim Auswaschen des Klebers aus Getreide mit hohem Glutengehalt verloren. So z.B. beim aus Kleber hergestellten und als Fleischersatz oft angepriesenen sogenannten Weizenfleisch oder **Seitan**, einem Fleischimitat, das zwar etwa 20 bis 25 % Eiweiß enthält, jedoch kaum mehr die essentielle Aminosäure **Lysin**, die *beim Auswaschen des Klebers aus dem Getreide weitgehend verloren geht*. Die biologische Wertigkeit des Seitans ist dadurch wesentlich beeinträchtigt. Wer seinen Kalorien- und Nährstoffbedarf mit regelmäßigem Verzehr von Seitan deckt, müßte, um seinen Bedarf an Lysin zu sichern, über seinen eigentlichen Kalorienbedarf hinaus noch reichlich andere Lebensmittel mit hohem Lysingehalt verzehren. Für den Vegetarier bieten sich für diese Substitution z.B. Erbsensamen *(Gehalt an Lysin ca. 2100 mg/100g)* oder Mohnsamen *(Gehalt an Lysin ca. 1400 mg/100g)* an. Bei den Produkten tierischer Herkunft eignen sich Lachs *(Lysingehalt ca. 2000mg/100g)*, Rindfleisch *(Lysingehalt ca. 2000mg/100g)* oder Gelatineprodukte (Aspik, Sulze, *Lysingehalt ca. 3800mg/100g*)! Mit Gelatine (Aspik, Sulze) läßt sich der Lysinmangel des Seitans am besten ausgleichen, denn Gelatine enthält, wenn es sich um hochwertige, naturreine Gelatine aus Kollagen handelt, sehr viel Lysin (ca. 3.800 Milligramm in 100g bei einem Wassergehalt von 14% und einem Gesamt-Proteingehalt von 84%) Die Charakterisierung von Seitan als „Fleischersatz" oder „Weizenfleisch" ist aus naturwissenschaftlicher Sicht nicht nachvollziehbar. Wie kann man auch nur aus dem ernährungsphysiologisch so wertvollen Weizenprotein eine der wichtigsten Aminosäuren auswaschen! Da hat der natürliche Weizen, wie z.B ein Grießbrei, hinsichtlich seiner Proteinzusammensetzung mehr Ähnlichkeit mit dem Fleisch! Insofern könnte man Seitan als ein **Defektprodukt** der Lebensmittelchemie bezeichnen.

Die Aminosäuren, aus denen die Proteine bestehen, und ihre Verdauung und Bedeutung im Rahmen der DASH-Diät

Die **Nahrungsproteine** werden **im Darm des erwachsenen Menschen** nahezu vollständig in ihre einzelnen Bausteine, die Aminosäuren, oder zumindest in Peptide, die aus nur wenigen Aminosäuren bestehen, zerlegt. *Erst die Aminosäuren werden dann durch die Darmschleimhaut hindurch aufgenommen und dem Stoffwechsel zugeführt*. Insofern ist die Behauptung unrichtig, daß der Mensch ist, was er ißt (verzehrt), denn die verzehrte Nahrung wird ja nicht unverändert durch die Darmschleimhaut resorbiert, sondern vorher in die einfachsten Moleküle, den Bausteinen des Organismus, zerlegt und zerhackt – einer Arbeit, die von Verdauungsenzymen vorwiegend der Bauchspeicheldrüse (Pankreas) besorgt wird.

Die **eiweißreiche Ernährung bei der DEUTSCHEN DASH DIÄT hat drei Vorteile:**

(1) Es kann kein Mangel an den unersetzbaren Protein-Bausteinen des Lebens entstehen. Es kann kein Muskelabbau erfolgen. Bei Eiweißmangel würde die Muskelmasse nämlich schneller abgebaut werden als die unerwünschten Fettpolster! Und bei Muskelabbau würde der Energiebedarf sinken und trotz verminderter Nahrungsaufnahme eine Gewichtszunahme erfolgen — bekannt als **„Jo-Jo-Effekt"**.

(2) Aufgrund des hohen Sättigungswertes von Eiweiß (Protein) wird Hungergefühl vermieden, das Sättigungsgefühl bleibt auch bestehen, wenn zwischen zwei aufeinanderfolgenden Mahlzeiten ein wünschenswerter längerer Abstand eingehalten wird. Trotzdem darf so oft gegessen werden, wie man will, wenn man hungrig ist.

(3) Aufgrund der **„spezifisch-dynamischen Wirkung" von Proteinen (Eiweißen)** entsteht bei erhöhter Eiweißzufuhr mit der Nahrung eine gesteigerte Verbrennung der Nährstoffe, vergleichbar mit einer gesteigerten Verbrennung von Holz und Kohle in einem Ofen, wenn die Luftzufuhr erhöht wird. **Gesteigerte Eiweißzufuhr ist der beste Fettverbrenner („fat-burner")!**

Wie im menschlichen Stoffwechsel der Zucker selbst hergestellt wird – das Enzymsystem des Menschen als Zuckerfabrik

Aus vielen Aminosäuren kann im menschlichen Stoffwechsel Glucose (Traubenzucker) hergestellt werden (***glykogene Aminosäuren***, die bedeutendste ist das *Alanin*), so daß zur Aufrechterhaltung des Blutzuckerspiegels, der vor allem für das Gehirn notwendig ist, nicht unbedingt Zucker als Nahrung zugeführt werden muß. Das Enzymsystem des Menschen legt mit dieser Zielsetzung somit großen Wert auf ***Autarkie*** und hält wenig von Abhängigkeiten durch Importe. Die ***Eigenproduktion von Zucker aus dem verzehrten und verdauten***

Eiweiß und dessen Aminosäuren erfordert freilich Energie und verbraucht somit Kalorien, was für eine Gewichtsabnahme wichtig ist. Wenn Sie hingegen im Rahmen der DASH-Diät reichlich Kohlenhydrate und Zucker verzehren, ersparen Sie ihrem Organismus die kalorienverbrauchende Eigenproduktion von Zucker aus dem Nahrungsprotein. Fallen Sie also ihrem eigenen Körper nicht in den Rücken, sparen Sie Zucker und ins Blut schießende, leicht verdauliche Kohlenhydrate ein! Verzehren Sie deshalb reichlich **Proteine pflanzlicher und tierischer Herkunft** und nur die *langsam* ins Blut sickernden, **schwer verdaulichen Kohlenhydrate** in Gemüsen, Pflanzensamen wie Mohnsamen, Getreide und Getreideprodukten sowie Nüssen.

Die Aminosäure L-Arginin

und ihre Bedeutung bei der DASH-Diät zur Stimulierung des fettverbrennenden Wachstumshormones (Somatotropes Hormon, STH, oder Growth Hormone, GH), zur Steigerung der Immunabwehr und der Kollagenbildung in Gelenken sowie der Bildung von Stickstoffmonoxid (NO)

L-Arginin ist eine in vielen *pflanzlichen* und *tierischen Proteinen* vorkommende *basische* Aminosäure, deren **Stoffwechselwirkungen** genau den Erwartungen der DASH-Diät entsprechen: ***körpereigenes Fett abzubauen, körpereigenes Eiweiß (Muskulatur und andere Strukturproteine) aufzubauen***, die Immunabwehr gegen Krankheitserreger und Krebszellen zu steigern. Das Arginin erbringt diese segensreichen Stoffwechselwirkungen teils direkt in der Leberzelle, teils indirekt durch **Stimulierung** einiger Hormone, vor allem **des Fettverbrenners „Wachstumshormon" (Somatotropin** oder **Growth Hormone, GH**) in der **Hypophyse**.

Die Stimulierung der Freisetzung von Wachstumshormon durch das L-Arginin ist wissenschaftlich gesichert und wird sogar bei einem in der endokrinologischen Diagnostik an den Universitätskliniken durchgeführtem Provokationstest ausgenutzt. *Wenn es das L-Arginin nicht schon von Natur aus als Bestandteil der Proteine gäbe, hätte die DASH-Medizinforschung diese Aminosäure erst erfinden müssen!*

L-Arginin ist die **direkte Vorstufe des *Stickstoffmonoxides*** (chemische Formel: **NO** für ***N****itrogenium-****O****xid*)), welches in der Wandmuskulatur der Blutgefäße einschließlich der Herzkranzgefäße (Koronarien) und des Herzmuskels eine Relaxation und somit eine Gefäßerweiterung mit Verbesserung der Durchblutung und Sauerstoffversorgung bewirkt. So erklärt sich auch die *Verbesserung der Erektilen Funktion beim Mann* durch L-Arginin bzw. Bereitstellung von NO (ähnlich wie bei Einnahme von Sildenafil (Viagra®) als reichlichem Nahrungsbestandteil, also durch proteinreiche Ernährung.

In welchen schmackhaften Lebensmitteln das L-Arginin am reichlichsten vorkommt.

Für die **DASH-Lebensmittellehre und Kochlehre** ist dies wichtig zu wissen!

Fischmilch und Fischrogen

‚Shirako' und ‚Tarako'

Milchner und Rogner

Ein *Lebensmittel, das in Deutschland nahezu unbekannt und kaum erhältlich ist* und allenfalls in Fischereikreisen gehandelt wird, sich jedoch bei Feinschmeckern in Großbritannien, den skandinavischen Ländern, Rußland, Japan, Frankreich, Sizilien und im übrigen Mittelmeerraum großer Beliebtheit erfreut, ist die **Fischmilch**, die *Samenmilch von Fischen*. Biochemisch handelt es sich bei den für die Ernährung so wertvollen Proteinen in der **Fischmilch** um basisches Zellkerneiweiß, auch Histone oder Protamine genannt, die sich durch ihren hohen Gehalt an der basischen Aminosäure L-Arginin (ca. 75 %) auszeichnen. Diese Substanzen wurden im Jahre 1884 von dem deutschen Physiologen Albrecht Kossel entdeckt, welcher 1910 den Nobelpreis erhalten hat. Eine sehr ähnliche Zusammensetzung haben die **Fischeier (Kaviar).** Wegen des dem Kaviar **vom Stör (Hausen,** Huso huso**)** sowie vom Lachs und der Forelle in extrem großen Mengen zugesetzten Kochsalzes (6% bis 8,5% Kochsalzgehalt wird als „mild gesalzen" deklariert) sowie des Zusatzes von gesundheitsschädlichen Konservierungsstoffen beim Echten Kaviar vom Stör, wie z.B. ***Borax*** (Lebensmittelzusatzstoff E 285; Natriumborat, das Natriumsalz der Borsäure, die andererseits als essentielles Spurenelement gilt), wird *vor dem Verzehr solcher mit Kochsalz extrem belasteten Produkte ausdrücklich gewarnt.*

Fischrogen (japan. ***‚Tarako'***) und **Fischmilch** (japan. ***‚Shirako',*** englisch ***‚milt'***), sind die Gonaden von weiblichen und männlichen Fischen zur *Paarungszeit*, hauptsächlich vom **Hering**. Man spricht dann von **Heringsmilch** und **Heringsrogen**. Der **weibliche Fisch**, der in seinen **Gonaden** den **Laich**, auch als **Rogen**, **Fischrogen** oder **Deutscher Kaviar** bezeichnet, also die **Fischeier**, beherbergt, wird **Rogner** genannt. Der *Rogner* stößt in der Laichzeit dann den Rogen (Laich) in das Wasser aus, damit der Rogen dann außerhalb des Körpers von den männlichen Fischen mit dem ebenfalls in das Wasser ausgestoßenen **Samen,** der **Fischmilch**, befruchtet wird. Der männliche geschlechtsreife, befruchtungsfähige und paarungsbereite Fisch wird deshalb auch **Milchner** genannt. Die **Fischmilch** ist das Sperma des Fisches, also eine Art **Samenmilch,** die bei großen Heringsschwärmen im Meer als ein *an der Wasseroberfläche schwimmender kilometerlanger weißer Spermateppich* vom Schiff oder Flugzeug aus deutlich wahrzunehmen ist. Zur Laichzeit gefangene Heringe und andere Fische beherbergen in ihrem prallen Leib somit entweder **Fischrogen** (Kaviar) oder **Fischmilch**, bei Heringen spricht man von **Heringsmilch** und **Heringsrogen**.

Fischmilch vom Hering, vom Karpfen und von anderen Fischen wird entweder **frisch und ungesalzen** oder aber **in Kochsalz eingelegt** gehandelt und als Speise zubereitet oder mit dem ganzen zubereiteten Fisch serviert; sie kann auch zur Zubereitung einer Fischsoße verwendet werden. In der *japanischen* Küche gibt es Fischmilch (japan. *Shirako*) vom **Kabeljau (Dorsch).** In der *russischen* Küche nennt man die Heringsmilch ‚*Moloka*'. In der sizilianischen Küche wird aus der Milch des Thunfisches, welche ‚*Lattume*' genannt wird, eine Spaghettisauce zubereitet.

Der *frische, ungesalzene* **Heringsrogen** (*weibliche* Gonaden des Herings) enthält bei einem Wassergehalt von ca. 68% und einem natürlichen Natriumgehalt von ca. 90mg in 100g Rogen ca. 25% Gesamteiweiß und ca. **2400 Milligramm**, also 2,4 Gramm, der fettverbrennenden Aminosäure **L-Arginin.**

Die *frische, ungesalzene* **Heringsmilch** (*männliche* Gonaden des Herings) enthält bei einem Wassergehalt von ca. 74% und einem natürlichen Natriumgehalt von ca. 115mg in 100g verzehrbaren Anteiles ca. 21% Gesamteiweiß und ca. **2000 Milligramm L-Arginin.**

Für Lagerung und Transport durch **Pökeln** (**Selchen**, d.h. Versetzen mit *Salpeter, Natriumnitrit oder Kaliumnitrit*) und Kochsalzzugabe haltbar gemachte Fischmilch und gesalzener **Fischrogen (Deutscher Kaviar)** enthalten *extrem hohe Mengen an Kochsalz*, so z.B. der **Seehasenrogen** über **2.000 Milligramm,** also zwei Gramm, **Natrium-Ionen** als Kochsalzbestandteil, was etwa 5000 Milligramm, also **fünf Gramm, Kochsalz** entspricht, da Kochsalz

(Natriumchlorid) zu 40 Gewichtsprozent aus Natriumionen und zu 60 Gewichtsprozent aus Chloridionen besteht. **Derartig kochsalzreiche Speisen sind mit einer DASH-Diät nicht vereinbar**. Die gesalzene Fischmilch und gesalzener Fischrogen können jedoch durch eintägiges Wässern in eiskaltem fließendem Wasser oder im Nullgradkühlschrank mit häufigem Wasserwechsel teilweise entsalzen werden.

Ungesalzene oder gewässerte Fischrogen und Fischmilch werden in einer Pfanne mit etwas Olivenöl und Gewürzen gebraten oder zu einer Tunke (Tapenade) verarbeitet. Die Fischmilch, also z.B. die Milch von Hering, Kabeljau, Hecht, Zander oder Karpfen, ist als Lebensmittel in Deutschland so unbekannt, daß wir uns bemüßigt sehen, zur *Ehrenrettung der Fischmilch als delikatem und gesundem Lebensmittel* PAUL BOCUSE zu bemühen, den nach Ansicht des Herausgebers besten und berühmtesten Koch der Welt und Kochbuchautor, der in seinem **„Standardkochbuch"** (Wilhelm Heyne Verlag, München, 13. Aufl. 1977, S. 224) zur „Heringsmilch" schreibt: „Die Milch (also die männlichen Geschlechtsorgane) des Herings ist sehr gesucht und wird als feine Garnitur oder als eigenständiges Gericht gereicht."

In welchen proteinreichen pflanzlichen Lebensmitteln das L-Arginin reichlich vorkommt

Die Erbse

Der **erste Platz** für ein **pflanzliches Lebensmittel**, welches am **meisten Gesamt-Protein** und am **meisten L-Arginin** enthält, gebührt der **Erbse** (*englisch* ‚Pea‘), genauer gesagt, den **getrockneten Erbsensamen** (englisch ‚Pea seed) der schon in der Steinzeit von den frühen Ackerbauern angebauten Erbsenpflanze **‚Pisum sativum‘**. **Erbsensamen**, ***getrocknet ohne Hülsen (Schoten)***, enthalten nämlich bei einem Wassergehalt ca. 10% an **Protein** ca. **23 Gramm**, davon an **L-Arginin** ca. **3700 mg**.

Die **Erbse ‚Pisum sativum‘** wurde bereits von den *frühen Ackerbauern der Steinzeit* angebaut und ist neben dem ebenfalls von den steinzeitlichen Ackerbauern angebauten **Mohn** somit nachweislich *der älteste pflanzliche Eiweißspender der menschlichen Kulturlandschaft*, die der Mensch sich zum Schutz vor den Unbilden und der Nahrungsarmut der Wildnis geschaffen hat. Nicht verwechselt werden soll die Erbse **‚Pisum sativum‘** mit der *Kichererbse* (Cicer arietinum). Als *‚Zuckererbsen‘* werden die jungen *grünen Schoten* mit den noch zarten grünen Erbsensamen einer besonders süßen Unterart der Erbse ,Pisum sativum' bezeichnet; diese Erbsenart eignet sich nicht zum Trocknen der Erbsensamen und wird nur frisch gedünstet.

Den Erbsensamen von ,Pisum sativum' gebührt zusätzlich noch ein Ehrenplatz vor den tierischen Eiweißlieferanten, dem Fleisch und dem Geflügel, denn weder Bullenfilet noch Huhn enthalten — trotz ihrer unbestreitbaren höheren Biologischen Wertigkeit — mehr Eiweiß als die Erbse und ***beim Gehalt an L-Arginin liegt die Erbse vor Huhn und Rind!*** Lediglich die naturreine **Gelatine** als Extrakt aus natürlichem Kollagen von Schlachttieren enthält mehr Protein und L-Arginin als die Erbsensamen von ,Pisum sativum'.

Die Erdnuß,
welche eigentlich keine Nuß ist, sondern eine Erbse

Der **zweite Platz** für ein pflanzliches Lebensmittel, welches am meisten Gesamt-Protein und am meisten L-Arginin enthält, gebührt der *sogenannten* **Erdnuß** (Arachis hypogaea L., Peanut, Cacahuète), deren deutsche Namensgebung vorgaukelt, es handele sich um eine Nuß, während die englische Bezeichnung wörtlich übersetzt ,Erbsennuß' bedeutet. Botanisch gesehen ist die sog. Erdnuß nämlich keine Nuß, sondern ein Mitglied der **Familie der Hülsenfrüchte**, Unterfamilie Schmetterlingsblütler, eine **amerikanische Erbsenart**, deren Samen sich im Erdreich befinden und im Gegensatz zu den anderen Hülsenfrüchten auch *roh, eben wie eine Nuß, verzehrt werden dürfen*. Die **rohe, nicht geröstete, ungesalzene Erdnuß** enthält in 100 Gramm verzehrbaren Anteiles, also ohne Schale bzw. Hülse, etwa **25 bis 29 Gramm Protein** und hiervon etwa **3500 Milligramm L-Arginin**, fast so viel wie die Erbse.
Als verkapseltes Nahrungsergänzungsmittel mit dem Inhalt ,L-Arginin' würden 3.500 mg L-Arginin sieben Kapseln à 500 mg ergeben, deren Erwerb sehr viel kostenintensiver wäre als der Erwerb ungesalzener, ungerösteter sowie ungeschälter Erdnüsse oder getrockneter Erbsensamen der Erbse ,Pisum sativum'.
Ungeschälte Erdnüsse sind ebenso wie ungeschälte Nüsse den geschälten Handelsprodukten vorzuziehen, da geschälte Produkte leichter ranzig werden.

Mohn und Mandel

Den **dritten Platz** in der Hierarchie der menschenfreundlichen L-Arginin-Spender teilen sich der **Mohnsamen** und die **süße Mandel** (Amygdalus communis, Almond, Amande).

Der Mohn – schon von den ersten Ackerbauern der Jungsteinzeit vor 10.000 Jahren angebaut und gelagert

Der **Mohnsamen** (Papaveris semen, Schlafmohnsamen, *englisch: Poppy seed, französisch: Graines de pivot, officinell: Semen Papaveris*; in österreichischer Haushaltsqualität wird für die **traditionelle Waldviertler Mohnküche** und für viele Rezepte der schlesischen, böhmischen, polnischen und österreichischen Mohnküche benötigt. **Roher, ungedämpfter, getrockneter Mohnsamen** allerbester Qualität enthält bei einem Wassergehalt von 2,5% bis ca. 6%: **Protein ca. 23 Gramm, L-Arginin ca. 2.800mg** (nach anderen Angaben: ca. 2.400mg), daneben noch sehr viel fettes Öl (ca. 42%) mit sehr hohem Anteil an mehrfach ungesättigten Omega-6-Fettsäuren, Linolsäuregehalt ca. 30g/100g, sowie nur wenig Kohlehydrate (ca. 4,2g/100g). Im Handel sind ungemahlener Mohn und gemahlener Mohn, der in Österreich auch **„geriebener"** Mohn genannt wird. Da das Mahlen des ungemahlenen Mohnes zu Hause recht zeitaufwendig ist und eine spezielle Ausrüstung erfordert, empfiehlt sich für die schnelle DASH-Küche der *Einkauf von gemahlenem bzw. geriebenem Mohn ohne Zusätze*. **Backfertiger Instant-Mohn** kann für die salzarme und eiweißreiche Diät **nicht empfohlen** werden, weil Salzarmut und Eiweißreichtum nicht unbedingt gegeben sind. *Womöglich eher umgekehrt: Salzreichtum und Eiweißarmut!* Beim Einkauf sind die Herstellerangaben zu beachten. Weiterer gesundheitlicher Vorzug: Roher ungedämpfter Mohnsamen enthält mehr als dreißigmal so viel Kalium (ca. 700mg/100g) wie Natrium und etwa fünfzehnmal so viel Magnesium (gute 300mg/100g) wie Natrium. Mohn ist somit zur Blutdrucksenkung und bei Vorhofflimmern zu empfehlen. Desweiteren enthält Mohn sehr viel Calcium (1,4g/100g), Eisen (ca. 9mg/100g), Zink (ca. 6mg/100g) und Schwefel (ca. 150mg/100g).

Mohn wird traditionell hauptsächlich für Kuchen und süße Nachspeisen verwendet, die sich wegen des Zuckergehaltes für die DASH-Diät nur bedingt eignen, d.h. nur bei isoliertem Bluthochdruck ohne Übergewicht und Fettsucht. In der ärztlich geleiteten Bengelmann Versuchsküche wurde deshalb das **Rezept für eine Mohnspeise entwickelt, die keine Süßspeise ist, nämlich Mohnsauce**, welche auch zu Pasta, Kartoffeln, Reis, Couscous, Polenta, Gemüse, Fisch und Fleisch paßt.

Einkauf: Als **Backmohn** wird im allgemeinen **ungemahlener und ungedämpfter (roher) Blaumohnsamen** eingekauft und verwendet; es gibt jedoch auch **Graumohn** und **Weißmohn**. Weißmohn wird vor allem dann verwendet, wenn für die betreffende Mohnspeise Braun- und Grautöne unästhetisch wären und eine weiße Farbgebung des Mohngerichtes erwünscht ist. Kauft man **Blaumohnsamen** ein, ist darauf zu achten, daß Blaumohn in guter Qualität auch wirklich eine *stahlblaue* Farbe haben muß. Nur bei trockener, dunkler und kühler Lagerung behält der Blaumohn seine Farbe und Geschmacksqualität ein Jahr ab Ernte. Bei falscher Lagerung werden die Mohnsamen wegen des hohen Fettgehaltes ranzig und nehmen eine *schwarze Farbe* an. Mohnsamen von *brauner Farbe* sind unreif geerntet worden. Kauft man den **praktischen gemahlenen oder gedämpften Mohn** ein, ist erstens auf die korrekte kühle Lagerung noch mehr zu achten als beim ungemahlenen Mohn, und zweitens auf eventuelle Zutaten durch den Hersteller zu achten, die womöglich Kochsalz enthalten. Insbesondere **backfertige Mohnfüllungen im Sinne von „Instant-Mohn"** können erhebliche Mengen an zugesetztem Kochsalz, dafür aber kaum mehr das begehrte Eiweiß und die begehrte Aminosäure L-Arginin enthalten. Während naturbelassene ungemahlene Mohnsamen in 100g nur ca. 20mg Natrium enthalten, welches sich auf Natriumchlorid (ca. 30mg/100g) und andere Natriumverbindungen verteilt, enthält z.B. eine handelsübliche backfertige Instant-Mohnfüllung nach Herstellerangaben in 100g nur mehr 6,5g Eiweiß, nur mehr 13g Fett, dafür aber 98mg Natrium bzw. ca. 250mg Kochsalz sowie 36g Kohlehydrate, während der rohe Mohnsamen bekanntlich nur 4,2g Kohlenhydrate enthält! Der Wassergehalt von Instantmohn wird meist nicht angegeben, kann jedoch bei Kenntnis des Gehaltes an Eiweiß, Fett, Kohlenhydraten und Ballaststoffen unschwer errechnet werden.

Die Mandel

Die **süße Mandel** (Amygdalus communis, Almond, Amande) hat mit ca. 20 Gramm Protein in 100 Gramm verzehrbaren Anteiles und einem **L-Argininegehalt von ca. 2800 Milligramm** die gleiche biologische Wertigkeit wie der Mohnsamen. Ein ungesalzener

Mohnkuchen auf der Basis von Nußmehlteig aus Mandeln und Haselnuß – das ist die Waldviertler DASH-Backstube! Beim Einkauf von Mandeln ist darauf zu achten, daß nicht versehentlich gesalzene Mandeln gekauft werden; es gibt sogar ungeschälte Mandeln, die durch die angequetschte Schale hindurch mit Salz besprüht worden sind!

Die **pflanzliche L-Arginin-Hitliste** setzt sich wie folgt fort (jeweils pro 100 Gramm verzehrbaren Anteiles, also abzüglich Schalen und Hülsen):

Nüsse und Kastanien

•**Cashewnuß** (Anacardium occidentale, Cashew nut, Noix de cajou): pro 100 Gramm verzehrbarem Anteil ca. 18 Gramm Protein, **L-Arginin ca. 2.000 Milligram**.
•**Marone** (Edelkastanie, Castanea vesta) ca. 3 Gramm Protein, L-**Arginin** nur ca. **200 mg** .
•**Haselnuß** (Corylus avellana) Protein ca. 14 Gramm, **L-Arginin ca. 2.000 mg**.
•**Kokosnuß** (Cocos nucifera) Protein ca. 4 Gramm, **L-Arginin ca. 500 mg.**
•**Paranuß** (Bertholletia 39xcels): Protein ca. 15 Gramm, **L-Arginin ca. 2.100 mg.**
•**Pekannuß** (Carya illinoinensis, nordamerikanische Walnußart): Protein ca. 10 Gramm, **L-Arginin: ca. 1.200 mg**.
•**Pistazie** (keine Nuß, sog. grüne italienische Mandel, Pistacia vera): Protein ca. 19 Gramm, **L-Arginin ca. 1.800 mg.**
Pinienkerne, **Pignole**, (zylindrische weiße Samen der Pinie aus dem Mittelmeerraum, nicht zu verwechseln mit den nicht nur geschmacklich minderwertigeren dreieckigen Samen mit dunkler Spitze der Korea-Kiefer), die Angaben zum Gehalt an **Eiweiß** schwanken zwischen 13% und 24% je nach Sorte und Qualität, der Gehalt an **L-Arginin** beträgt etwa **2200mg bis 4500m**g in 100g, der Gehalt an **Magnesium** ist sehr hoch (235mg/100g).
•**Walnuß** (Juglans regia L.), Protein ca. 16 Gramm, **L-Arginin ca. 2.100 mg**.

Hülsenfrüchte

Grüne Bohnen (Schoten mit Samen), Bohnensamen, Grüne Erbsen (Schoten mit Samen), Erbsensamen

Bohnen

Echte, eigentliche Bohnen sind nur die zu den Hülsenfrüchten (Leguminosen) gehörigen reifen Samen von verschiedenen Phaseolus-Arten (Schmetterlingsblütlern). Es sind dies die aus Indien stammende **Gartenbohne, *Phaseolus vulgaris,*** und die aus Mittel- und Südamerika, z.B. aus dem Inkareich, stammende **Feuerbohne oder Prunk- / Prachtbohne, *Phaseolus coccineus***. Nicht zu den eigentlichen Bohnen gehören die sog. **Sojabohne** (Glycine max. L.) und die **Acker- oder Saubohne**, Vicia faba L., welche gekocht **„Dicke Bohne"** genannt wird.

Eigentliche Bohnen (Phaseolus)

Gartenbohne, Phaseolus vulgaris L., Bohnensamen (getrocknet, Wassergehalt ca. 10%): Die Bohnenhülsen und die innerhalb der Hülsen befindlichen Bohnensamen sind in rohem, ungekochtem Zustand, wie alle Bohnensorten, wegen ihres Gehaltes an Lektinen sehr giftig! Erst durch Kochen wird das Gift zerstört und die Bohne genießbar: **Protein ca. 21 Gramm, L-Arginin ca. 1.500 mg**.

Feuerbohnen, Prunkbohnen, Samen (getrocknet), **Phaseolus coccineus L.**, **(Steiermark) Käferbohnen, Kapuzinerbohnen**; die *Samen sind braun, schwarz, rot oder violett gemustert oder auch rein weiß;* in letzterem Fall dürfen sie nicht mit der Saubohne verwechselt werden. Bei einem Wassergehalt der getrockneten Feuerbohnensamen von ca. 6%, einem Fettgehalt von 5 bis 6%, sind in 100g enthalten: Protein ca. 27g, L-Arginin ca. 1450mg. **Warenkunde:** Die älteren Sorten schmecken intensiver als die neueren Züchtungen, welche man daran erkennt, daß die grünen Bohnen keinen Faden mehr haben. Erwartungsgemäß ist das so — bei den Mandarinen, Orangen und Weintrauben schmecken und duften die kernlosen Sorten eigentlich auch nach fast gar nichts! Die Hülsen älterer Sorten der Feuerbohne haben noch einen Faden, der beim Putzen der grünen Bohnen abgezogen werden muß — eine Arbeit, die sich lohnt! **Hinweis zur Zubereitung:** Die getrockneten Bohnensamen müssen 24 Stunden in kaltem Wasser eingeweicht werden und aufquellen, anschließend gekocht werden. Die **Garzeit** beträgt **mindestens zwei Stunden**. Für die schnelle DASH-Küche deshalb nur geeignet, wenn man z.B. am Wochenende als Vorrat für einige Tage ein Bohnengericht zubereitet. Vor dem Verzehr vorgegarter Bohnen in Konserven wird wegen des Kochsalzgehaltes gewarnt.

Unechte Bohnen (Wicken)

Dicke Bohnen, Weiße Bohnen, Saubohne, Vicia faba L., volkstümlich auch **Viehbohnen, Favabohnen, Ackerbohnen** genannt, werden nur als gekochte Bohnen*samen* zubereitet und verzehrt, denn ihre *Hülse* ist so derb, daß sie nicht genießbar ist. Sie gehören nicht zur Gattung der eigentlichen Bohnen (Phaseolus) und sind die Samen einer Wickenart (Vicia). Inhaltsstoffe: **Weiße Bohnensamen (getrocknet)** enthalten in 100g bei einem Wassergehalt von knapp 11% **ca. 26 - 28 Gramm Protein, L-Arginin ca. 2.500mg**, außerdem nur 11mg

Natrium, jedoch hundertmal mehr Kalium, nämlich 1100mg, und fast 200mg Magnesium! Auch tiefgefrorene rohe Saubohnen haben ähnliche gute Werte und können empfohlen werden. **Weiße Bohnensamen (gekocht)** haben im Vergleich zu getrockneten Bohnensamen einen viel höheren Wassergehalt, weil sie eben das Kochwasser aufgenommen haben! Hieraus ist zu entnehmen, wie wichtig die chemische Zusammensetzung des Kochwassers generell ist. Ist das Kochwasser salzhaltig, saugen die Bohnensamen mit dem Wasser auch das Salz auf! Kocht man die Bohnensamen in *ungesalzenem* Wasser („no-salt-added"), dann enthalten 100g gekochte weiße Bohnensamen (Saubohnenkerne) etwa 60 - 70g Wasser, ca. 11 - 12g Protein, fast 1200mg L-Arginin, nur 4mg Natrium und fast 400mg Kalium, und weniger als 1g Fett! Bei diesem hohem Kaliumgehalt und sehr niedrigem Natriumgehalt ist die gekochte Saubohne ein hervorragender Blutdrucksenker und Fettverbrenner im Rahmen der DASH-Diät für Gesunde! **Warnhinweis:** Aus der Konserve enthalten abgetropfte gekochte Saubohnen ca. 250mg Natrium und nur mehr 6 - 7g Protein!

•**Erbsen, grün, mit Hülsen, getrocknet**, gegart, Wassergehalt ca. 67%: Protein ca. 8,5 Gramm, **L-Arginin ca. 800 mg**.

•**Grüne Erbsenschoten mit Samen** der Erbsenpflanze Pisum sativum, Wassergehalt ca. 75%: Protein ca. 6 Gramm, **L-Arginin ca. 1000 mg**.

•**Goabohnen, Samen,** Samen der Flügelbohnen, Prinzeßbohnen (Psophocarpus tetragonobolus), getrocknet: Protein ca. 30 Gramm, **L-Arginin ca. 2400 mg**.

•**Kicherbsensamen**, getrocknet (Cicer arietinum L.): Protein ca. 18 Gramm, **L-Arginin ca. 1400 mg**.

•**Leinsamen**, Linum usitatissimum, Verzehr nur geschrotet in geringen Mengen anzuraten, Protein ca. 27 Gramm, **L-Arginin ca. 2.200 mg**.

•**Limabohne**, Samen getrocknet, (Phaseolus lunatus), auch Mondbohne genannt: Protein ca. 18 Gramm, **L-Arginin ca. 1.100 mg**.

•**Linsen**, Samen, getrocknet (Lens esculenta): Protein ca. 23 Gramm, **L-Arginin ca. 2.200 mg**.

•**Mungbohne,** (**Phaseolus aureus,** Vigna radiata, Mung bean, Ambérique, Haricot à grain vert), Samen getrocknet, Protein ca. 23 Gramm, **L-Arginin ca. 1.600 mg**.

•**Sojabohne**, getrocknete Samen, Glycine hyspida): bei einem Wassergehalt von ca. 8% Gehalt an Protein ca. 37 Gramm, **L-Arginin ca. 2300 mg**, Fett ca. 8g, Kohlenhydrate 6g. **Getrocknete Sojabohnen** (Samen, keine grünen Bohnen!) können wie die Samen anderer Bohnenarten, z.B. Feuerbohne, Gartenbohne, verarbeitet werden. Die Sojabohnensamen müssen gewaschen, mindestens 24 Stunden in der dreifachen Menge kalten Wassers eingeweicht werden, dann bis zu zwei Stunden weichgekocht werden, dann zerkleinert und püriert werden.

Infolge der Wasseraufnahme beim Einweichen vergrößert sich das Volumen der Bohnenmasse, das Gewicht der pürierten Bohnen ist etwa dreimal mehr als das der getrockneten Bohnensamen. Für die **schnelle Küche** sind solche Arbeitsvorgänge nur akzeptabel, wenn diese Arbeiten etwa am Wochenende oder in sonstiger zur Verfügung stehender freier Zeit erledigt werden — und wenn's auch noch Spaß macht. Die fertigen Bohnensamengemüse können freilich dann im Kühlschrank gut bevorratet und erwärmt werden.

•**Urdbohne, (Phaseolus mungo, Mungo bean, Haricot mungo**), auch Mungobohne genannt, getrocknete Samen, Protein ca. 22 Gramm, **L-Arginin ca. 2.000 mg**.

GETREIDE UND GETREIDEMEHLE

Getreideprodukte:

Brot und Backwaren, Mehlspeisen, Bier

Das Grundnahrungsmittel „Brot" ist eine Backware, welche aus Getreide hergestellt wird. Das hierfür geeignete Brotgetreide wird entweder fein gemahlen, geschrotet, gequetscht oder als ganzes Korn verwendet. Es gibt **Weißbrot**, das aus Weizenmehl hergestellt wird, und **Schwarzbrot**, welches entweder aus geschrotetem Roggen oder aus Mischungen von Roggenmehl und Weizenmehl gebacken wird.

Reines Weißbrot ist ein helles, also fast weißes Brot aus 100 Prozent weißem Weizenmehl, also nicht aus Vollkornmehl, dessen Teig als Hefeteig und *ohne Zusatz von Backtriebmitteln (natriumhaltigem Backpulver)* hergestellt wird. Im weiteren Sinne wird als Weißbrot lebensmittelrechtlich auch ein Brot bezeichnet, das aus 90 Prozent Weizenmehl und 10 Prozent anderen Mehlen besteht, z.B. Kartoffelmehl. Weißbrotsorten können wenig oder viel Kochsalz enthalten, je nach Hersteller und geographischer Region. Durchschnittlich enthält Weißbrot in 100g etwa 600mg Natriumionen (Sodium), was 1.500mg bzw. 1,5 Gramm Kochsalz (Natriumchlorid) entspricht. Für die Gastronomie werden Weißbrote mit noch wesentlich höherem Kochsalzgehalt hergestellt, offenbar um das Brot länger feucht zu halten und vor Austrocknung zu schützen, oder aber auch, um den Durst der Gäste zu steigern, die solch versalzenes Brot verzehren. Aus toxikologischer Sicht ist ein solches Brot als sehr bedenklich und als giftig einzustufen. Aus ärztlicher Sicht ist zu fordern, daß bei Brot mit einem höheren Kochsalzgehalt als 0,5g (= 500mg) in 100g Ware ein Warnhinweis angebracht werden muß.

Andere Brotsorten: Neben dem hohen Kochsalzgehalt können noch andere Natriumverbindungen im Brotteig von Bedeutung sein, wie z.B. Natriumbikarbonat und andere natriumhaltige Backtriebmittel. Von den **Backtriebmitteln** ist das **natriumfreie Hirschhornsalz** (= Ammonium-hydrogenkarbonat) das weitaus harmloseste und einzig empfehlenswerte!

Der Umsatz an Getränken dürfte bei solchem Natriumexzeß in Brot, Käse und Wurst deutlich gesteigert werden; an einer ertragsreichen Getränkebar dürfen kochsalzreiche Brot-, Schinken- und Salamisorten nicht fehlen! So klingelt die Kasse der einen auf Kosten der Gesundheit der andern! ***Reines Weizenbro***t sollte kein Fett enthalten, sondern nur aus Weizenmehl, Wasser und Hefe hergestellt werden. **Ungesalzenes Weißbrot** gibt es traditionell seit Jahrhunderten in der Toskana (siehe unser Rezept hierfür im Rezeptteil). Zum Toasten, Rösten und Grillen werden spezielle Weißbrote mit sehr, sehr hohem Salz- und Fettanteil hergestellt, z.B. für Bruschettabrote, in denen oft auch sehr, sehr viel vom cholesterinhaltigen Schweineschmalz enthalten ist.

Semmeln (Brötchen), Roggenbrot, Roggenmischbrot, Weißbrot (Weizenmehlbrot) und Weizenvollkornbrot enthalten im Durchschnitt mindestens 500mg Natriumionen in 100g Ware, meistens viel mehr. Das entspricht einem Kochsalzgehalt von 1,25g in 100g und mehr! Knapp unter dem Salzgehalt von einem Gramm pro 100g liegt nur der Pumpernickel, sogar die meisten Knäckebrotsorten haben mehr als 1g Salz in 100g.

Die einzigen der Kochbuchredaktion des Bengelmann Verlages bekannten **kochsalzarmen und sogar ungesalzenen Brotsorten** („no-salt-added"-Brot) in Deutschland sind einige knäckebrotähnliche oder fladenbrotähnliche Brotspezialitäten der Firma Gutena in Thüringen, nämlich die Marken **„Filinchen Vital®"** (nach Herstellerangaben nur 50mg Natrium in 100g), **Filinchen Original®** (Natriumgehalt 100mg nach Herstellerangaben), **Filinchen Vollkorn®** (Natriumgehalt 90mg nach Herstellerangaben), **Filinchen Ballaststoff®** (200mg Natrium in 100g).

Knäckebrotähnlich und frei von zugesetztem Kochsalz, eiweißreich und ballaststoffreich sind auch die ungesäuerten jüdischen Brotfladen, z.B. die ungesalzenen **MATZEN** der Fa. MÜHLENBÄCKEREI BÖSEN GmbH, 40764 Langenfeld, ungesäuerte Trockenflachbrote aus 87% Weizenvollkornmehl und 13% Weizenkleie, **Natriumgehalt nur 5mg (-fünf!-) in 100g** Ware. Zerfetzte Matzen sind auch sehr gut als schmackhafte ungesalzene Suppeneinlage nach Art einer Pfannkuchennudelsuppe verwendbar.

Sehr zu empfehlen ist: **Ungesalzener Zwieback** (ital. Ecor Zwieback ungesalzen. Fette biscottate senza sale aggiunto Ecor. Nährwerte: per 100g: Valore energetico 1677 kJ - 397 kcal; Fett 6,6g, di cui: acidi grassi saturi 1,0g; Kohlenhydrate 68,5g, di cui: Zucker 3,1g; Ballaststoffe 3,1g; Protein 14,3g; Sale (Kochsalz) 0,02g (= 20mg). Im Internet-Handel erhältlich.

Getreide werden jedoch nicht nur als Mehl weiterverarbeitet, sondern auch als **Grieß**, z.B. **Weizengrieß** oder **Maisgrieß**, oder **Flocken**, z.B. **Haferflocken**, oder auch als **Graupen**, z.B. **Gerstengraupen**. Schließlich ist das **Bier nach dem bayerischen Reinheitsgebot** zu erwähnen, welches aus Gerstenmalz durch alkoholische Gärung hergestellt wird — Bier ist demnach als „flüssiges Brot" aufzufassen und wird im Abschnitt „Getränke" besprochen.

Getreide und ihr Gehalt an Protein und L-Arginin in 100g:
•**Amaranth**, Samen, (Protein ca. 15 Gramm, **L-Arginin ca. 1.300mg**.
•**Buchweizen**, Fagopyrum esculentum), geschälte Samenkörner: (Protein ca. 9 Gramm, **L-Arginin ca. 1.000mg**.
•**Buchweizenmehl**: Protein ca. 11 Gramm, **L-Arginin ca. 1.200mg**.
•**Dinkel**, Triticum spelta, Samenkörner, Protein ca. 16 Gramm, **L-Arginin ca. 850mg**.
•**Dinkelmehl**, Vollkornmehl, Protein ca. 13 Gramm, **L-Arginin ca. 700mg**.
•**Gerste (barley, orge)**, ganzes Samenkorn, Hordeum vulgare: Protein ca. 10 Gramm, **L-Arginin ca. 500mg**.
•**Gerstengraupen**, **Perlgraupen**, Pearl barley: Protein ca. 10 Gramm, **L-Arginin ca. 500mg**.
•**Hafer, ganze Samenkörner**, oats, avoine: Protein ca. 10 Gramm, **L-Arginin ca. 750mg**.
•**Haferflocken**, Protein ca. 13 Gramm, **L-Arginin ca. 850mg**.
•**Haferkleie**, Eiweiß ca. 16,5 g, **L-Arginin ca. 1140m**g
•**Hirse**, geschälte Samenkörner, Protein ca. 10 Gramm, **L-Arginin ca. 350mg**.

Mais, Zea mays, ganze Samenkörner, Protein ca. 8 Gramm, **L-Arginin ca. 400mg**. **Gelber Mais** hat seine charakteristische gelbe Farbe durch seinen hohen Gehalt an bestimmten Carotinoiden, er enthält ca. 0,53mg (=530µg)/100g ***Zeaxanthin*** und 0,7g (= 700µg/100g) ***Lutein***. Zeaxanthin und Lutein haben eine besondere Bedeutung als protektive Substanzen für die Verhinderung der zur Erblindung führenden Makuladegeneration.

Weißer Mais ist weiß, weil er keine solchen gelben Schutzstoffe enthält, außerdem enthält weißer Mais weniger Eiweiß als der gelbe Mais und kann nicht empfohlen werden. Gelber Mais wurde schon ca. 3000 Jahre v.Chr. im Inkareich (Peru) und im Aztekenreich (Mexiko) angebaut.

•**Maismehl**, corn flower, Protein ca. 8 Gramm, **L-Arginin ca. 350 mg**.
•**Quinoa**, in der Quechuasprache (Sprache der Inka) Quinua, **Andenhirse**, Reismelde, Chenopodium quinoa: Protein ca. 15 Gramm, **L-Arginin ca. 1.100 mg**.

•**Reis, Oryza sativa, unpoliert, ungeschälter Naturreis, Braunreis, Rohreis (engl. „paddy")**, bei dem der eigentliche Reiskörper noch von den Hüllen bzw. Spelzen umschlossen ist, die etwa 25% des Gewichtes ausmachen und womöglich höher mit Spritzmitteln, Pflanzenschutzmitteln(Pestiziden) und antiparasitären Mitteln belastet sind: Protein ca. 7,5 Gramm, **L-Arginin ca. 600mg**.

•**Reis, poliert, Oryza sativa, geschälter, von den Spelzen befreiter Reis, Weißreis:** Protein ca. 7 Gramm, L-Arginin ca. 550 mg. Der polierte Reis enthält nur noch 0,1% Phytinsäure. Wegen des Fehlens der äußeren Spelzenhülle kann von einer geringeren Belastung hinsichtlich Pflanzenschutzmitteln usw. ausgegangen werden (den gespritzten Apfel soll man ja auch schälen, bevor man ihn verzehrt!).

Warum bei der DASH-Diät der geschälte Reis dem braunen Reis vorzuziehen ist

Weil der ungeschälte braune Reis, beschönigend als „Naturreis" bezeichnet, eine Substanz mit dem Namen „PHYTINSÄURE" enthält, welche die Verdauung und Aufnahme von lebenswichtigen Mineralien wie Kalium, Calcium und Magnesium sowie von Aminosäuren behindert. PHYTINSÄURE bildet nämlich unlösliche sog. *Chelatkomplexe* mit diesen Mineralien. Sie wird durch Kochen nicht zerstört. Die Phytinsäure hat jedoch auch menschenfreundliche Effekte. Die **günstige Wirkung der Phytinsäure** ist, daß sie **die Bildung krebserregender freier Radikale (Hydroxylradikale) verhindert. Bei Darmkrebs kann der Verzehr von Pflanzen, die reichlich Phytinsäure enthalten, wie z.B. ungeschältem Reis (1% Phytinsäure) und Weizenkleie (bis zu 7% Phytinsäure, je nach Sorte und Verarbeitung) sehr hilfreich sein *(antitumoraktive Wirkung der Phytinsäure)*. Man kann eben nicht alles haben; entweder man meidet den „Kaliumräuber" Phytinsäure, weil man eine perfekte Aufnahme der Mineralien, insbesondere z.B. bei Magnesiummangel, Kaliummangel und Vorhofflimmern, wünscht, oder man bevorzugt die Anwesenheit der Phytinsäure im Darm zum Schutz vor Krebs.**

Der **geschälte bzw. polierte Reis** ist hinsichtlich der Verwertbarkeit und Verdaulichkeit (die wertvollen Inhaltsstoffe, wie z.B. Kalium, Magnesium, Calcium, sollen gut aufgenommen werden können) sowie des Wohlgeschmackes und Aussehens dem bräunlichen ungeschälten Reis vorzuziehen, welcher hinsichtlich des

Gehaltes an Eiweiß und L-Arginin gegenüber dem polierten Reis gar keinen Vorteil bietet. Beim Kochen gehen bei geschältem wie bei ungeschältem Reis zwangsläufig zwar bis zu zwei Drittel der wasserlöslichen Mineralien und Vitamine in das Kochwasser verloren, beim ***geschälten gekochten Reis*** sind die verbleibenden Inhaltsstoffe jedoch weitaus besser verdaulich. Zudem kann bei ausgewogener gemischter Ernährung mit pflanzlichen und tierischen Produkten niemand von den Vitaminen eines einzigen Lebensmittels abhängig sein; solcherlei kann nur bei höchst einseitiger Ernährung mit geschältem Reis möglich sein.

•**Roggen,** Secale cereale, ganzes Korn: Protein ca. 9 Gramm, **L-Arginin ca. 500 mg**.

•**Roggenmehl mit niedriger Typenzahl bis 917:** Protein ca. 6,5 Gramm, **L-Arginin ca. 300 mg**.

•**Roggenmehl mit höherer Typenzahl** ab 1150: Protein ca. 9 Gramm, **L-Arginin ca. 400 mg**.

•**Sorghum,** Mohrenhirse: Protein ca.11 Gramm, **L-Arginin ca. 350 mg**.

•**Weizen,** Triticum vulgare**, ganzes Korn:** Protein ca.11 Gramm, **L-Arginin ca. 600 mg**.

•**Weizenmehle**, von Typenzahlen 405 bis 1700 ansteigend,: Protein ca.10 bis 12 Gramm, **L-Arginin ca. 400 bis 600 mg**.

•**Weizenkeime, wheat germ:** Weizenkeime haben einen nußartigen Geschmack und enthalten sehr viel Protein, nämlich ca. 22 bis 29 Gramm pro 100g je nach Qualität, sehr viel **L-Arginin** (**ca. 2300 mg/100g)**, enthalten viel Nikotinsäure (Vitamin B3, Niacin), nämlich 4 bis 5mg/100g, sehr viele mehrfach ungesättigte Omega-3-Fettsäuren. Sie haben etwa 18 % Ballaststoffe, welche zum größten Teil wasserunlöslich sind. **Sie sind nicht so lange haltbar, werden leicht ranzig und sollten nur ganz frisch eingekauft und verzehrt werden. Sie wirken stark abführend.**

•**Weizenkleie** in der Qualität als **Speisekleie** hat sehr viel weniger Kalorien als die Haferkleie: bei einem Wassergehalt von 11,5g% sind in 100g Weizenkleie enthalten: **Energie ca. 170 kcal, Protein ca. 15 - 16 Gramm, L-Arginin ca. 1.200mg**, Nikotinsäure 18mg/100g, wasserlösliche Ballaststoffe ca. 5-6g, wasserunlösliche Ballaststoffe ca. 39-40g. Bezogen auf 100g Trockensubstanz sind in der Weizenkleie ca. 46g Gesamtballaststoffe enthalten, also etwa 50% mehr als in der Haferkleie. Die **Ballaststoffe der Weizenkleie** pro 100g Trockensubstanz verteilen sich auf **wasserlösliche** (nur ca. 3 - 4g/100g im Unterschied zur Haferkleie) und **wasserunlösliche** (ca.

42g/100g) Ballaststoffe (vorwiegend Cellulose und Hemicellulose). Weizenkleie bindet mit seinen Hemicellulosen Cholesterin und Wasser, **verkürzt die Passagezeit in Dünndarm und Dickdarm**, so daß der Wassergehalt der Faeces erhöht wird und die Defäkation (Stuhlgang) erleichtert wird.

Auch der Bauchinnendruck (Druck innerhalb der Bauchhöhle = Intraabdomineller Druck) sinkt, was zur Entlastung von Leber, Bauchspeicheldrüse, Nieren, Milz, Herz und Lungen sowie zur Verringerung eines Zwerchfellhochstandes führt. Weizenkleie ist deshalb aus mechanisch-physikalischen Gründen hilfreich bei *Refluxbeschwerden* und *säurebedingten Entzündungen der Speiseröhre und des Kehlkopfes, Schlafapnoe, Asthma, Störungen der Herzmuskeltätigkeit und verringerter Pumpleistung des Herzens, Lebererkrankungen, Durchblutungsstörungen der Nieren und des Darmes,* auch die *Blutversorgung des Gehirnes* wird durch mechanische Entlastung der großen Blutgefäße im Brustraum (Thoraxraum) verbessert. Weizenkleie verringert auch die Absorption von Gallensäuren und Fetten (Lipiden) im Darm, so daß das Cholesterin sowohl aus körpereigener Bildung als auch aus der Nahrung mit dem Stuhl ausgeschieden werden, was ausgesprochen erwünscht ist, wenn eine Senkung des Cholesterins, der Blutfette (Triglyceride) und des Köpergewichtes angestrebt wird. Weizenkleie enthält je nach Sorte bis zu 7% **Phytinsäure**, welche sowohl günstige als auch ungünstige Wirkungen hat. 1) Ungünstige Effekte: Die Aufnahme von Kalium, Magnesium, Calcium und Eiweiß im Darm wird behindert. 2) Die günstige Wirkung der Phytinsäure ist, daß sie die Bildung krebserregender freier Radikale (Hydroxylradikale) verhindert. Bei Darmkrebs kann der Verzehr von Pflanzen, die reichlich Phytinsäure enthalten, wie z.B. ungeschältem Reis (1% Phytinsäure) und Weizenkleie (bis zu 7% Phytinsäure, je nach Sorte und Verarbeitung) sehr hilfreich sein **(antitumoraktive Wirkung der Phytinsäure).**

Wurzel- und Knollengemüsesorten

•**Gelbe Rübe** (bayr.), **Möhre, Karotte, Mohrrübe,** Daucus carota: Protein ca. 1 Gramm, **L-Arginin ca. 40 mg**;

•**Kartoffel,** Solanum tuberosum: Protein ca. 2 Gramm, **L-Arginin ca. 120 mg**.

•**Kohlrabi,** Brassica: Protein ca. 2 Gramm, **L-Arginin ca. 120 mg**.

•**Petersilienwurzel, Knollenpetersilie,** Radix Petroselini: Protein ca. 3 Gramm, **L-Arginin ca. 100 mg**.

•**Rote Rübe, Rote Bete, Knolle von** Beta vulgaris: Protein ca. 1,5 Gramm, **L-Arginin ca. 30 mg**.

•**Sellerie, Knollensellerie**, Protein ca. 1,5 Gramm, **L-Arginin ca. 45 mg**.

Blatt- und Stengelgemüse

•**Artischocke**, Cynara scolymus: Protein ca. 2,4 Gramm, **L-Arginin ca.100 mg**.
•**Bambussprossen**: Protein ca. 2,5 Gramm, **L-Arginin ca.90 mg**.
•**Blumenkohl,** Brassica oleracea: Protein ca. 2,5 Gramm, **L-Arginin ca. 100 mg**.
•**Blaukraut**, Rotkohl: Protein ca. 1,4 Gramm, **L-Arginin ca. 100 mg**.
•**Broccoli, ital. Blumenkohl**, Brassica oleracea var. italic: Protein ca. 3,8g, **L-Arginin 200mg**.
•**Brunnenkresse**: Protein ca. 1,5 Gramm, **L-Arginin ca. 50 mg**.
•**Chinakohl**, Brassica sinensis: Protein ca. 1 Gramm, **L-Arginin ca. 80 mg**.
•**Feldsalat**, Rapunzel, Nüsslisalat, Vogerlsalat, Valerianella olitoria: Eiweiß 1,8g, **L-Arginin 90g**
•**Rosenkohl**: Protein ca. 4 Gramm, **L-Arginin ca. 260 mg**.
•**Sellerie**: siehe Knollensellerie und Staudensellerie.
•**Spargel**, Asparagus officinalis: Protein ca. 2 Gramm, **L-Arginin ca. 100 mg**.
•**Spinat**: Protein ca. 2,5 Gramm, **L-Arginin ca. 120.**
•**Staudensellerie**, auch **Bleich-, Stiel-, oder Stangensellerie** genannt, (*Apium graveolens* var. *dulce*): Protein ca. 1 Gramm, **L-Arginin ca.100 mg**.
•**Weißkraut, Weißkohl,** Kraut, Kabis: Protein ca. 1,4 Gramm, **L-Arginin ca.100 mg**.
•**Wirsing**, Wirsingkohl, Savoy-Kohl, ital. Verza, *österr.* Kohl, *schweizer.* Wirz: Protein ca. 2,4 Gramm, **L-Arginin ca.140 mg**.
•**Zwiebel, Allium cepa,** Protein ca. 1 Gramm, **L-Arginin ca.150 mg**.

Gemüsefrüchte

•**Aubergine,** Eierfrucht, österr. Melanzani, Protein ca. 1 Gramm, **L-Arginin ca.40 mg**.
•**Bohnen**, Fisolen grün (Schoten und Samen), Schnittbohnen grün: Protein ca. 2,4 Gramm, **L-Arginin ca.100 mg**. *Bohnensamen: siehe Hülsenfrüchte*
•**Erbsen, grüne (Schoten u. Samen)** der Erbsenpflanze Pisum sativum L.: Protein ca. 6,5 Gramm, **L-Arginin ca. 1.000 mg**. *Erbsensamen: siehe Hülsenfrüchte*
•**Gurke**, Cucumis sativus, Protein ca. 0,5 Gramm, **L-Arginin ca. 40 mg**.
•**Kürbis**, Cucurbita pepo, Protein ca. 1 Gramm, **L-Arginin ca. 40 mg**.
•**Paprikaschote**, Capsicum annuum: Protein ca. 0,8 Gramm, **L-Arginin ca. 20 mg**.
•**Tomate**, Paradiesapfel, Paradeiser (österr.): Protein ca. 0,8 Gramm, **L-Arginin ca. 20 mg**.
•**Zucchini**, schweiz. Zucchetti, ital. Gartenkürbis: Protein ca. 2 Gramm, **L-Arginin ca. 40 mg**.

Speisepilze

Frische Speisepilze (Schwämme) haben einen Wassergehalt von ca. 90%,
getrocknete von ca. 8 - 9%

•**Austernpilze,** roh od. gekocht, Wassergehalt ca. 90 %: Protein ca. 3,5g, **L-Arginin ca. 250mg**
•**Birkenpilz,** Leccinum scabrum, roh, frisch, Wassergehalt ca. 90 %: Protein ca. 4 Gramm
•**Butterpilz,** Suillus luteus, roh, Wassergehalt ca. 90 %: Protein ca. 2,1 Gramm
•**Champignon**, roh, frisch, Wassergehalt ca. 90 %, Zuchtform von Agaricus bisporus, Protein ca. 4 Gramm, **L-Arginin ca 200 mg**.
•**Morchel, Speisemorchel,** Morchella esculenta, roh: Protein ca. 2 Gramm bei Frischware mit einem Wassergehalt vom ca. 90 %, **L-Arginin ca 140 mg**.
•**Pfifferling,** Reherl (bayr.), österr./bayr. Eierschwammerl, Cantharellus cibarius, **roh**, frisch, Wassergehalt mind. 90 %: Protein ca. 2 Gramm, **L-Arginin ca 80 mg**.

•**Pfifferling getrocknet ,** Reherl (bayr.),österr./ bayr. Eierschwammerl, Cantharellus cibarius, Wassergehalt ca. 9 %: Protein ca. 22 Gramm, **L-Arginin ca 1.000 mg**.
•**Reizker**, Lactarius deliciosus, **roh**, Wassergeh. ca. 90 %: Protein ca. 2,4g, **L-Arginin ca 12 mg**.
•**Rotkappe**, Leccinum aurantiacum, **roh**, Wassergeh. 90%: Protein 1,8g, **L-Arginin 130 mg**.

•**Shiitake-Pilze (Lentinus edodes), frisch, roh, *nicht getrocknet,*** *ohne Wasserverlust z.B. durch längere Lagerung oder Transport*: Wassergehalt ca. 82% - 84 %, Ballaststoffe ca. 2%, Eiweiß ca. 1,5% - 1,60%, **L-Arginin ca. 100 mg,** Fett ca. 0,20 - 0,25 g, Kohlehydrate ca. 12,3 g, Cholesterin 0,0 mg, Mineralstoffe 0,2 - 0,5 g, Natrium 4 mg, Kochsalz (Natriumchlorid) 19 mg (=0,019 g), Energieinhalt ca. 40 – 45 kcal,

•**Shiitake-Pilze (Lentinus edodes), getrocknet** (ganze Stücke oder **gemahlen,** grobes **Granulat** oder feines **Pulver**), , Wassergehalt ca. 8 %: ***Ballaststoffe*** ca. 11 g, Eiweiß ca. 8,5 - 9,0 g, ***L-Arginin*** ca. 550 mg, Fett ca. 1,20 g, Kohlehydrate ca. 68 -70 g, Cholesterin 0,0 mg, Mineralstoffe ca. 2,5 g, Natrium 16 -18 mg, Kochsalz (Natriumchlorid) 40 – 45 mg (= 0,040 -0,045 g), Energieinhalt ca. 235 kcal
•**Steinpilz**, Herrenpilz, Boletus edulis, **roh**, frisch, Wassergehalt ca. 90 %: Protein ca. 5,1 Gramm, **L-Arginin ca 300 mg**.
•**Steinpilz**, Herrenpilz, Boletus edulis, **getrocknet**, Wassergehalt ca. 8 %: Protein ca. 26 Gramm, **L-Arginin ca 2.500 mg**.
•**Trüffel**, Tuber melanosporum, roh, Wassergehalt ca. 74 %: Protein ca. 7 Gramm, **L-Arginin ca 600 mg**.

Obst und Früchte für die Deutsche DASH-Diät:

nicht zur Gewichtsreduktion bei Übergewicht, jedoch zur Senkung von Blutdruck und Cholesterin sowie bei Vorhofflimmern hilfreich

Beim Verzehr von Früchten und Obst wird dem Organismus sehr viel Zucker zugeführt. Hierauf reagiert der Organismus mit der Ausschüttung von Insulin und Appetitsteigerung. Mit einer Gewichtsabnahme bei Übergewicht und Fettsucht ist dies nicht vereinbar! Obst und Früchte enthalten jedoch sehr viel Kalium, den Gegenspieler des Natriums, und viel Magnesium. Obst und Früchte sind deshalb vor allem bei Menschen ohne Übergewicht zur raschen **Kochsalzausschwemmung** und **Blutdrucksenkung** sowie zur Verhinderung von **Vorhofflimmern** bei Bluthochdruck geeignet. Für die **DASH-Diät bei Menschen ohne Übergewicht und ohne erhöhte Blutfette** (Triglyceride, Neutralfette, nicht zu verwechseln mit Cholesterin!), eignen sich Obst und Früchte wegen ihres **hohen Gehaltes an Phytosterinen** (Sitosterin usw.) bevorzugt zur Senkung erhöhter LDL-Cholesterinwerte. Obst und Früchte können in üblichen Dessertmengen, auch als ungezuckerte TK-Ware ohne jegliche Zusätze oder als Marmeladen und Kompotte verzehrt werden. Besonders empfehlenswert wegen ihres Gehaltes an Kalium, Magnesium, Sekundären Pflanzenstoffen, wie z.B. Sitosterin, sind Apfel, Birne, Aprikose, Kirsche, Pfirsich, Zwetschgen und Pflaumen, Brombeere (*frz.* Mûre, *ital.* Mora), Erdbeere (Fragaria), Heidelbeere (Blaubeere, Myrtilles), Himbeere (Framboise), Johannisbeeren rot und schwarz (*österr.* Ribisel), Preiselbeere (Kronsbeere, Grante), Weintrauben und Weinbeeren (Rosinen, Sultaninen und Korinthen), Hagebutten (*fränkisch:* Hiffen), Ananas, Banane, Orange (Apfelsine), Feigen und Datteln.

Der Apfel

Der reife **Apfel** enthält in 100 Gramm verzehrbaren Anteiles: ca. 11g Kohlenhydrate bzw. Zucker, ca. 0,6g Fett, ca. **0,35g Protein** mit immerhin **8mg L-Arginin**, nur 1,2mg Natriumionen, ca. 120mg Kalium und ca. 5mg Magnesium je nach Apfelsorte und Lagerung. Handelsübliche Zubereitungen, wie z.B. **Apfelmus**, können erheblich mehr Zucker enthalten. Vor handelsüblichen Zubereitungen mit Zusatz von Zucker oder zuckerhaltigen Süßungsmitteln (Ahornsirup, Agavensirup), Farbstoffen und Stabilisatoren wird bei Übergewicht gewarnt. Apfelmus mit Zusatz von Zucker oder zuckerhaltigen Süßungsmitteln ist jedoch bei Menschen ohne Übergewicht zur Blutdrucksenkung und zur Cholesterinsenkung geeignet. Handelsübliches **Apfelmark** ohne Zuckerzusatz sowie ohne jegliche anderweitige Zusätze enthält nach Herstellerangaben in 100g Ware 0,6g Eiweiß, 13,6g Kohlenhydrate, 0,1g Fett. Der **Apfel** enthält zur **Cholesterinsenkung** neben dem **Pektin** (0,4% bis 1,0%) als unverdaulichem sterolbindendem Ballaststoff noch ca. 12mg **Sterine**, davon **ca. 11mg Beta-Sitosterin. Ein starker Cholesterinsenker!** Wegen des hohen Zuckergehaltes — man bedenke auch, daß die neueren Züchtungen von Apfelsorten immer süßer schmecken müssen! — und der auf den Zuckerverzehr folgenden Insulinausschüttung mit konsekutiver Appetitsteigerung ist der Apfel ebenso wie jedes andere zuckerreiche Obst nicht kalorienarm und für eine rasche Gewichtsabnahme höchst ungeeignet. Aus diesem Grund gibt es z.B. im alpenländischen Raum auch eine Apfelmast des Hausschweines; das Fleisch des so gefütterten Schweines ist sehr aromatisch, wenn es nicht das Pech hatte, in die „Sur“ zu kommen, also mit Nitritpökelsalz „geselcht“ zu werden.

Der **Vorteil des Apfels** ist, daß er leicht *abführend* wirkt und deshalb gerne zum Beginn einer Abmagerungskur zur Entleerung des Darmes benutzt wird, damit die im Darm befindlichen Dehnungsrezeptoren „einschrumpeln“ und nicht mehr zur Appetitsteigerung reizen können. Handelsübliche Äpfel sind in der Regel nicht unbehandelt, die Schale ist oft gewachst. Wer die Schale des Apfels verzehren will, sollte Äpfel mit unbehandelter Schale erwerben. Das **Pektin des Apfels und anderer Obstsorten quillt im Dünndarm auf** und vermittelt ein starkes **Sättigungsgefühl**, an welches sich man jedoch bei Dauerverzehr pektinreicher Lebensmittel rasch gewöhnen wird, so daß der Darm stets nach

Nachschub verlangt. Pektin behindert die Resorption von Cholesterin ebenso wie von Nährstoffen und Arzneimitteln. Im Dickdarm (Colon) wird **Pektin** dann fast vollständig von nützlichen Darmbakterien der intestinalen Mikroflora abgebaut, wobei kurzkettige Fettsäuren (Essigsäure, Propionsäure, Buttersäure) entstehen, welche **für die Gesunderhaltung der Dickdarmschleimhaut benötigt werden und vor Dickdarmkrebs schützen**.

Honig (Bienenhonig)

Honig ist in zweifacher Hinsicht ein ***tierisches*** *Produkt*. Da Honig ein Produkt der Bienen unter Zusatz körpereigener Stoffe ist, stellt er ein *tierisches* Produkt dar. Nicht einmal der Ausgangsstoff für die Herstellung von Honig ist jedoch immer ein pflanzlicher. Die Bienen verarbeiten nämlich nicht nur den *Nektar aus den Pflanzenblüten* für den **Blütenhonig**, sondern auch die *an Pflanzenstengeln und Pflanzenblättern auftretenden süßen Ausschwitzungen* für den **Blatthonig**, der einen größeren Bekanntheitsgrad unter den Namen „Waldhonig" und „Tannenhonig" hat und in der Fachsprache auch „Honigtauhonig" und „Koniferenhonig" genannt wird. Diese für den Blatthonig von den Bienen gesammelten süßen Ausschwitzungen, der sogenannte *Honigtau*, an den Nadeln, Blättern und Stengeln sind jedoch nicht nur Sekrete bzw. Ausscheidungen lebender Pflanzen, sondern zu einem hohen Anteil auch Absonderungen bzw. Verdauungsprodukt von an den Pflanzen saugenden Insekten, wie z.B. von Blattläusen, auf Blättern, Stengeln, Zweigen und Nadeln von Nadelbäumen. Insofern ist das Ausgangsprodukt für die Verarbeitung zu Honig bereits ein *tierisches* Produkt: *Die Blattläuse saugen den süßen Pflanzensaft auf und scheiden an ihrem Anus (After) den Honigtau ab, der sozusagen das Verdauungsprodukt der Läuse darstellt und von den Bienen gesammelt wird.* Blatthonig enthält weniger Traubenzucker und Fruchtzucker als Blütenhonig. Dafür enthält der **Blatthonig der Nadelgehölze** die **ätherischen Öle** aus der Familie der **Terpene**, zu denen auch das Terpentinöl gehört. Die **Terpene aus den Koniferen**, also der Tanne, der Fichte, der Kiefer, der Latschenkiefer und der Lärche - man hat früher die „Maiwipferl", die jungen Triebe, gesammelt -werden traditionell in Hustensäften zur Reinigung der Bronchialwege, zur Verflüssigung und Ausscheidung verkrusteter Sekrete in den Luftwegen angewendet und besitzen wohl auch eine *antiproliferative tumortoxische* Wirkung, indem sie das Wachstum schnell proliferativer (d.h. sich rasch vermehrender) Zellen, zu denen auch **Tumorzelle**n gehören, behindern.

Zu den **Inhaltsstoffen des Honigs** ist desweiteren zu sagen, daß Honig bei einem **Wassergehalt von ca. 18%** einen **Zuckergehalt von 75% bis 80%** hat. Der Eiweißanteil ist unbedeutend. Bedeutend, auch für die DASH-Diät, ist der **Kaliumreichtum** und die **Natriumarmut**, denn Honig enthält mit etwa **7 mg Natrium** und fast **50mg Kalium** (jeweils in 100g) etwa siebenmal so viel Kalium wie Natrium. Dazu noch über 5mg Magnesium in 100g. Honig ist somit ein ideales DASH-Lebensmittel und Süßungsmittel anstelle von Haushaltszucker für die Kaliumzufuhr und Magnesiumzufuhr bei Bluthochdruck, Herzinfarkt und Herzrhythmusstörungen. Zuguterletzt enthält Honig noch **antibiotische Substanzen** (sog. Inhibine) und etwas **Niacin** (Nikotinsäureamid, Nikotinsäure, Vitamin B3), ein Vitamin aus der Vitamin-B-Gruppe. Honig enthält 130µg (=

0,130mg) Niacin in 100g. Niacin senkt den LDL-Cholesterinspiegel und die Neutralfette (Triglyceride) und erhöht den HDL-Cholesterinspiegel, wirkt insofern anti-arteriosklerotisch.

Ihre Frage: Ist Honig denn für die DASH-Diät geeignet?

Unsere Antwort: Honig ist nur bedingt für die DASH-Diät geeignet. Wegen seines **hohen Kaliumgehaltes und Magnesiumgehaltes** sowie seines **niedrigen Natriumgehaltes** ist er grundsätzlich zur **Senkung des Blutdruckes bei Bluthochdruck** und zur **Rhythmisierung des Herzens bei Herzrhythmusstörungen**, wie z.B. bei Vorhofflimmern, geeignet. Wegen seines Zucker- und Kaloriengehaltes allerdings nur dann, wenn keine Notwendigkeit zu einer Gewichtsabnahme oder zu einer Senkung der Blutfette (Triglyceride) besteht. Da Honig kein Cholesterin enthält, eignet er sich auch zur Diät zur Absenkung eines hohen Cholesterinspiegels, allerdings wiederum nur dann, wenn kein Übergewicht besteht.

Kunsthonig (Invertzuckercreme)

Kunsthonig wird durch chemische Aufspaltung von Rohrzucker in Fruchtzucker und Traubenzucker hergestellt. Kunsthonig enthält zwar etwa **achtmal mehr Natrium als Honig** und hat **nur** etwa **ein Zehntel des Kaliumgehaltes** im **Vergleich zum Honig**. Bei einem Gehalt an Natriumionen von nur 19mg in 100g, was etwa einem Kochsalzgehalt von knapp 50mg in 100g entspricht, ist **Kunsthonig** durchaus noch zur raschen und sicheren Blutdrucksenkung im Rahmen einer DASH-Diät geeignet, wenn er nur in geringeren Mengen als Süßungsmittel verwendet wird.

Wenn Kunsthonig in größeren Mengen als preiswertere Zutat beim Kuchenbacken verwendet wird, muß der Kochsalzgehalt des Kunsthonigs berücksichtigt werden; man sollte dann auf die Prise Salz zum Kuchenteig verzichten!

In welchen proteinreichen Lebensmitteln tierischer Herkunft das L-Arginin reichlich vorkommt

Speisegelatine (Gelatine, Sulze, Sülze oder Aspik)

Der **erste Platz** für ein **Lebensmittel tierischer Herkunft**, welches ***am meisten Gesamt-Protein und am meisten L-Arginin*** enthält, gebührt einem **cholesterinfreien** Metzgereiprodukt, das kaum mehr bekannt ist: der **Speisegelatine**, meist einfach **Gelatine**, auch **Sulze**, **Sülze** oder **Aspik** genannt. Unbekannterweise ist die gesunde Gelatine in fast jeder im privaten Haushalt selbst aus Suppenfleisch und Suppenknochen gekochten Knochen- oder Fleischbrühe reichlich enthalten.

Zugleich bekommt die Gelatine den ersten Platz aller Lebensmittel überhaupt, gleichviel ob pflanzlichen oder tierischen Ursprunges, für ihren ***Proteingehalt*** und ihren Gehalt an ***L-Arginin***. Warum? Nun, die Speisegelatine (Sulze, Sülze, Aspik) enthält – allerdings nur, wenn es sich um erste, hochreine Qualität handelt – in **100 Gramm Gelatine 7450 Milligramm**, das sind 7,45 Gramm **L-Arginin** bei einem Gehalt an **Gesamtprotein von ca. 84 Gramm** und einem Wassergehalt von ca. 14% sowie einem sehr niedrigen Kaloriengehalt von ca. 340 kcal/100g Gelatinepulver (Wassergehalt 14%). In Hinblick auf die ***biologische Wertigkeit*** der Speisegelatine sollte man einen Blick auf die Aminosäurenzusammensetzung werfen: Die *beiden* ***absolut*** **essentiellen Aminosäuren**, die also definitionsgemäß stets und nicht nur unter bestimmten Bedingungen nicht selbst im Organismus gebildet werden können und deshalb von außen mit der Nahrung zugeführt werden *müssen*, also die Aminosäuren **Lysin** und **Threonin**, sind reichlich vorhanden. **Lysin** mit ca. 3800 Milligramm in 100g hochwertiger naturreiner Gelatine aus Kollagen (Wassergehalt 14%, Gesamt-Proteingehalt 84%), **Threonin** mit ca. 1.800mg. Von den *sechs* nach bisheriger Auffassung als **einfach essentiell eingestuften Aminosäuren** Isoleucin, Leucin, Methionin, Phenylalanin, Valin und Tryptophan sind die ersten fünf reichlich vorhanden, *lediglich Tryptophan ist nur spärlich vertreten*. Das Histidin, das neuerdings als „unentbehrlich" eingestuft wird, ist ebenfalls reichlich vorhanden. Als **„bedingt essentiell"** eingestuft werden derzeit die vier Aminosäuren L-Arginin, Serin, Tyrosin und Cystein. Nur die schwefelhaltige Aminosäure *Cystein* ist in der Gelatine fast nicht enthalten; dies wäre jedoch nur dann ein Mangel, wenn in der Gelatine nicht so viel Methionin vorhanden wäre, denn aus Methionin kann im menschlichen Stoffwechsel das Cystein selber hergestellt werden. Etwa 15% des Gesamteiweißes der naturreinen Speisegelatine sind somit die *unentbehrlichen absolut essentiellen* und die *essentiellen* Aminosäuren. Gelatine eignet sich aufgrund seiner Aminosäurenstruktur hervorragend, um die biologische Wertigkeit anderer Lebensmittel, wie Fleisch, Geflügel, Fisch, Getreideprodukte und Gemüse, aber auch von lebensmittelchemischen Kunstprodukten mit Aminosäuredefekten, wie z.B. „Seitan", zu erhöhen. So wird z.B.

bei Rindfleisch in Aspik die biologische Wertigkeit des Rindfleisches von 92 auf 99 erhöht. Ein Fisch-Gelatine-Aspik ist somit ernährungsphysiologisch wesentlich wertvoller als das alleinige Fischeiweiß. ***Zu den Kosten selbst der hochwertigsten Speisegelatine ist zu sagen, daß man so viel hochwertiges Eiweiß selten für so wenig Geld kaufen kann!*** Und selten hat man Gelegenheit, mit einem Lebensmittel tierischer Herkunft so viel Protein und so viel L-Arginin „einzukaufen", ohne gleichzeitig Cholesterin aufnehmen zu müssen! **Der *„Geniestreich"*, hochwertiges Eiweiß *tierischer* Herkunft ohne jegliche Cholesterinbeimengung zu verzehren, gelingt nur mit *Gelatine, Magerquark (Magertopfen)* und *entrahmter Milch*.**

Den **zweiten Platz** für einen **hohen L-Argininingehalt** in einem Lebensmittel tierischer Herkunft müssen sich ***erstens*** (*„Schlachtgeflügelgruppe")* **Gans**, **Ente**, **Huhn** und **Truthahn (Puter, Pute)** sowie ***zweitens*** (*„Schlachtviehgruppe")* das reine Muskelfleisch und einige edle Fleischteile nachfolgend genannter Schlachttiere teilen, nämlich Fleisch vom **Schwein**, vom **Rind**, vom **Kalb**, vom **Hammel** und vom **Lamm**. Dies aus dem Grunde, weil alle edlen Fleischteile dieser Schlachttiere einen durchschnittlichen Gesamtproteinwert von 21% bis 22% haben und einen durchschnittlichen L-Argininwert von 1400 bis 1550 mg in 100g verzehrbaren Anteiles.

Gans, Ente, Huhn und Truthahn (Puter, Pute)

Die **Gans** hat *im Durchschnitt* des gesamten verzehrbaren Anteiles etwa 30% Fett und gut 15% Eiweiß (davon knapp 1000mg L-Arginin/100g), wobei jedoch nach Wegschneiden des sichtbaren Fettes **das magere Gänsefleisch** als Stück für sich genommen nur noch 7% Fett hat und über 22% Eiweiß, davon über **1400mg L-Arginin** in 100g. **Mageres Gänsefleisch** enthält von Natur aus fast fünfmal so viel Kalium wie Natrium, wenn es ungesalzen ist, und eignet sich somit für die DASH-Diät hervorragend!

Die **Ente** hat *im Durchschnitt* des gesamten verzehrbaren Anteiles etwa genauso viel Eiweiß wie Fett, nämlich je ca. 18% und trotzdem

einen stattlichen **L-Argininanteil** von ca. **1100mg** in 100g des verzehrbaren Anteiles. **Entenbrust ohne Haut** hat nur noch 4% Fett und fast 20% Eiweiß bei einem L-Argininingehalt von über 1300mg/100g. Und die ungesalzene Entenbrust hat von Natur aus fast fünfmal mehr Kalium als Natrium, sowie über 20mg Magnesium in 100g. ***Sehr gesund bei Bluthochdruck und Vorhofflimmern!***
Das **Huhn** hat etwa 10% Fett und 20% Eiweiß, sowie stolze **1400mg L-Arginin** im Durchschnitt. Beim **Truthahn** (**Puter** und **Pute**) besitzen ausgewachsene Tiere etwa 10% Fett, die **Truthahnbrust** von Jungtieren enthält nur ca. 1% Fett, jedoch ca. 22% Eiweiß und ca. **1500 mg L-Arginin**.

Schwein, Rind, Kalb, Hammel, Lamm

Beim **Schweinefleisch** handelt es sich hinsichtlich des höchsten L-Argininingehaltes um das **Schweinekotelett mit Knochen** (**L-Arginin ca. 1500 mg**), **Schweineschnitzel von der Oberschale (L-Arginin ca. 1550 mg**), das **Schweinefilet** und **reines Muskelfleisch** vom Schwein **(L-Arginin ca. 1500 mg)**. Das Schweinefilet ist mit einem Fettanteil von ca. 2% noch *fettärmer als das Rinderfilet* mit einem Fettanteil von 4%.

Was ist denn eigentlich Rindfleisch?
Vom Fleischrind und vom Milchrind / Mutterrind. Ochsenfleisch, Bullenfleisch, Kuhfleisch, Färsenfleisch, Kalbfleisch

Unter der Deklaration als „Rindfleisch" kann recht verschiedene Qualität verkauft werden, nämlich das Fleisch alter Mutterkühe, Färsenfleisch, Jungbullenfleisch, das Fleisch ausgedienter alter Zuchtbullen oder Ochsenfleisch.

Beim **Rindfleisch** handelt es sich um das **reine Muskelfleisch** mit einem Proteingehalt von ca. 22% und einem L-Argininingehalt von ca. 1550, um die **Rinderschulter (Bug)** (Protein ca. 20%, Fett ca. 5%, L-Arginin ca. 1.400), um das **Rinderfilet** (Protein ca. 21%, Fett ca. 4%, L-Arginin ca. 1.450) um das **Rindfleisch von der Oberschale** und die **Rinderlende(Roastbeef)** mit ähnlichen Nährwerten.

Beim **Kalbfleisch** hat das reine Muskelfleisch etwa 21% Protein, ca. 0,8% Fett und ca. **1550 mg L-Arginin**, die **Kalbsschulter** (Bug) nur ca. 1% Fett, 21% Protein, das **Kalbsfilet** einen Fettgehalt von ca. 1%, ca. 21% Protein und ca. 1400mg L-Arginin. **Kalbfleisch** ist wegen des niedrigen Fettgehaltes, des hohen Proteingehaltes und des hohen

Gehaltes an L-Arginin sowie wegen der Zartheit des Fleisches das *kulinarische Spitzenfleisch* der DASH-Küche!

Beim **Lamm** hat das reine Muskelfleisch bei einem Fettanteil von fast 4% einen Gehalt an Protein von ca. 21% und ca. **1400 mg L-Arginin**. Beim **Hammel**, dessen Schulter und Brust durchaus 25% bis 40% Fettanteil haben, hat das **Filet** nur ca. 3,5% Fett, ca. 20% Eiweiß und ca. **1400 mg L-Arginin** (alle Angaben jeweils bezogen auf 100g eßbaren Anteiles). Beim Fettanteil mancher Stücke vom **Schaf** (**Lamm** und **Hammel**) ist zu bedenken, daß der gesundheitliche Wert des Fettanteiles von den Lebens- und Ernährungsweise der Schlachttiere abhängt. Wenn es sich um in der Sommersaison ausschließlich im Freien lebende Tiere handelt, wie es z.B. in den durch Almbauern bewirtschafteten Alpenregionen der Fall ist, fressen die Tiere die frostsicheren Kräuter mit ihren Omega-3-Fettsäuren. Im Vereinigten Königreich (UK), dem traditionellen Land der Nutztierhaltung, werden seit ca. 800 Jahren die Schafe (im UK derzeit ca. 31 Millionen Schafe) sogar ganzjährig im Freien gehalten; man kennt dort kaum einen Schafstall. Das Fleisch solcher Tiere ist reich an Omega-3-Fettsäuren, wie eben alle **Pflanzen und Tiere, die aus der Kälte kommen**, in ihrem natürlichen Stoffwechsel reichlich **Omega-3-Fettsäuren (Eicosanoide)** bilden müssen, um in der Kälte nicht zu erstarren. Das Fleisch solcher **Schlachttiere, die aus der Kälte kommen**, mit seinen Omega-3-Fettsäuren hat ebenso wie das **Fleisch von Kaltwasserfischen** bedeutende protektive Eigenschaften hinsichtlich der Fließeigenschaften des Blutes, Arteriosklerose, Herzinfarkt und Schlaganfall.

Kaninchenfleisch

Den **dritten Platz** in der Rangliste von *Lebensmitteln tierischer Herkunft mit hohem L-Argininingehalt* teilen sich diejenigen Fleischsorten, welche einen L-Argininingehalt deutlich unter dem Wert von 1400 mg haben, meistens streuen sie um den Wert zwischen 800mg und 1200 Milligramm pro 100g verzehrbaren Anteiles. Unter den Fleischsorten ist hier das **Kaninchenfleisch** an allererster Stelle zu nennen, weil dieses preiswert, auf vielfältige Weise zuzubereiten und insgesamt sehr beliebt ist. Das Kaninchenfleisch ist mit ca. 7% bis 8% Fettgehalt durchaus nicht streng fettarm zu nennen, und es hat auch einen Cholesteringehalt von immerhin ca. 90 mg/100g. Sein Proteingehalt ist mit ca. 21% sehr hoch, sein **L-Argininingehalt** mit ca. **1200 mg**/100g hoch.

Geflügel

Die Hühnerbrust (ohne Haut) Chicken breast without skin / poitrine de **poule** sans peau: sehr eiweißreich, sehr fettarm, natriumarm, kaliumreich, reich an L-Arginin **(Ideales Dash-Lebensmittel)**

Das **Fleisch des Haushuhnes** (Gallus domesticus L., **Chicken**, **Poule**) ist *im Durchschnitt* der verschiedenen Teilstücke alles andere als fettarm zu nennen, woran vor allem der Fettanteil der Haut schuld ist. Unbestreitbar beherbergt das Hühnerfett die vortrefflichen Geschmacksaromen, auf welche man verzichten muß, wenn man aus diätetischen Gründen gezwungen ist, die Haut zu entfernen. Ein Brathuhn als Ganzes hat im Durchschnitt etwa 70% Wassergehalt, knapp 20% Eiweiß, L-Arginin 1400g (=1,4g) und 10% Fett, ein **fettes Suppenhuhn** nur 60% Wassergehalt, 18% Eiweiß und **gar 20% Fett**, weshalb **eine Hühnersuppe ein großartiges Geschmackserlebnis** ist. Eine **Hühnerbrust mit Haut** hat im Durchschnitt einen Wassergehalt von 70%, 22% Eiweiß, gute 1500 mg L-Arginin und gute 6% Fett. Wird die fette Haut der Hühnerbrust entfernt, so hat die verbleibende **Hühnerbrust ohne Haut (without skin / sans peau)** bei einem Wassergehalt von fast 75% jetzt **24% Eiweiß**, ca. **1650 L-Arginin** und nur noch **0,7%Fett**! Der verbleibende Cholesteringehalt der enthäuteten Hühnerbrust ist zu vernachlässigen! **Die Hühnerbrust ohne Haut ist somit ein ideales DASH-Lebensmittel!** Für die **schnelle Küche** kann die Hühnerbrust als Ganzes in einer guten **halben Stunde** und **geschnetzelt in wenigen Minuten** zubereitet werden.

Wer **das weiße Fleisch des Haushuhnes** nicht zu schätzen weiß, kann auf **das dunklere Fleisch des Perlhuhnes** zurückgreifen, dessen Brust ohne Haut etwa 1,1% Fett enthält.

Innereien von Schlachttieren, Wild und Geflügel

Innereien (Leber, Milz, Herz, Nieren, Bries) – sie enthalten nicht nur reichlich Gesamtprotein und L-Arginin, sondern auch reichlich Cholesterin!

Innereien enthalten wesentlich mehr Cholesterin als das Muskelfleisch des jeweiligen Schlachttieres. So enthält das **Kalbfleisch** je nach Art des Fleischteiles zwischen 60 und 70mg Cholesterin in 100g Fleisch (Kalbsfilet ca. 60mg, Kalbsbrust 70mg), während die **Kalbsleber** trotz eines sehr niedrigen Fettgehaltes von ca. 1% etwa **270mg Cholesterin** enthält, jedoch dafür immerhin **ca. 1000 mg L-Arginin** bei einem Gesamtproteingehalt von 15%. bietet. Das **Kalbsherz** ist mit ca. 5% Fettgehalt immer noch relativ fettarm zu nennen, hat jedoch nur ca. 100 bis 140mg Cholesterin/100g und immerhin ca. 1200 mg Arginin/100g bei einem Gesamtproteingehalt von ca. 16%. Das **Kalbsherz** und die **Kalbsleber** sind somit *für die DASH-Diät durchaus geeignet*, insbesondere dann, wenn als Beilage reichlich Gemüse verzehrt werden, ausgenommen bei Personen mit hohen Cholesterinwerten im Blut. Für die DASH-Diät sind Kalbfleisch und Innereien vom Kalb schon deshalb hervorragend geeignet, weil Fleisch und Innereien von jungen, drei bis vier Monate alten Rindern stammen, die aufgrund ihrer kurzen Lebensdauer noch keine nennenswerten Schadstoffe in ihrem Fleisch angereichert haben (eine zehnjährige Kuh hat bestimmt mehr Schadstoffe!). Überdies sind Fleisch und Innereien von so jungen Schlachttieren besonders zart und fein im Geschmack. Da **Innereien** nicht im Trend der Zeit liegen, sind sie überdies noch sehr preisgünstig zu erwerben, was man vom Kalbsschnitzel aus der Oberschale nicht sagen kann. Die **Kalbslunge**, in Altbayern „Lüngerl“ genannt und mit Essig säuerlich zubereitet, ist ebenfalls eine sehr preiswerte Innerei mit einem Eiweißgehalt von ca. 18%, einem Fettgehalt von 2%, einem Cholesteringehalt von ca. 150mg und einem Gehalt an Arginin von ca. 1100 mg/100g. Die **Kalbsnieren** enthalten von Natur aus mehr Kochsalz (200mg/100g) als Kalbfleisch und sonstige Kalbsinnereien, mehr Fett (ca. 6%), jedoch ca. 18% Protein und ca. 1.000mg Arginin. Beim **Kalbsnierenbraten** stellt das im Nierenanteil enthaltene Kochsalz bereits die Prise Salz für das darunter befindliche Kalbsfilet dar, welches der Metzger aus dem Nierensattel herausgelöst hat. Die **Kalbszunge** wird eigentlich zu Unrecht den Innereien zugerechnet, welche dadurch definiert sind, daß sie Innere Organe aus einer Körperhöhle (Brustraum oder Bauchhöhle) sind. Die **Kalbszunge** stammt jedoch keineswegs aus einer Körperhöhle, sie ist vielmehr ein normaler Muskel mit einem Proteingehalt von ca. 18% und einem Arginingehalt von ca. 1100 mg/100g, hat jedoch einen höheren Fettgehalt (ca. 12%).

Fisch

Bei den Fischen unterscheiden wir zwischen den **Seefischen** und den **Süßwasserfischen**.

Die ***Süßwasserfische*** enthalten entgegen jeder Erwartung nicht immer von Natur aus weniger Natriumionen (Kochsalz) als Seefisch, ihre Schwankungsbreite ist sehr groß. Zu den natriumreichsten Süßwasserfischen gehört z.B. die Renke (ca. 150mg Natrium/100g), zu den natriumärmsten Süßwasserfischen der Zander (ca. 25mg Natrium/100g) und der Karpfen (30mg Natrium/100g). Je natriumärmer ein Fisch ist, desto mehr eignet dieser sich für die DASH-Diät bei Bluthochdruck, insbesondere zur raschen Blutdrucksenkung und Ausschwemmung von Wasseransammlungen (Ödemen) im Gesicht und abhängigen Körperpartien.

Die meisten Salzwasserfische enthalten von Natur aus in ihrem Fleisch 80 bis 100mg Natrium, was etwa 200mg bis 250mg Kochsalz bzw. Natriumchlorid entspricht. Ein sehr salzarmer Meeresfisch ist der Thunfisch (ca.45mg Natrium in 100g), allerdings nur dann, wenn er nicht als TK-Ware mit Salz besprüht oder als Konserve in Salzlake eingelegt worden ist. Beim Einkauf von See- und Süßwasserfischen als **Zuchtfischware** sollten Skepsis und Zurückhaltung geübt werden, weil es nicht möglich ist, ohne den Einsatz von antiparasitären, fungiziden und antibakteriellen Mitteln auf engem Raum Fische zu züchten. Bei Tiefkühlware ist darauf zu achten, daß die Ware vor dem Einfrieren nicht mit Kochsalz besprüht worden ist. Man sollte die Warendeklaration des Herstellers auf der Packung genau und kritisch lesen und sich nicht scheuen, auch den Händler zu befragen.

Zur Sicherheit sollte TK-Ware stets beim Auftauen nicht auf einem Teller liegen, sondern auf einem Sieb, damit die Ware abtropfen kann und nicht in ihrer eigenen abgetropften Salzlake liegen bleibt. Vor der weiteren Verarbeitung soll die aufgetaute Ware zuerst mal gut mit eiskaltem Wasser abgewaschen und womöglich auch eine halbe Stunde oder länger gewässert werden. Nach dem Wässern gut abtropfen lassen und mit hygienischem Küchenpapier oder Leinen trocken tupfen!

Seefische – ihr Gehalt an Proteinen, L-Arginin, Kochsalz, Fett, Omega-3-Fettsäuren (Eicosanoide), Cholesterin und Kalorien

Die meisten der im Handel erhältlichen Seefische sind **fettarm;** sie haben einen **Fettgehalt** von 0,6g pro 100g Ware (z.B. Kabeljaufilet) bis 3g mit einem sehr hohen Anteil an den langkettigen Omega-3-Fettsäuren (Eicosanoiden), einem **Kaloriengehalt** von ca. 70 bis 90kcal pro 100g, einen **niedrigen Cholesteringehalt** von ca. 30mg bis 50mg, einen hohen natürlichen Natriumgehalt (Sodium-Ionen) von ca. 70mg bis 100mg (ungesalzene Frischware oder ungesalzene Tierkühlware), einen **Proteingehalt** von etwa 17mg bis 18mg (jeweils pro 100g eßbaren Anteiles) und einen **hohen Arginin-Gehalt** von ca. 1100 mg bis ca. 1400 mg. Der hohe Natriumionengehalt wird durch den hohen Kaliumionengehalt der Seefische gemildert, denn die fettarmen Seefische haben durchschnittlich dreimal bis viermal so viel Kalium wie Natrium. Kalium fördert die Ausscheidung der Natriumionen durch die Nieren und senkt den Blutdruck.

Zu den **fettreicheren Seefischen** gehört der **Hering** (Atlantik-Hering) mit einem **Fettanteil** von ca. **18%** und einem extrem gesunden, weil extrem hohen Anteil an langkettigen Omega-3-Fettsäuren (Eicosanoiden), einem höheren natürlichen Natriumgehalt, einem **Proteingehalt von 18%** und einen Gehalt an **Arginin** von ca. **1200mg** in 100g verzehrbaren Anteiles. Ein Fettfisch mit ähnlichen Werten ist die **Makrele**. **Eingelegte Heringe**, **Matjesfilets** usw. enthalten wegen des zugefügten Kochsalzes freilich extrem viele Natriumionen im Sinne des Kochsalzexzesses der zivilisatorischen Ernährung. Allenfalls durch mehrstündiges Wässern in eiskaltem fließendem Wasser könnte ein Teil des hinzugefügten Kochsalzes bei gesalzenen Fischen (Hering, Anchovis usw.) entfernt werden. Gepökelte und geräucherte Fischwaren scheiden wegen ihres extrem hohen Gehaltes an Kochsalz, Nitrit und an krebserregenden Substanzen des Rauches bzw. der Räucherbrühe bei der DASH-Diät selbstverständlich aus! Infolge zu starken Erhitzens beim Grillen insbesondere der fettreichen Fische entstehen krebserregende Verschwelungsprodukte der Omega-3-Fettsäuren des Fischfleisches. Fische sollten deshalb nicht gegrillt, sondern vorsichtig und schonend gebraten, gedünstet oder gekocht werden.

Der **ersten Platz** in der **Rangfolge der Seefische** mit hohem **Gehalt an Gesamtprotein und Arginin** erhält der **Weiße Heilbutt** (meist nur **Heilbutt** genannt, Hippoglossus hippoglossus), der nicht mit dem Schwarzen Heilbutt (Reinhardtius hippoglossoides, Grönland-Heilbutt) verwechselt werden darf. Bei einem Fettgehalt von ca. 1,6%, einem Gehalt von ca. 100kcal, einem Natriumgehalt von ca. 70mg, einem Gehalt von 20% Protein und einem Gehalt an **Arginin** von ca. **1.400 mg** pro 100g. entspricht er in der DASH-Diät fast den Samen der Gartenbohne (Phaseolus) oder dem Rindfleisch. Zudem ist der Weiße Heilbutt sehr cholesterinarm (nur ca. 22 – 25mg Cholesterin pro 100g). Der **Heilbutt** *verdient seinen Namen also völlig zu Recht!*

Der **Schwarze Heilbutt** bietet immerhin auch noch etwa 13% Eiweiß und ist mit einem Fettgehalt von 10% bis 15% ein fettreicher Fisch, der als Kaltwasserbewohner einen anderen gesundheitlichen Vorzug bietet, nämlich seinen hohen Gehalt an langkettigen Omega-3-Fettsäuren (Eicosanoiden), die präventiv hinsichtlich Arteriosklerose, Herzinfarkt und Schlaganfall sind (sog. Eskimo-Diät).

Den **zweiten Platz** in dieser Rangfolge nach dem Heilbutt erhält der **Schellfisch** (Melanogrammus aeglefinus) aus der Familie der Dorsche mit einem **Proteingehalt** von ca. **18%** und einem Gehalt an **Arginin** von ca. **1300 mg**/100g.

Den **dritten Platz** erhält der **Kabeljau** (**Dorsch**, Gadus morhua) mit einem **Proteingehalt** von ca. **18%** und einem Gehalt an **Arginin** von ca. **1200 mg**/100g. Fast gleiche Werte hat der **Seelachs** oder **Köhler**, Pollachius virens, der nicht zur Familie der Lachse gehört, sondern zu den Forellenfischen.

Süßwasserfische – ihr Gehalt an Proteinen, L-Arginin, Kochsalz, Fett, Omega-3-Fettsäuren (Eicosanoiden), Cholesterin und Kalorien

Bei den ***fettarmen Süßwasserfischen*** erhält der **Hecht** (Esox lucius) den **ersten Platz** in der Rangfolge nach Gehalt an **Protein** (ca. **18%)**und **Arginin** (ca. **1500 mg**/100g). Der Hecht kann sich aus der Sicht der DASH-Küche durchaus mit Bohnensamen (Phaseolus) und

Rindfleisch messen! Der Hecht glänzt mit seinem niedrigen Fettgehalt unter 1%, einem Cholesteringehalt von ca. 60mg/100g, einem Kaloriengehalt von ca. 80kcal/100g, und einem Natriumgehalt von ca. 70mg/100g. Den **zweiten Platz** teilen sich ***Forelle*** und ***Zander***. Die **Forelle** (Salmo trutta) mit einem Fettgehalt von ca. 3%, Cholesteringehalt von ca. 60mg, Natriumgehalt ca. 60mg, ca. 100 kcal/100g, Gehalt an Protein ca. **20%** und an **Arginin** ca. **1400** mg ist, wenn sie nicht „nach Müllerin-Art" paniert oder gar gegrillt worden ist, durchaus DASH-geeignet. Der **Zander** (Stizostedion lucioperca), der pro 100g verzehrbaren Anteiles einen Fettanteil von unter 1% (Cholesterin ca. 80 – 90mg) aufweist, einen Gehalt an Protein von ca. 20% und an **Arginin** von ca. **1400 mg**, wird in vielen Flüssen und Seen auch heute noch geangelt, neuerdings auch durch Besatz (Aussetzen in Flüssen und Seen) gezüchtet. Den dritten Platz erhält der **Barsch** (Perca fluviatilis), mit einem Fettanteil unter 1%, Cholesterin ca. 70%, ca. 80 kcal/100g, **Protein** ca. 18%, **L-Arginin** ca. **1200 mg**/100g.

Bei den **fettreichen Süßwasserfischen**, die freilich auch mehr von den anti-arteriosklerotischen langkettigen Omega-3-Fettsäuren (Eicosanoiden) aufweisen, erhält der **Lachs** (Salmo salar) den **ersten Platz**. Wird der Lachs während seines Aufenthaltes in den Flüssen gefangen, kann er als *Süßwasserfisch* betrachtet werden; wenn er bei seiner Wanderung im Meer gefangen wird, ist er ein *Seefisch*. Als Süßwasserfisch hat der Lachs einen niedrigen Natriumgehalt von ca. 50mg, einen hohen Fettgehalt von ca. 14g/100g, einen Gehalt an **Arginin** von ca. **1300** mg/100g.

Zuchtlachs und alle Fische aus Aquakulturen können höchst bedenkliche Schadstoffe aufweisen, weshalb allenfalls Produkte mit Zertifikaten vereidigter Lebensmittelchemiker verzehrt werden sollten; glaubhafte Analysewerte hinsichtlich des Gehaltes an Pestiziden und antiparasitären Mitteln sind unverzichtbar.

Den **zweiten Platz** erhält der **Karpfen** (Cyprinus carpio) mit einem 5% Fett, ca. 120 kcal/100g, niedrigen Natriumwerten unter 40mg/100g, Protein ca. 20%, Arginin ca. 1.300mg.

Den **dritten Platz** erhält der **Aal**, der gerne das Wasser verläßt und sich in feuchten Wiesen aalt.

Der Aal unternimmt ähnlich dem Lachs eigenartige Wanderungen zwischen dem Meer und den Flüssen, nur in umgekehrter Richtung. Ob sich Aal und Lachs freundlich begrüßen, wenn sie sich auf ihrer Wanderschaft begegnen? — Hierzu fehlt dringend eine Studie!

Der Aal ist sehr fett bei einem Fettgehalt von ca. 25%, ca. 300 kcal/100g, **Protein 15%** und **Arginin** ca. 1.000 mg/100g.

Krustentiere und Meeresfrüchte

Wegen ihres ***hohen natürlichen Kochsalzgehaltes*** sind auch ungesalzene **Meeresfrüchte**, **Krabben**, **Shrimps**, **Scampi** und alle **Garnelenarten** an sich *nicht für eine DASH-Diät geeignet*, es sei denn in der *Tropenküche* oder bei erhöhtem Kochsalzbedarf in *besonderen Lebenslagen* (Erbrechen, Diarrhoe mit Elektrolytverlust, starkes Schwitzen, Hitzearbeiter) oder – unter ärztlicher Kontrolle — bei *krankhafter Hyponatriämie,* also bei krankheitsbedingt oder arzneimittelbedingtem (Diuretika!) erniedrigtem Natriumgehalt des Blutes. Derartige **Natriumionenmangelzustände** bzw. **Kochsalzmangelzustände**, bei denen unter Umständen der behandelnde Arzt eine **kochsalzreiche Ernährung** anraten wird, können folgende Ursachen haben:

1. Bei Einnahme bestimmter Arzneimittel, die als unerwünschte Nebenwirkung die Erniedrigung des Natriumspiegels im Blut haben, z.B. aus der Substanzgruppe der Diuretika oder Neuroleptica;
2. Bei überschießender Stimulierung eines anti-diuretischen Hormones (ADH) mit konsekutiver Verminderung der Wasserausscheidung durch die Nieren, meist im Rahmen einer dekompensierten Leberzirrhose oder dekompensierter Herzinsuffizienz; oder bei Einnahme von Arzneimitteln, die eine übermäßige Einlagerung von Wasser in den Organismus bewirken.
3. bei Menschen in höherem Lebensalter, wenn zu viel Wasser im Körper ist (Ödeme), weil z.B. eine Herzinsuffizienz besteht
4. bei Diarrhoe, Erbrechen, nach schweren Unfällen und Verbrennungen
5. bei Salzverlustnieren oder Erkrankungen der Nebennieren mit Mangel an Mineralokortikoiden (Aldosteronmangel)

Wegen ihres ***hohen Cholesteringehaltes*** sind **Meeresfrüchte, Krabben, Shrimps, Scampi und alle Garnelenarten** an sich nicht für eine DASH-Diät mit den Zielsetzungen der Gewichtsabnahme und der Senkung des Cholesteringehaltes im Blut geeignet. Besteht jedoch **Untergewicht** mit **Cholesterinmangel** (!) bei Inanition (Unterernährung), Marasmus (Kräfteverfall) und Kachexie (Auszehrung) im Rahmen einer konsumierenden Grunderkrankung (z.B. Bösartige Tumore) und nach schweren Unfällen oder Operationen, kann die ***cholesterinreiche Ernährung*** mit Meeresfrüchten, Krabben, Shrimps, Scampi, Garnelen und Hummer durchaus im Rahmen eines Diätplanes ärztlich empfohlen werden.

Das für die Garnele Gesagte gilt erst recht für den **Hummer** mit einem natürlichen Natriumionengehalt von ca. 300mg in 100g verzehrbaren Anteils, was einem Kochsalzgehalt (Natriumchlorid) von ca. 800mg, das sind 0,8g/100g entspricht. Auch die **Languste** ist mit einem Natriumionengehalt von ca.

200mg/100g nicht für eine DASH-Diät geeignet. Die **Miesmuschel** (Pfahlmuschel, Mytilus edulis) hat ebenfalls einen Natriumgehalt von ca. 300mg/100g. Der **Tintenfisch (Sepia)** hat gar einen Natriumgehalt von ca. 400mg/100g, was tausend Milligramm Kochsalz / Natriumchlorid, also einem ganzen Gramm Kochsalz in 100g entspricht.

Da **Garnelen, Hummer, Krabben, Shrimps und Scampi** sowie **Muscheln** als Meeresbewohner mit dem beschönigenden Namen *„Meeresfrüchte"* Aas und Fäkalien fressen, also das, was von der Wasseroberfläche zum Meeresgrund absinkt, werden sie im Mittelmeerraum, besonders in der Ägäis, häufig auch als **„Kakerlaken des Meeres"** bezeichnet. Aus hygienischen Gründen sollten Meeresfrüchte deshalb stets sorgfältig vom Darm befreit und lange genug gekocht werden, um z.B. Fäkalkeime und Hepatitisviren sicher abzutöten bzw. zu inaktivieren.

Das Hühnerei

Das **Hühnerei** besteht aus dem **Eiklar,** auch *Eiweiß* genannt, und dem **Eigelb**, auch *Dotter* genannt. Ein Hühnerei der mittleren Gewichtsklasse wiegt ca. 60g. Bezogen auf 100g verzehrbaren Anteiles (also ohne Eierschale) hat der Inhalt des Gesamteies zusammen ca. 75% Wasser, **12,7% Protein**, **Arginin ca. 900mg**, 11,3% Fett, ca. **400mg Cholesterin** als unabdingbaren Baustein für das neue keimende Leben, ca. 157kcal, ca. **145mg Natrium**, was einem Kochsalzgehalt von ca. 350mg entspricht. Das ist schon eine Prise Salz!

Die Inhaltsstoffe des Gesamteies verteilen sich sehr ungleichmäßig auf Eiklar und Eigelb: In 100 g **Eigelb** sind enthalten: Wasser ca. 50%, Protein ca. 16%, Arginin ca. 1300 mg, Fett ca. 32g, Cholesterin fast 1300mg, Natrium ca. 50mg. ***Das Eigelb ist also kochsalzarm, jedoch extrem cholesterinreich.*** In **100g Eiklar** sind enthalten: Wasser ca. 88%, Protein ca. 11%, Arginin immerhin noch ca. 650mg, Fett nur in Spuren, *kein Cholesterin*, Natriumionen ca. 175mg, ca. 45kcal. ***Das Eiklar ist also cholesterinfrei und kochsalzreich.***

Mit **Eierspeisen** sollte man bei der DASH-Diät besonders in der **ersten Phase der forcierten Kochsalzausschwemmung** und ganz besonders bei bekannter **Erhöhung des Cholesterins** bzw. LDL-Cholesterins zurückhaltend sein!

Milch (Kuhmilch) und Milchprodukte

Milch stellt innerhalb der naturbelassenen Lebensmittel ein von Natur aus („nativ") **kochsalzreiches Lebensmittel** dar! Lediglich im Vergleich zu den künstlich gesalzenen Speisen und Lebensmitteln, wie z.B. handelsüblichem Brot, Wurst, Schinken, Käse, Konserven usw., ist sie kochsalzarm. Alles ist eben relativ! Im Vergleich zwischen **Kuhmilch** und der menschlichen Muttermilch (Frauenmilch) ist die Kuhmilch salzreicher. **Frauenmilch** enthält in 100g nur 12mg Natrium, was 30 mg Kochsalz entspricht.

Eingangs wurde zum **Wasser** als wichtigstem Lebensmittel gesagt, daß es von Natur aus nahezu nirgends auf der bewohnbaren Erdoberfläche hygienisch einwandfreies Trinkwasser gibt, welches frei von Fäkalkeimen oder gar von Erregern ansteckender Seuchen wäre. Ähnliches ist zur **Kuhmilch** zu sagen, und freilich auch zur Milch von Schaf und Ziege. Die Milch dieser Tiere ist von Natur aus, also auch im Euter vor dem Melken, schon nicht frei von Fäkalkeimen und Krankheitserregern und wird beim Melken noch mit weiteren Fäkalkeimen kontaminiert. Jahrtausende lang wurden mit Milch und Milchprodukten die Tuberkelbazillen als Erreger der Tuberkulose peroral übertragen. Ebenso wie das in der Natur vorhandene Wasser durch die wissenschaftlichen Methoden der Trinkwasseraufbereitung erst zu **Trinkwasser** wird, wird aus der natürlichen Milch erst durch die von **Louis Pasteur** (1822 - 1895) erfundene *Hitzebehandlung der Milch,* welche ***Pasteurisierung*** genannt wird, diese zur **Trinkmilch**. *Vor dem Verzehr unpasteurisierter, frischer, womöglich euterwarmer Milch frisch aus dem Stall, wird gewarnt, weil in dieser bakterielle Krankheitserreger besten überleben können.* **Kuhmilch** enthält als **natürliche Rohmilch** in 100g etwa 3,8 bis 4,0% Fett mit ca. 10mg Cholesterin im Milchfett, ca. 3,3% Protein mit ca. 120mg Arginin, ca. 48mg Natrium, ca. 160mg Kalium, ca. 12mg Magnesium, ca. 120mg Calcium, ca. 65 kcal.

Im Handel sind als Konsummilch: 1) eine **Vollmilch** mit mindestens **3,5% Fett**; 2) eine **fettarme Milch** mit einem Fettgehalt von ca. **1,5%**; 3) eine **entrahmte Milch**, auch **Magermilch** genannt, die **nahezu fett- und cholesterinfrei** ist, jedoch den vollen Eiweißgehalt hat. Die **entrahmte Milch** hat folgende Kalorien und Nährwerte pro 100g: Brennwert: 35,0 kcal, Proteine: 3,6g,

Kohlenhydrate: 5,0g, Fett: 0,1g, Mineralien: Kalzium: 120,0mg. **Eine ideale Milch zum Trinken, Backen und Kochen!**

Entrahmte Milch, Magermilch
(Ideales Dash-Lebensmittel)

Magermilch hat bei einem **Fettgehalt von 0,07g (= 70mg) bis 0,1g (100 mg) in 100g** Magermilch einen Cholesteringehalt von 190 Millionstel Gramm, also 190µg oder 0,19mg, jedoch einen **Proteingehalt** von ca. **3,5%** und einen Gehalt an **Arginin** von **125mg** in 100g Magermilch. Überdies enthält Magermilch immerhin etwa 10% mehr Natrium als die Vollmilch, nämlich ca. 53mg Natrium (Sodium) und ca. 150mg Kalium in 100g. **Magermilch** ist somit ein Lebensmittel mit relativ hohem natürlichem Kochsalzgehalt und trotzdem ein **ideales Lebensmittel für die DASH-Diät!** Warum? Weil auch bei einem hohen Milchverzehr von z.B. einem Liter täglich höchstens 1 Gramm (1000 mg) Kochsalz zugeführt wird.

Verschiedene Molkereibetriebe stellen auch eine ultrahocherhitzte, haltbare Magermilch mit 0,3% Fett oder 0,1% Fett her. Sog. **Frühstücksmilch**, die 0,7% Fett hat und mit Milcheiweiß noch angereichert worden ist, damit sie für den Milchschaum des Cappuccinos geeignet ist, ist ebenfalls empfehlenswert.

Der Geschmack der Milch und der Milchprodukte hängt von den Lebens- und Ernährungsbedingungen der Milchkühe ab. Wenn die im Freien lebenden Kühe auf den saftigen Weiden mit ihren frostsicheren Kräutlein (Omega-3-Fettsäuren enthaltend!) und duftenden Blüten grasen, duftet auch die Milch nach Gras, Kräutern und Blüten. Milch von Milchkühen, die bis zur Schlachtung im Stall gelebt haben und nie eine Weide gesehen haben und mit künstlichem Futter ernährt worden sind, sollte es eigentlich gar nicht geben. Entsprechendes gilt für das Fleisch von Fleischrindern, also Färsen, Bullen und Ochsen (das Fleisch von Mutterkühen und Milchkühen schmeckt erwartungsgemäß oft etwas ranzig, was bei kastrierten männlichen Schlachttieren nicht der Fall ist!).

Magermilch mit **0,1% Fett** ist somit neben dem traditionell ohne Lab und Labersatzstoffen, also nur mit lebenden Milchsäurebazillen gesäuerten **Magertopfen (Magerqu**ark), dem **Magerjoghurt** und der ebenso mit natürlichen Laktobazillen gesäuerten **Reinen Buttermilch** das ideale DASH-Lebensmittel ohne jede Einschränkung, ohne „wenn und aber“, ohne Bedingungen. **Sie können im Rahmen einer DASH-Diät gegen Übergewicht, Bluthochdruck, Cholesterinerhöhung und Arteriosklerose einschließlich**

Herzinfarkt und Hirnschlag so viel reine, naturbelassene Magermilch oder Buttermilch trinken, wie Sie wollen oder bis Sie gesättigt sind.

Magermilchpulver

(Ideales Dash-Lebensmittel)

Magermilchpulver (fettärmer und eiweißreicher als Molkenpulver) **eignet sich hervorragend zur Bevorratung zu Hause, im Büro, im Auto und Wohnmobil, in der Handtasche, im Rucksack und im Pilotenkoffer unterwegs, denn mit einigen Teelöffeln Magermilchpulver und salzfreiem Trinkwasser kann man jederzeit eine sehr fettarme und eiweißreiche Magermilch herstellen. Oder das Pulver in eine andere Speise (z.B. Suppe) oder ein anderes Getränk (z.B. Tomatensaft, Tee, Kaffee, Kakao) einrühren. *Auch unterwegs und in Gaststätten und Kantinen.*** Magermilchpulver hat bei einem Wassergehalt von ca. 3,5% in 100g ungefähr folgende Nährwerte: Energie 360kcal, **Eiweiß 35g**, Fett 1g, Kohlehydrate (Milchzucker) 50g, Cholesterin 3mg (zu vernachlässigen), **Niacin 9mg**, Natrium 500mg, Kalium 1600mg, Magnesium 110mg, Calcium 1300mg, **Arginin 1300mg**.

Da **Milchsäurepulver** einen hohen Gehalt an **Lysin** hat, nämlich 2700mg/100g, ist es **zur Substitution von Lysin bei Speisen aus Seitan**, einem Kunstprodukt aus ausgewaschenem Weizen, welchem Lysin fehlt, geeignet. Man vermischt also Magermilchpulver mit Seitan zu gleichen Teilen.

Sauermilch und Sauermilcherzeugnisse

Echte Sauermilcherzeugnisse im Sinne der Anlage 1 zu §1 der Milcherzeugnis-Verordnung (MilchErzV) müssen unter Verwendung von Kulturen lebender Milchsäurebakterien hergestellt werden.

Lebende Milchsäurebakterien

und die von diesen aus Milchzucker hergestellte **Milchsäure**.

•Warum nur **echte Sauermilchprodukte**, die mit Hilfe **lebender Milchsäurebakterien** und **nicht mit Labferment** hergestellt worden sind, von gesundheitlichem Wert und für die DASH-Diät geeignet sind.

Die **lebenden, also vermehrungsfähigen Milchsäurebakterien (Laktobazillen)** besiedeln die Mund- und Rachenschleimhaut, die Speiseröhre, wo sie vor Mundhöhlenkarzinomen, Speiseröhrenkrebs und Refluxösophagitis schützen, den Magen und Darm, bei Frauen auch die Vagina, wo sie das Vordringen

pathogener Krankheitserreger und fäkaler Keime durch den äußeren Muttermund in den Gebärmutterhalskanal (Zervixkanal) und durch diesen in den Gebärmutterkörper (Corpus uteri), in die Eileiter (Adnexe) und in die freie Bauchhöhle (Peritonealhöhle) verhindern. Die Milchsäurebakterien im Darm bei Frauen und Männern und in der Vagina des weiblichen Genitaltraktes sind somit der Vorposten zum Schutz des Innersten des Körpers, nämlich der hermetisch vom Bauchfell (Peritoneum) umhüllten Bauchhöhle (Peritonealhöhle), deren Befall mit Bakterien im Sinne einer Bauchfellentzündung (eitrige Peritonitis) ohne antibiotische Behandlung mit dem Leben nicht vereinbar wäre! In allen Ländern, in deren Eßkultur traditionell Sauermilchprodukte nicht verwendet werden (z.B. in vielen asiatischen Kulturen, in welchen Sauermilch als verdorbene Milch betrachtet wird), ist die Rate an Krebserkrankungen der Mundhöhle, der Speiseröhre, des Magens und des Darmes sowie des weiblichen Genitaltraktes ungleich höher als in Ländern, in denen traditionell Sauermilchprodukte in höherem Ausmaß verzehrt werden, also Milchwirtschaft betrieben wird.
Die Milchsäurebakterien fördern die körpereigene Immunabwehr gegen von außen in den Organismus eindringende lebende und unbelebte Krankheitserreger und Karzinogene. Die mit lebenden Milchsäurebakterien hergestellten, also „dickgelegten" Sauermilchprodukte, die Sie mit der Nahrung aufnehmen, neutralisieren — wie ein Anti-Virus-Programm in Ihrem Rechner — die krebserregenden Enzyme schädlicher fäkaler Keime, die aus der Umwelt in Ihren Organismus eindringen und sich in Ihrem Darm vermehren, um dort krebserregende Substanzen, wie z.B. Nitrosamine, zu produzieren. Die Herstellung von Sauermilch mit lebenden Milchsäurebakterien hat freilich nichts mit der künstlichen Säuerung bzw. Gerinnung der Milch mit Labferment oder Labersatzmitteln zu tun.

„Buttermilch" und „Reine Buttermilch

Vorbemerkung: Native, naturbelassene **reine Buttermilch** („no salt added") enthält die von Natur aus in der Milch enthaltenen Salze bzw. Mineralien, darunter auch das Kochsalz (Natriumchlorid). 100ml Buttermilch enthalten von Natur aus etwa 60mg Natrium, was einem Kochsalzgehalt von ca. 125mg in 100g Ware entspricht. Ein höherer Kochsalzgehalt lt. Deklaration seitens des Herstellers ist erklärungsbedürftig. Womöglich ist ein höherer Kochsalzgehalt der Buttermilch auf die Verwendung von *Lab aus zerkleinerten Kälberlabmägen* zurückzuführen. Lab wird oft zur Gerinnung (Dicklegung) der Milch anstelle von echten Milchsäurebakterien (zur zeitaufwendigeren, echten, traditionellen Milchsäuregärung) verwendet, welche dann oftmals erst nachträglich hinzugefügt werden. Lab wird oft einfach mit der italienischen Bezeichnung „Caglio" deklariert. Bei der Gewinnung von Lab aus zerkleinerten Kälbermägen wird mehrmals Natriumchlorid hinzugesetzt (bis zu 20%) sowie bis zu 1% Natriumbenzoat als Konservierungsstoff. Labpulverpräparate können bei einer Labstärke von 1:100000 einen Kochsalzgehalt von über 90% haben. Klar, daß dann auch die Buttermilch eine Portion Kochsalz abkriegt. **Für die DASH-Diät ist nur ein solche „reine Buttermilch" zu verwenden, welche ausschließlich traditionell mit Milchsäurebakterien nach dem Verfahren der Milchsäuregärung hergestellt worden ist.** Lebensmittelrechtlich sind bei „Reiner Buttermilch" keinerlei Zusätze gestattet!

Buttermilch bleibt beim Buttern von süßem oder saurem Rahm oder Milch übrig, je nachdem, ob bei der Butterung *Süßrahmbutter* oder *Sauerrahmbutter* gewonnen werden soll. Da das Fett des Rahmes oder der Milch hauptsächlich in die Butter geht, bleiben für die Buttermilch nur noch Wasser, Mineralien, Milchzucker und viel Eiweiß, jedoch immerhin noch bis zu 1% Fett übrig.

Warenkundlicher Hinweis: Wenn die im Handel als „Buttermilch" deklarierte Ware nicht als **„reine Buttermilch"** bezeichnet wird, ist sie nur eine einfache „Buttermilch". Einer solchen Buttermilch dürfen bei der Butterung bis zu 10% Wasser zugesetzt worden sein. Bei der reinen Buttermilch ist ein solcher Wasserzusatz nicht gestattet.

Eine ***homogenisierte Buttermilch ohne Butterflocken*** hat keinen ranzigen Beigeschmack und erzeugt mangels Butterflocken keinen Brechreiz, ist somit auch für empfindsame Gemüter appetitlich und kann im Rahmen der DASH-Diät pur oder vielfältig verarbeitet zu Buttermilchgetränken reichlich verzehrt werden. Vor dem *Verzehr handelsüblicher fertiger Buttermilch-Zubereitungen*, die Früchte und Zucker sowie Aromastoffe usw. enthalten, wird ausdrücklich *gewarnt*. Der Geschmack auch der besten Buttermilch wird nur durch sorgfältige und ununterbrochene Kühlung, auch beim Einkauf, erhalten!
Buttermilch enthält nur etwa 1mg Cholesterin in 100g, sehr viele Kaliumionen (ca. 145mg) und Magnesiumionen (ca. 15mg) und ca. 170mg Arginin.

Die **reine Buttermilch** ist somit neben dem **Magertopfen** (Magerquark) das ideale DASH-Lebensmittel ohne jede Einschränkung, ohne „wenn und aber", ohne Bedingungen. Sie können im Rahmen einer DASH-Diät gegen Übergewicht, Bluthochdruck, Cholesterinerhöhung und Arteriosklerose einschließlich Herzinfarkt und Hirnschlag so viel reine, naturbelassene Buttermilch trinken, wie Sie wollen oder bis Sie gesättigt sind.

Joghurt: Für die DASH-Diät sind fettarme, cholesterinarme, natriumarme und kaliumreiche Produkte mit einem Fettgehalt von 0,1% geeignet. Produkte mit einem Fettgehalt von 1,5% oder höher sind zur Bekämpfung von Übergewicht und Cholesterinerhöhung völlig ungeeignet und allenfalls für eine Aufbaudiät bei Untergewicht, abzehrenden Grunderkrankungen, nach schweren Operationen, Unfällen, Chemotherapie und Strahlentherapie geeignet. **Vollfetter Joghurt** mit ca. 3,5% Fettgehalt und einem Cholesteringehalt von 8 - 12mg kann am allerwenigsten empfohlen werden. Für die DASH-Diät bedingungslos geeignet ist nur der **entrahmte, nahezu fettfreie Mager-Joghurt mit einem Fettgehalt unter 0,3%**. Der Cholesteringehalt eines solchen Joghurts ist etwa ein Drittel Milligramm in 100g! Bei einem **Arginingehalt** von 140mg bis 170mg in 100g und einem Eiweißgehalt von ca. 3,5g in 100g kann Magerjoghurt ebenso wie Buttermilch und Magertopfen im Rahmen der DASH-Diät bedingungslos empfohlen werden und kann in beliebiger Menge bis zur Sättigung verzehrt werden.

Auch hier wird vor dem Verzehr handelsüblicher Zubereitungen, wie z.B. Fruchtjoghurt, wegen des enormen Zuckergehaltes und der Verwendung fragwürdiger Zusätze und Aromen gewarnt. Der Wohlgeschmack wird nur durch ununterbrochene Kühlung erhalten!

Kefir: ***Echter,* traditioneller Kefir** wird im Gegensatz zum Joghurt nicht nur aus den natürlicherweise in der Milch vorkommenden Milchsäurebakterien, sondern aus zugesetzten Hefepilzen anderer Herkunft, z.B. der tibetanischen Kefirknolle, einem symbiotischen Gemisch aus Hefepilzen und Bakterien, hergestellt. Kefir ist somit kein reines Milchprodukt und kann wegen der andersartigen Gärung Äthylalkohol enthalten (ca. 0,5g Äthylalkohol pro 10 ml). **Handelsüblicher, industriell hergestellter Kefir** enthält im allgemeinen keine Kefirknolle, jedoch ebenfalls Pilzkulturen. Kefir wird mit verschiedenem Fettgehalt, derzeit zwischen 1,5%, 3,5% und 10% Fettgehalt, angeboten. Wegen des hohen Fettgehaltes und des Cholesteringehaltes ist Kefir für eine DASH-Diät nur bedingt geeignet, d.h. nicht geeignet bei Übergewicht und Cholesterinerhöhung, jedoch durchaus geeignet bei Bluthochdruck. Kefir mit hohem Fettgehalt ist eher geeignet als Aufbaunahrung bei abzehrenden Grunderkrankungen.

Molke ist wesentlich eiweißärmer als Topfen (Quark), Buttermilch und Joghurt, was nur bei speziellen Diäten von Vorteil ist, wenn bei bestimmten Erkrankungen die Eiweißzufuhr begrenzt werden soll. Es gibt - ähnlich wie beim Topfen - zwei Arten von Molke, je nach Herstellungsverfahren: die ***Süßmolke*** wird vorwiegend durch Zusatz von Lab (ital. „Caglio“) aus Kälbermägen zur Gerinnung der Frischmilch hergestellt, was zu einem Geruch des Produktes nach Magensäure führen kann (Auf altbairisch sagt man: „Ois schmeckt‘ guad, wenn ma’s nur mag“ - „Alles schmeckt gut, wenn man es nur mag“). Die ***Sauermolke*** wird traditionell durch Zusatz von Milchsäurebakterien zur Gerinnung der Milch hergestellt. Süßmolke und Sauermolke sind nahezu fettfrei, beide haben etwa gleichen Gehalt an Milchzucker (Lactose), beide haben weniger als 1% Eiweiß (Süßmolke: ca. 0,75g/100g, Sauermolke 0,40g/100g). Der geschmackliche und gesundheitliche Unterschied ist derjenige, daß die Süßmolke wegen ihrer Herstellung mit Lab kaum Milchsäurebakterien und Milchsäure enthält, die der Darm so sehr benötigen würde, während beim Verzehr von Sauermolke dem Darm reichlich gesundmachende Milchsäurebakterien und Milchsäure zugeführt werden. Da bei der DASH-Diät sehr viel Eiweiß mit sehr viel Arginin zugeführt werden soll, ist die **Molke** wegen ihrer ***Eiweißarmut*** und ihres geringen Gehaltes an Arginin (nur ca. 25mg L-Arginin/100g; Joghurt enthält ca. 6 mal mehr Arginin, Quark ca. 18mal mehr Arginin!) zwar *nicht das bevorzugte Getränk im Rahmen der DASH-Diät*, kann aber vor allem dann empfohlen werden, wenn ***ein weniger sättigendes, nur erfrischendes Getränk*** mit *geringem Eiweißgehalt* und *hohem Kaliumgehalt* bei *niedrigem Natrium- und Cholesteringehalt* erwünscht ist. Die Molke enthält nur etwa 1mg Magnesium in 100g, während Magermilch und Magerjoghurt mit höchstens 0,3% Fett 14mg Magnesium enthalten, was jedoch nur dann von Bedeutung ist, wenn entweder ein magnesiumarmes Getränk erwünscht ist oder aber Magnesium auf andere Weise ausreichend zugeführt wird. Vorsicht ist geboten bei Fruchtzubereitungen von Molkegetränken. Fruchtmolkengetränke mit 20 Prozent Zuckergehalt in den Regalen von Bioläden sind keine Seltenheit.

Molkenpulver (Trockenmolke) gibt es aus ***Süßmolke*** und aus ***Sauermolke*** im Handel. Molkenpulver hat je nach Hersteller ca. 3,5% bis 7% Wasser und wesentlich mehr Fett als Magermilchpulver. Beide

Sorten von Molkenpulver gibt es *teilentzuckert* mit einem niedrigen Zuckergehalt. Es gibt auch ***entsalztes Molkenpulver***, welches wegen seines geringen Kochsalzgehaltes für die Herstellung von Säuglingsnahrung benötigt wird. Zuguterletzt gibt es **Molke**, die **teilentzuckert *und* entsalzen** worden ist und als **eiweißangereicherte Molke** bezeichnet wird. Das handelsübliche Molkenpulver hat meistens in 100g etwa 350kcal, 1% - 3% Fett, 11% - 12% Eiweiß, Natrium 650mg bis 1300mg, Kochsalz (Natriumchlorid) 2300mg (= 2,3g), Kalium 1850mg, Magnesium 15mg - 180 mg, Niacin 5mg, Arginin 300mg - 400 mg, Lysin 1000mg (zur Lysinsubstitution bei Ernährung mit Seitan geeignet).

Ein derartiges **eiweißreiches, zuckerarmes und kochsalzarmes Molkenpulver** ist ein ideales DASH-Nahrungsmittel und kann auch im privaten Haushalt ebenso wie auf Reisen und im Büro wie das bekanntere handelsübliche **Milchpulver** verwendet werden: Es wird einfach mit abgekochtem Wasser zu einem Milchmolkengetränk verrührt oder verquirlt und kann geschmacklich durch Zusatz von Pfeffer, Paprika, Ingwerpulver, Knoblauchpulver, Curcuma, von Kräutern wie z.B. Schnittlauch, Bärlauch, Kerbel, Petersilie oder der wermutartigen, bitteren, winterfesten Steinpetersilie (Pimpinelle), oder von natriumfreiem Süßstoff, von Früchten, Marmeladen und Roter Grütze nach Belieben aufgebessert werden. Handelsübliche Molkenprotein**konzentrate** haben sogar einen **Gehalt an Protein zwischen 33% und 80%**.

Beim Einkauf ist auf die Herkunft der Molke zu achten: Das Molkenpulver ist so rein und so frei von Pestiziden und anderen Schadstoffen wie die Milch, aus welcher die Molke gewonnen worden ist!

Topfen (Quark, Speisequark, getopfter Quark)

Für den bayrischen Topfen oder Quark gibt es eine ganze Reihe verschiedener regionaler Bezeichnungen, z.B. in Tirol „Schotten“, im alemannischen Sprachraum „Zieger“.

Ganz egal, ob ein **Sauermilchprodukt** wie z.B. Dickmilch, Joghurt, Quark (Topfen) in einem bäuerlichen Betrieb oder in einem industriellen Betrieb hergestellt worden ist, es kommt darauf an, ob zur „Dicklegung“ der Milch, also zur Säuerung der Milch, nach traditioneller Methode lebende Milchsäurebazillen (Laktobazillen) verwendet wurden und dies auf dem Etikett der Ware auch so deklariert ist. Ohne besonderen gesundheitlichen Wert sind solche Sauermilchprodukte, bei denen zur Säuerung **Lab und Labersatzstoffe** eingesetzt werden. Solche Produkte enthalten allenfalls eine geringe Menge nachträglich, also nach der künstlichen Gerinnung der Milch mit Lab und Labersatzstoffen, hinzugefügter lebender Milchsäurekeime. Solche Produkte enthalten nicht die erforderlichen Mengen an lebenden Milchsäurebazillen, die eigentlich den Darm besiedeln sollten, und auch keine Milchsäure, denn diese ist nur das Produkt der Milchsäurebakterien, welche den Milchzucker (Lactose) in Milchsäure umwandeln. Gerade Menschen mit Laktoseunverträglichkeit benötigen echte Sauermilchprodukte, bei denen erstens lebende Milchsäurebazillen vorhanden sind und zweitens der Großteil des Milchzuckers (Laktose) in Milchsäure umgewandelt worden ist.

Der **Magertopfen (Magerquark)** enthält per 100g: Brennwert 69kcal, Eiweiß 12,0g, Kohlenhydrate 4,1g und Fett 0,2g. In 100g Quark mit 40% Fett in der Trockensubstanz sind nur ca. 32mg Natrium enthalten, außerdem etwa 11% Eiweiß und 440mg Arginin. Der Cholesteringehalt des Magertopfens ist so gering, daß er vernachlässigbar ist, nämlich nur 600 – 700 Millionstel Gramm (= µg), also nur 0,6g – 0,7g Cholesterin in 100 Gramm Topfen.

Der Magertopfen (Magerquark) ist somit neben der Buttermilch das ideale DASH-Lebensmittel ohne jede Einschränkung, ohne „wenn und aber", ohne Bedingungen. Sie können im Rahmen einer DASH-Diät gegen Übergewicht, Bluthochdruck, Cholesterinerhöhung und Arteriosklerose einschließlich Herzinfarkt und Hirnschlag so viel Magertopfen (Magerquark) verspeisen, wie Sie wollen und bis Sie gesättigt sind.

Traditionell durch Milchsäuregärung, also aus Sauermilch hergestellter Topfen (Quark) aus der Milch von im Freien weidenden Kühen schmeckt so gut, daß man ihn auch gerne ohne Kräuter und Gewürze verspeist! Der Geschmack wird nur durch ununterbrochene Kühlung erhalten, auch beim Transport nach Hause beim Einkaufen! Auch hier wird **von fertigen Zubereitungen**, wie Kräuterquark mit reichlich Kochsalz und anderen Natriumverbindungen, Früchtequark mit Zucker und Aromen, **abgeraten**.

Käse

Käse ist ein seit der Jungsteinzeit (die ersten Ackerbauern und Viehzüchter vor ca. 10.000 Jahren) bekanntes traditionelles Milchprodukt, das aus ***„dickgelegter*** **Milch"**, d.h. aus durch Milchsäurebakterien bewirkter Gerinnung der Milch und Abtrennung der Molke als Abfallprodukt, hergestellt wird. Nach Abscheidung der Molke ist zunächst das erste Produkt von Gerinnung, Abscheidung und mechanischer Einwirkung (traditionell durch Pressung mit einem schweren Eisentopf) der **Frischkäse**, also ein **ungereifter Käse**. Zur Familie der **Frischkäse** oder **ungereiften Käsesorten** gehören *erstens* der **Topfen** oder **Quark**, der von *weicher* Konsistenz ist, *zweitens* der **Schichtkäse** von *gelartiger* oder *vanillepuddingartiger* Konsistenz, und *drittens* der **Hüttenkäse** von *körniger* Konsistenz. Vom Zwischenprodukt des ungereiften Frischkäses geht die Verarbeitung dann zu den **gereiften Käsesorten** über. Der erste Schritt zur Reifung des ungereiften Frischkäses zu einer gereiften Käsesorte ist die **Salzung** in einem **Salzbad**. Dies ist der Grund, warum die meisten Käsesorten so viel Kochsalz enthalten. Nach dem Salzbad kommt die Käsemasse zum Trocknen und dann zur Reifung.

Käse wird aus *Milch verschiedener Herkunft*, z.B. aus *Kuhmilch*, *Büffelmilch*, *Schafmilch*, *Ziegenmilch* oder *Stutenmilch*, hergestellt.

Die meisten Käsesorten haben einen sehr hohen Eiweißgehalt von ca. 20% bis 30% mit einem hohen Gehalt an L-Arginin zwischen 500mg und 1000mg/100g. Die Fettgehaltsstufen variieren beträchtlich. Da bei der Käseherstellung heute dem Casein aus der Milch reichlich Kochsalz zugesetzt wird, ***enthalten die meisten Käsesorten so viel Natrium bzw. Kochsalz, daß sie mit einer kochsalzarmen Diät gegen Bluthochdruck und Übergewicht nicht vereinbar*** sind.

Die **meisten Käsesorten** haben einen Natriumionengehalt zwischen 300mg/100 g und 1000 mg/100g, etliche sogar bis 1500 mg/100g. Was den *Kochsalzgehalt von Käsesorten* betrifft, ist es freilich entscheidend, in welchen Mengen der betreffende Käse verzehrt wird. Der ***Parmigiano (Parmesankäse)*** enthält je nach Alter und Wassergehalt etwa 700mg Natrium, was einem Natriumchloridgehalt von 1750g entspricht. Von diesem leckeren Käse wird jedoch kaum jemand ein großes Stück verzehren, denn der teure Parmigiano wird in sehr geringen Mengen eher zum Würzen von Spaghettigerichten benutzt, indem man das steinharte Käsestück mit einem kleinen Reibeisen oder einer Mühle reibt. Der ***Camembertkäse*** enthält genausoviel Natrium wie der Parmesan, also etwa 700mg/100g. Vom Camembert verspeist man jedoch durchaus eine nennenswerte Menge als Hauptmahlzeit im Rahmen einer bayrischen Brotzeitplatte oder als Käsedessert im Rahmen eines französischen Menus (freilich mit einem Glas schweren kaliumreichen, natriumarmen Rotweines), so daß mit dem Camembert riskante Mengen an blutdrucksteigerndem Kochsalz aufgenommen werden.

Schichtkäse

Den geringsten Natriumgehalt nach dem Topfen (Quark) hat der **Schichtkäse**, eine salzarme Art von **Frischkäse** von gelartiger oder vanillepuddingartiger Konsistenz mit nur 40mg Natrium/100g, was immerhin auch schon 100mg Kochsalz (Natriumchlorid) entspricht. Schichtkäse besteht aus Schichten unterschiedlichen Fettgehaltes. Der Schichtkäse mit 10% bis 40% Fett in der Trockensubstanz, was einem Fettgehalt von 2,4% bis 11% entspricht, eignet sich sehr gut für die kochsalzarme DASH-Diät. Der fettarme Schichtkäse mit „nur" 10% Fett in der Trockenmasse ist *vergleichsweise* cholesterinarm, denn er enthält „nur" ca. 6mg - 7 mg Cholesterin in 100g. Selbst der Schichtkäse mit 20% Fett i.Tr. enthält „nur" ca. 12mg – 14mg Cholesterin in 100g. Wegen seiner gelartigen Konsistenz eignet sich der kochsalzarme Schichtkäse hervorragend als ***Ersatz für den kochsalzreichen Mozzarella***, wenn man z.B. ***Caprese*** zubereiten will.

Mascarpone

Der italienische Frischkäse **Mascarpone** (verwendbar z.B. für die Verfeinerung von Pastasoßen und Suppen, z.B. Tomatensuppe oder Karottensuppe, für viele Desserts und Süßspeisen, z.B. für die allseits beliebte „Tiramisu") enthält bei einem **Fettgehalt von 47,5g in 100g** und einem hieraus sich ergebenden **Kaloriengehalt von etwa 450kcal pro 100g** Käse zwar **nur 40mg Natrium**, was einem **Kochsalzgehalt von 100mg in 100g** entspricht, und ist somit als **kochsalzarm** einzustufen), enthält aber **140mg Cholesterin**, und ist somit nur bedingt DASH-fähig, also **nur bei Bluthochdruck ohne Gewichtsprobleme und ohne Cholesterinprobleme DASH-fähig**! Zum Vergleich: Selbst der ansonsten von uns nicht primär empfohlene „vollfette" Speisequark mit 40% Fett in der Trockensubstanz (i.Tr.)

enthält nur ca. 10 – 11g Fett in 100g verzehrbarem Quark und nur ca. 30mg Cholesterin. Zur **alleinigen Blutdrucksenkung** ist der **Mascarpone** ein **idealer natriumarmer, schmackhafter Käse** für die Zubereitung einer ***Caprese*** mit Tomaten, frischen Kräutern und Olivenöl, für die ***Zubereitung von Kräuter-Mascarpone-Brotaufstrichen nach Art einer Kräuterbutter***, aber auch für die Verwendung zur Herstellung einer Käsetorte mit Gorgonzola. Der Kochsalzgehalt des Gorgonzolas (satte 1,4g bzw. 1400mg Natrium, also 3,5g Kochsalz in 100g) wird bei einer Torte, die zu gleichen Teilen Gorgonzola und Mascarpone enthält, halbiert! Mascarpone eignet sich auch zur Herstellung von Süßspeisen und zur Kombination mit selbst hergestelltem kochsalzfreiem Cacaopudding (nicht: Schokoladenpudding, denn Schokolade enthält im Gegensatz zu Kakao viel Kochsalz), mit Roter Grütze, Marmeladen, Honig oder Früchten.

Der körnige Hüttenkäse und andere DASH-ungeeignete Frischkäse

Alle anderen Arten von **Frischkäse** enthalten ***sehr viel Natrium bzw. Kochsalz***, besonders dann, wenn sie in einer *Salzlake* liegen. Aber auch ohne in Salzlake zu liegen, hat der aus den angelsächsischen Ländern stammende körnige **„Cottage Cheese“**, zu deutsch **„Hüttenkäse“**, bei einem Eiweißgehalt von etwa 12% und einem Fettgehalt von etwa 4% immerhin nach Angabe eines Herstellers etwa 230mg Natriumionen in 100g Ware, was einem Kochsalzgehalt von 575mg in 100g, also mehr als einem halben Gramm(!) entspricht. Aus anderen Quellen ist ersichtlich, daß Hüttenkäse sogar 380mg Natriumionen in 100g enthält, also fast 1000mg bzw. ein ganzes Gramm vom Kochsalz! Man bedenke und vergleiche: Rinderfilet enthält nur 40mg Natriumionen in 100g, d.h. daß das Kochsalz in 100 Gramm Hüttenkäse in etwa 600 Gramm bis 1000 Gramm (= 1,0 Kilogramm) Rinderfilet enthalten ist.

Alle anderen Käsesorten sind wegen ihres exzessiven Kochsalzgehaltes für eine kochsalzarme Diät nicht oder nur bedingt, in sehr geringen Mengen als „Würze“ oder gelegentliche „Diätsünde“ geeignet – z.B. wenn man frisch (nur der frisch geriebene Hartkäse duftet und schmeckt lecker!) geriebenen italienischen Hartkäse gleichsam als „Prise“ zu einer Portion in ungesalzenem (!) Kochwasser zubereiteter Spaghetti hinzugibt!

Andere Käsesorten

Schmelzkäse

Schmelzkäse enthält etwa 45% bis 60% Fett in der Trockensubstanz, was einem absoluten Fettgehalt von 23% bis 31% entspricht. Der Cholesteringehalt des

Schmelzkäses ist ca. 60 – 70mg in 100g, der **Natriumgehalt** („Schmelzsalz") ist 1000mg bis 1300mg (1,0g bis 1,3g!), was einem Kochsalzgehalt (Natriumchloridgehalt) von über zwei Gramm entspricht. Der die Osteoporose fördernde **Phosphatgehalt** ist herstellungsbedingt mindestens fünfmal höher als derjenige von Speisequark und Schichtkäse. Schmelzkäse wird zum Überbacken von Toasts („Hawaii-Toast"), für „Croque Monsieur", „Croque Madame" und für die Pizza verwendet. **Das kann nur die „Rote Karte" für Schmelzkäse & Co. bedeuten!**

Frage: Was ist der beste Mozzarella-Ersatz für alle, die Caprese lieben und den salzigen Mozzarella nicht mögen?

Mozzarella, egal, ob aus *Kuhmilch* oder *Büffelmilch*, enthält bei einem Fettgehalt von ca. 20% sehr viel Kochsalz (Natriumgehalt ca. 500mg in 100g, das entspricht ca. 1,25 Gramm Kochsalz in 100g!). Das ist das Aus für traditionelles „Caprese" bei der DASH-Diät; beim **DASH-Caprese** muß zu den gesunden Tomatenscheiben mit Basilikum und nativem Olivenöl natriumarmer **Mascarpone**, natriumarmer **Schichtkäse** oder natriumarmer **Magertopfen** verwendet werden. Am einfachsten ist der **Ersatz von Mozzarella** beim Caprese durch den salzarmen **Schichtkäse** zu 10% Fett, 20% Fett oder 40% Fett, denn Schichtkäse ist schnittfest steif und kann gut in Scheibchen geschnitten werden, zwischen denen dann die Tomatenschnitten gelegt werden.

Sauermilchkäse (Harzer, Mainzer)

Sauermilchkäse (Harzer, Mainzer) genießt zwar den Ruf eines für die Abmagerungskur geeigneten fettarmen Käses, ist jedoch wegen seines extrem hohen Natrium- bzw. Kochsalzgehaltes (ca. 800mg Natrium/100g , also zwei Gramm Natriumchlorid/100g!) absolut nicht DASH-geeignet!

Ricotta gehört zur Familie der Frischkäse. Bei einem Fettgehalt von mindestens 45% i. Tr., was einem absoluten Fettgehalt von 12%-13% betrifft, enthält er satte 150mg–200mg Natrium in 100g, je nach Sorte, was etwa einem halben Gramm Kochsalz in 100g entspricht. Nicht DASH-geeignet!

Wer allerdings einmal im Jahr in Sizilien Gelegenheit hat, eine Cassata zu genießen, sollte sich diese ausnahmsweise gönnen und dafür auf die salzigen Oliven, Wurstwaren und Fischchen der sizilianischen Vorspeisenplatte verzichten... Vor geräuchertem Ricotta oder gegrilltem Ricotta wird wegen der krebserregenden Verschwelungsprodukte ärztlich gewarnt.

Alle anderen Käsesorten sind wegen ihres hohen Gehaltes an Fett, Cholesterin und Kochsalz, meist auch Phosphat, nicht DASH-geeignet und allenfalls als gelegentliche Diätsünden anzusehen!

Frage: „Sind die **fettreicheren Milchprodukt**e DASH-fähig?"
Antwort: „Ja, wenn sie ungesalzen und somit natriumarm sind (d.h. höchstens 40mg Natriumionen, das entspricht 100mg Natriumchlorid bzw. Kochsalz, in 100Gramm Ware enthalten), sind sie *bedingt* DASH-fähig, besonders in niedriger Menge und bei denjenigen Menschen, die „nur" das Bluthochdruckproblem haben, jedoch nicht übergewichtig sind und kein Cholesterinproblem haben".

Butter

Butter ist eine Emulsion von Wasser in Milchfett, während die zu ihrer Herstellung notwendige Milch eine Emulsion von Fetttröpfchen in Wasser darstellt. Die Kunst der Buttergewinnung besteht also darin, aus einer Fett-in-Wasser-Emulsion eine Wasser-in-Fett-Emulsion herzustellen, also eine Phasenumkehr zu bewerkstelligen. Dies ist mit einer einfachen Zentrifuge (sog. Butterschleuder) aus Holz- und Metallteilen, wie sie seit vielen Jahrhunderten auf den Almen benutzt worden ist, unter Ausnutzung der Zentrifugalkraft möglich, welche die Milch entemulgiert, indem die Fettkügelchen der Milch aufgebrochen werden, so daß das Milchfett sich unter Einschluß von Wasser zusammenklumpen und verkleben kann. Als **Wasser-in-Fett-Emulsion** ist **Butter** *sehr leicht verdaulich*; im Gegensatz hierzu sind nicht-emulgierte Fette, wie z.B. Pflanzenöle, schwer verdaulich. Gerade bei Erkrankungen der Gallenblase und der Leber, von welcher die für die Fettverdauung notwendige Galle - einer Flüssigkeit zur Emulgierung der Nahrungsfette - produziert wird, ist Butter ein wichtiges diätetisches Lebensmittel!
Butter (Süßrahmbutter, Sauerrahmbutter) ist von allergrößter Geschmacksgüte und wegen ihrer biochemischen Inhaltsstoffe sowie wegen ihres emulgierten Zustandes von hohem gesundheitlichem Wert, insbesondere, wenn sie aus Milch von Kühen hergestellt wird, die ganzjährig oder zumindest im Sommer nur auf der Weide grasen.

Der Gehalt an Omega-3-Fettsäuren steigt, wenn das Weidevieh, z.B. auf den Almen und Hochalmen, frostbeständige Kräuter und Gräser zu fressen bekommt. Butter enthält etwa 16% Wasser und ca. 83% Fett. Hinsichtlich des Natrium- bzw. Kochsalzgehaltes ist die naturbelassene, also ungesalzene Butter durchaus **bedingt DASH-geeignet**, weil sie nur 5mg Natrium, also nur 12,5mg Kochsalz in 100g enthält. Butter ist als künstlich gesalzen anzusehen, wenn sie mehr als 0,1% Kochsalz bzw. 0,04% Natrium enthält. Die Bedingung für die DASH-Tauglichkeit ist diejenige, daß kein Cholesterinproblem bestehen darf, weil sie immerhin ca. **220mg Cholesterin/100g** enthält. Andererseits ist zu bedenken, daß Butter als Streichfett, also als Brotaufstrich, ohnehin nur im Bereich von wenigen Gramm verzehrt wird, so daß der Cholesteringehalt nicht so bedenklich ist. Wird jedoch Butter in größerer Menge als Koch- und Backfett verwendet, darf der Cholesteringehalt nicht unberücksichtigt bleiben. Butter enthält übrigens ebenso wie Margarine (Standardmargarine, Pflanzenmargarine, Diätmargarine) die in Verruf geratenen **trans-Fettsäuren**, wohl als natürliche Produkte der im Pansen der Wiederkäuer stattfindenden biochemischen Prozesse. Die Margarine ist im Vergleich zur Butter damit allerdings rehabilitiert, zumal dann, wenn sie cholesterinfrei ist und noch den Gegenspieler des Cholesterins, die Phytosterine (Sitosterin), enthält. Wegen ihrer Natriumarmut ist ungesalzene Butter auf jeden Fall zur Diät bei Bluthochdruck geeignet sowie in geringer Menge auch zur Diät bei Übergewicht.

Vorsicht ist geboten bei Zubereitungen von Kräuterbutterspezialitäten, die im allgemeinen reichlich Kochsalz und andere Natriumverbindungen, wie z.B. Natriumglutamat als Geschmacksverstärker, enthalten. Wer gerne ein Butterbrot verspeist, sollte auf die Kochsalzarmut des Brotes achten - denn sowohl beim Weißbrot als auch beim Schwarzbrot kann es sein, daß in 100 Gramm der Ware zwei bis fünf Gramm Natriumchlorid enthalten sind. Der Brotkorb mit leckeren Brotspezialitäten und Kräuterbutter als „Gruß von der Küche", bis der erste Gang der bestellten Speisenfolge aufgetragen wird, hat womöglich auch den Zweck, den Gast durch die exzessive Kochsalzzufuhr mit Brot und Kräuterbutter recht durstig zu machen - denn bekanntlich ist mit den Getränken viel mehr Geld verdient als mit den Speisen.

Es gibt zwei Butterarten, nämlich **Süßrahmbutter** und **Sauerrahmbutter**. Ursprünglich wurde auf den Almen und Hochalmen in den Sennhütten die täglich gemolkene Milch der dort im Sommer im Freien lebenden, weidenden Milchkühe zunächst als nicht erhitzte Rohmilch in Holztrögen gesammelt, damit sich der Rahm absetzen konnte. Durch den Einfluß der natürlicherweise in der Milch lebenden Milchsäurebakterien ist die Milch stets sauer geworden, bevor der Rahm als Sauerrahm abgeschöpft und in der Zentrifuge zu Sauerrahmbutter verarbeitet werden konnte. Nach dem Buttern blieb die Buttermilch übrig, die nahezu fettfrei ist, dafür aber das Milcheiweiß enthält, das in der Butter fehlt. Aus diesem Grund ist die **Buttermilch eines der wichtigsten DASH-Lebensmittel: natriumarm** im Vergleich zu den Lebensmitteln, denen Kochsalz künstlich hinzugefügt worden ist, jedoch mit dem natürlichen, **relativ hohen Natriumgehalt** tierischer Produkte, **kaliumreich, eiweißreich, reich an der Aminosäure L-Arginin, reich an lebenden Milchsäurebakterien als Schmuse- und Streicheleinheit für die Darmflora des Menschen**.

Die auf der Alm täglich gebutterte Sauerrahmbutter konnte wegen des beschwerlichen Zuganges zur Alm auf keinen Fall täglich ins Tal gebracht werden, zu den Menschen in den Dörfern und in der Stadt. Deshalb war es sinnvoll, die Butter aus der sauer gewordenen Milch bzw. Sahne eben als Sauerrahmbutter zu gewinnen, weil die Sauerrahmbutter besser lagerfähig ist. Das soll nicht heißen, daß man nicht auch die frische, nicht sauer gewordene Süßmilch als nicht erhitzte Rohmilch zentrifugiert und so die **Süßrahmbutter aus Rohmilch** gewonnen hat, die freilich weniger lagerfähig ist. Unter der Bezeichnung **„Landbutter"** darf auch heute noch von einem Erzeugerbetrieb Butter aus nicht-pasteurisierter Rohmilch in den Handel gebracht werden. Die Butter aus Molkereibetrieben hingegen wird stets aus pasteurisierter Milch hergestellt. In der Molkerei werden dem pasteurisierten Milchrahm nachträglich Milchsäurebakterien zugegeben, welche den in der Milch enthaltenen Milchzucker (Lactose) in Milchsäure umwandeln sollen. Dies soll die Haltbarkeit und angeblich auch den Geschmack steigern, jedenfalls für alle, die die Butter „mild gesäuert" genießen wollen, wie es allgemein heißt. In Gourmetkreisen gilt die ***frische*** **Süßrahmbutter**, handwerklich auf der Sennhütte aus roher, unpasteurisierter Milch von den auf einer Hochalm grasenden Milchkühen hergestellt, als weitaus delikater. Die Sauerrahmbutter schmeckt eben mehr nach Milchsäure, welche bei der Süßrahmbutter gar nicht vorhanden ist. Die **Süßrahmbutter aus Rohmilch** schmeckt — nach

Süßrahmbutter! Die Süßrahmbutter ist so aromatisch wie es die frostsicheren, blühenden und nach ätherischen Ölen duftenden Kräuter und Gräser sind, welche auf den Weiden der Hochalmen wachsen und von den Milchkühen gefressen werden. Gräser und Kräuter als Nahrung für das Weiderind - also für Milchkühe und Ochsen - sollen auch hygienisch sein und frei von Coli-Keimen. **Süßrahmbutter aus Rohmilch** schmeckt so gut, daß man sie ohne Brot genießen sollte. Sie eignet sich auch zum Binden von Bratensoßen besser als Sauerrahmbutter, weil sie nicht ausflockt.

BAYRISCHES BUTTERSCHMALZ (SCHMELZBUTTER, BUTTERREINFETT)

Frage: Warum wird Butterschmalz, das als tierisches Fett immerhin viel Cholesterin (ca. 265mg/100g) enthält, wie die frische Butter eben auch, in der DASH-Diät überhaupt, wenn auch nur bedingt, zugelassen?

Antwort: Zur Diät bei erhöhtem ***Cholesterinspiegel, insbesondere erhöhtem LDL-Cholesterin, ist Butterschmalz völlig ungeeignet.*** *Es gibt jedoch viele Menschen, die a) trotz Übergewicht und/oder Bluthochdruckerhöhung kein Cholesterinproblem haben – z.B. Gesamtcholesterin weit unter 200mg%, das schlechte LDL-Cholesterin unter 100mg%, das gute, weil protektive HDL-Cholesterin weit über 40 mg%, die Neutralfette (Triglyceride) niedrig, oder b) überhaupt kein Übergewicht haben, jedoch trotzdem an Bluthochdruck leiden. Für diese Menschen eignet sich naturreines Butterschmalz in vernünftiger Menge zur DASH-Diät, weil naturreines Butterschmalz* ***natriumarm*** *ist,* ***kalium-*** *und* ***magnesiumreich, naturrein*** *und im Gegensatz zu den künstlich veränderten Fetten (Margarinesorten, industriell hergestellte, künstlich veränderte Bratenöle und –fette)* ***keine chemischen Zusätze*** *und* ***keine zusätzlichen Natrium- und Phosphatverbindungen*** *enthält. Und weil es auch beim stärkeren Erhitzen* ***nicht verkohlt*** *und somit keine* ***krebserregenden Verschwelungsprodukte*** *beim Braten und Backen bildet. Und weil es* ***lecker schmeckt****, besonders, wenn es* ***aus feinster Butter vom ganzjährig oder sommers im Freien grasenden Weiderind hergestellt*** *worden ist.*

Bayerisches Butterschmalz enthält im Unterschied zur Butter kaum noch Wasser und besteht zu 99,5% aus Butterfett, die restlichen 0,5% teilen sich zu gleichen Teilen Eiweiß und Wasser. Was den Geschmack des Butterschmalzes und den gesundheitlichen Wert der enthaltenen Omega-3-Fettsäuren betrifft, gilt für das Butterschmalz das für die Butter bereits Gesagte. Da naturbelassenes Butterschmalz nahezu wasserfrei gemacht worden ist, indem man Butter vorsichtig erhitzt und das in der Butter enthaltene Wasser durch Verdampfen entfernt wird, muß es auch die gleichen Mengen an Kalium-, Magnesium- und Natriumionen enthalten wie die Butter, es sei denn, daß künstlich Kochsalz hinzugefügt worden wäre. Im Ausland hergestelltes Butterschmalz, z.B. das **Ghee** der indischen und pakistanischen Küche, unterscheidet sich vom deutschen Butterschmalz zunächst einmal durch das stärkere Erhitzen auf über 100°C, so daß Verschwelungserscheinungen mit Veränderung der Farbe ins Bräunliche auftreten und womöglich kanzerogene Verschwelungsprodukte (z.B. Acroleïn, Polyzyklische Aromatische Kohlenwasserstoffe usw.) entstehen.

Bei Butterschmalz ausländischer Herkunft ist desweiteren das Problem, wie die dortigen Milchkühe ernährt worden sind, an welchen Krankheiten, z.B. Herdenseuchen, tropenspezifischen Erkrankungen usw, die Milchkühe gelitten haben und welche Arzneimittel den Milchkühen verabreicht werden mußten. Und schließlich stellt sich bei ausländischem Butterschmalz ebenso wie beim Olivenöl und anderen zum Export geeigneten, haltbaren fetten Ölen die Frage nach Verfälschungen durch Hinzufügen minderwertiger unreiner Fette.

CRÈME FRAÎCHE
„Küchensahne“

Crème Fraîche ist ein Produkt natürlicher Milchsäuregärung, indem Milchsäurebakterien in frische Sahne eingebracht werden. Es dürfen immerhin bis zu 15 Prozent Saccharose (Rohrzucker, Haushaltszucker) zur Verarbeitung durch die fleißigen Milchsäurebakterien zugesetzt werden. Die Milchsäurebakterien stellen, wie der Name schon sagt, Milchsäure her, und zwar aus Zucker. Jegliche andere Zusätze, wie z.B. von Konservierungsstoffen, Farbstoffen und Stabilisatoren, aber auch von Mitteln zur Gerinnung der Milch, wie z.B. von Labferment (oft verhüllend mit dem italienischen Begriff „Caglio“ deklariert), sind verboten.

Frage: Ist CRÈME FRAÎCHE trotz des relativ hohen Fettgehaltes DASH-fähig?

Antwort: Ja, Crème Fraîche ist trotz ihrer höheren Fettgehaltsstufe DASH-fähig, wenn sie naturrein und ungesalzen ist, also nur den natürlichen Salzgehalt (ca. 30mg - 40mg Natrium bzw. 75mg bis 100mg Kochsalz) besitzt.

Wie bei allen Milchprodukten gilt freilich hierzu, daß die Milchprodukte so gut sind wie das verwendete Ausgangsprodukt „Milch“. Milch von Kühen, die jahrelang nur im Stall stehen und unnatürliches, mit tierischem Eiweiß angereichertes Kraftfutter zum Fressen bekommen, kann nicht mit der Milch von Kühen verglichen werden, die ein Kuhleben lang im Freien leben und frostsichere Gräser und Kräutlein verzehren. Vorbildlich ist die **Viehhaltung in Frankreich** und in **Großbritannien**, Ländern, in denen mehr Wert auf landwirtschaftliche Produktion als auf unproduktive Wildnisregionen gelegt wird.

In unserer Versuchsküche haben wir bevorzugt mit der „Crème Fraîche d'Isigny“, Appellation d'origine protégée, gearbeitet. Die „Crème Fraîche d'Isigny“ hat nach Herstellerangaben einen Fettgehalt von 35% absolut. Crème Fraîche enthält etwa viermal so viel Kalium wie Natrium, 70mg - 80mg Calcium, kaum Magnesium, jedoch reichlich Phosphor, Jodid und Eisen.

Verwendung von Crème Fraîche im Rahmen der DASH-Diät: Zum Binden von Suppen und Soßen oder auch nur als geschmackvoller Zusatz zu solchen, desweitern zur Herstellung von Zubereitungen, ähnlich wie Quark oder Joghurt, und als fettärmerer kalorienarmer Ersatz für Butter als Streichfett.

SAHNE

(österr.) OBERS; SCHLAGSAHNE; SCHLAGRAHM

Rahm (Sahne, Obers) ist der fettreiche Anteil der frischen Milch, der entweder beim Zentrifugieren in der Butterschleuder abgetrennt wird oder beim einfachen Stehenlassen der Milch sich von selber durch Entemulgierung an der Oberfläche absetzt. Übrig bleibt die entrahmte Milch oder Magermilch. Handelsrechtlich muß

Kaffeesahne mindestens 10% Fett besitzen, Schlagsahne mindestens 30% Fett. Sahne darf kein hinzugefügtes Salz enthalten.

Der in Sahne häufig vorzufindende **Lebensmittelzusatzstoff „Carrageen"** dient als Verdickungsmittel, wird chemisch hergestellt aus Rotalgen, enthält bis zu 40% Sulfat, ist kein natives Produkt, und kann deshalb für die DASH-Diät nicht empfohlen werden.

Kondensmilch

Das Aroma der Kondensmilch wird erstens durch den Erhitzungsvorgang bestimmt, zweitens durch chemische Prozesse, welche bei der Lagerung ablaufen. Es entsteht zwangsläufig ein *blecherner „Altgeschmack"*. Es wird unterschieden zwischen gezuckerter Kondensmilch und ungezuckerter Kondensmilch. Zur Verbesserung der Stabilität während der Lagerung ist der **Zusatz von sog. Stabilisierungssalzen gestattet, ohne daß diese eigens deklariert werden müssen**. Da dies kaum ein Endverbraucher weiß, könnte es sein, daß irrigerweise angenommen wird, die Kondensmilch sei frei von Zusätzen. Als Zusätze sind in Deutschland erlaubt: Alkalicitrate und Alkaliphosphate, also **Kalium- und Natriumsalze der Zitronensäure und der Phosphorsäure**. Der Natriumgehalt von Kondensmilch liegt je nach Eindickungsgrad der kondensierten Milch zwischen 0,07% und 0,14%, der Kaliumgehalt zwischen 0,20% und 0,41%, der Phosphorgehalt zwischen 0,13% und 0,27%. Natriumchlorid (Kochsalz) wird nicht zugesetzt und wäre deklarationspflichtig. **Kondensmilch ist also kochsalzarm**, jedoch durchaus **nicht natriumarm**. Kondensmilch wird im allgemeinen nur in geringer Menge als Zugabe zu Kaffee oder Schwarzem Tee verwendet. Unter der Voraussetzung, daß es sich um **Kondensmilch ohne Kochsalzzusatz** (Probieren Sie doch einfach - wenn Sie sich längere Zeit salzarm ernähren, sind Ihre Geschmacksnerven in Topform! Wenn gelegentlich geringe Mengen im Rahmen der Teeküche oder zum Kaffee verwendet werden, ist die Verwendung von Kondensmilch im Rahmen der DASH-Diät erlaubt, wenn keine andere Möglichkeit der Verwendung vergleichbarer Milchprodukte besteht. Ansonsten ist frische Sahne zu bevorzugen. Vor der Verwendung größerer Mengen von Kondensmilch zum Kochen und zum Zubereiten von Speisen, womöglich anstelle von Sahne, im

Rahmen einer DASH-Diät wird wegen des Phosphatgehaltes, der ein Risiko für Osteoporose darstellt, ausdrücklich gewarnt.

Trotzdem hat die Produktion von Kondensmilch ihre Berechtigung, denn unter Tropenbedingungen oder in Katastrophen- und Notzeiten stellt Kondensmilch doch eine konzentrierte Konserve lebenswichtiger Milchbestandteile dar.

Sauerrahm, Saure Sahne

Sauerrahm ist ein Sauermilcherzeugnis und hat mindestens 10% Fett, am besten hinsichtlich Geschmack und Konsistenz ist jedoch ein Gehalt von 18% - 24% Fett.

Schmand

„Schmand" ist eine ost- und niederdeutsche Bezeichnung sowohl für süße Sahne oder auch Saure Sahne, je nach Region. Der Fettgehalt von Schmand beträgt zwischen 20%und 40%. Da im Gegensatz zur Sahne und Crème fraîche dem Schmand nach deutschem Lebensmittelrecht Stabilisatoren und Verdickungsmittel hinzugefügt werden dürfen, kann dieser für die DASH-Diät nicht empfohlen werden.

Andere Streichfette
Margarine

Margarine ist ein Streichfett, das insofern die Butter nachzuahmen versucht, als sie ähnlich wie die Butter eine Emulsion vom Typus „Wasser in Öl" darstellt. Margarine kann sowohl aus flüssigen Ölen als auch aus festen Fetten pflanzlicher oder tierischer Herkunft hergestellt werden. Um die Fettmischung fester und streichfähiger zu machen, müssen die flüssigen Öle ggf. durch Hydrierung gehärtet werden, wobei Wassersoff (= Hydrogenium) in die Mehrfachbindungen zwischen die Kohlenstoffatome der flüssigen mehrfach ungesättigten Fettsäuren eingefügt wird. Hierbei entstehen jedoch trans-Fettsäuren, die allerdings in der Butter ebenso enthalten sind - was in der seit langer Zeit bestehenden streitbaren Auseinandersetzung zwischen Margarine- und Butterbefürwortern oftmals unter den Tisch gekehrt worden ist. Es gibt drei Margarinesorten: *Margarine*, *Dreiviertelmargarine* und *Halbfettmargarine*. Ähnlich wie Butter darf „Margarine" höchstens 90% Fett haben, mindestens soll sie 80% Fett haben. Hinsichtlich Energieinhalt (Kalorien), Wasser- und Fettgehalt unterscheidet sich Margarine kaum von der Butter. *Dreiviertelmargarine* hat mindestens

60% Fett, höchstens 62%. *Halbfettmargarine* hat mindestens 39% Fett, höchstens 41%. Im Unterschied zur Butter dürfen jedoch in den Margarinesorten zahlreiche Zusatzstoffe enthalten sein, wie z.B. Vitamine, Farbstoffe wie Carotinoide (E 160) und Curcumin (E 100) zur Farbgebung, Emulgatoren, Antioxidantien, Geschmacksverstärker, Konservierungsstoffe, Kochsalz (Natriumchlorid) und Natriumcalciumedetat (E385 in Halbfettmargarine). Der **Kochsalzgehalt** kann **bis 0,3%** betragen, d.h. daß in 100g Margarine durchaus 300mg, also ein Drittel Gramm, Speisesalz enthalten sein kann. Analog zum Butterschmalz (Schmelzbutter, Butterreinfett) gibt es auch ein fast wasserfreies, also nicht emulgiertes **Margarineschmalz**, das 99% Fett enthält und gegenüber der wasserhaltigen Margarine Vorteile als Bratenfett bietet. Wegen des Gehaltes an Kochsalz, evtl. zuzüglich weiterer Natriumionen in Zusatzstoffen, sind die diversen Margarinesorten allenfalls bedingt DASH-fähig. Dem Vergleich mit der ungesalzenen Butter, die nur 5mg Natrium, also nur 12,5mg Kochsalz in 100g enthält, hält die Margarine mit bis zu 300mg Kochsalz nicht stand. Für die rasche Kochsalzausschwemmung nach stattgehabtem Kochsalzexzeß und bei bedrohlichem Bluthochdruck, also bei der antihypertensiven DASH-Diät ***presto***, ist als Streichfett neben der Crème Fraîche nur ungesalzene Butter zu empfehlen.

Genießerisches **Diät-Beispiel für eine presto-Kochsalzausschwemmung und presto-Blutdrucksenkung**, wenn keine Gewichtsabnahme und keine Cholesterinsenkung erforderlich sind: 100 Gramm ungesalzenes Weißbrot oder ungesalzenes Schwarzbrot, bestrichen mit 10g bis 15g ungesalzener Portionsbutter. Als weiteren Brotbelag entweder fast kalorienfrei fein geschnittene kaliumionenreiche Schnittlauchröllchen (frisch oder tiefgefroren) oder Tomatenscheibchen, oder dünne Scheiben von in ungesalzenem Wasser gesottenen Rinder-/Ochsentafelspitz oder Suppenfleisch, z.B. von der flachen Schulter (vom Rind oder vom Ochsen). Oder kaliumreichen echten Bienenhonig, oder eingekochte kaliumreiche Marmeladen (Konfitüren), mit den vielen gesunden Sekundären Pflanzenstoffen und, wenn es ganze Beerenfrüchte mit den Kernen sind, mit den kurzkettigen Omega-3-Fettsäuren (z.B. Alpha-Linolensäure) der Beerensamen, also z.B. dem Johannisbeersamenöl in der Johannisbeermarmelade.

Cholesterinfreie reine Pflanzenmargarine, insbesondere eine solche **mit Pflanzensterinen zur Cholesterinsenkung**, ist hingegen gegenüber der cholesterinreichen Butter unbestreitbar bei einer DASH-Diät zur raschen Cholesterinsenkung bei Arteriosklerose, nach Herzinfarkt oder Schlaganfall, zu bevorzugen. *Zusammengefaßt und abschließend zu dem seit Jahrzehnten schwelenden Streit zwischen „Butter- und Margarineärzten": **Butter**, wenn's um's böse Salz geht und um Blutdrucksenkung presto, aber nicht, wenn's um's Cholesterin geht. **Cholesterinfreie Diät-Pflanzenmargarine mit Phytosterinen**, wenn's um die Cholesterinsenkung presto ohne Arzneimittel, nur mittels Ernährungsumstellung, geht. Und wenn es um die **Gewichtsabnahme, presto oder adagio**, geht: der Fett- und Kaloriengehalt von Butter und Margarine ist gleich, für's „Abspecken presto" sind beide Streichfette in normaler Menge als Streichfett oder als Kochfett nicht sinnvoll. Hauchdünn, also in homöopathischer Dosierung, aufs ungesalzene Brot geschmiert, ist die ungesalzene Butter freilich immer noch die kleinere Sünde als die kochsalzhaltige Margarine!*

2. Hauptteil:
Die Rezepte
DASH-Drinks und DASH-Food

„Dash oder Dashes — ein oder mehrere »Spritzer« *(kleinstes Barmaß).“*
Charles Schumann, American Bar. The Artistry of Mixing Drinks. Collection Rolf Heyne, 17. Auflage 2004, Seite 27
Bei Cocktails ist ein „dash“ so viel wie ein Spritzer einer Zutat, etwa sechs Tropfen ergeben zusammen ca. 1 ml)

Heiße und kalte Getränke

nach Belieben auch mit einem *„Dash“ („Spritzer“)* oder einer *„Prise“* eines natürlichen, gesunden Würz- oder Aromastoffes ohne Salzzusatz *(„**N**o **S**alt **A**dded“, „NSA-Drinks“)* aufgepeppt

Warnhinweis: Handelsübliche trinkfertige (RTD-) Getränke *(„**R**eady-**T**o-**D**rink-Beverages“, wie z.B. Muskel-Proteindrinks RTD,* enthalten notwendigerweise schon wegen der erforderlichen längeren Haltbarkeit, aber auch zur Erzielung eines Geschmackserlebnisses, meist große Mengen an Kochsalz, an anderen Natriumverbindungen, an natriumhaltigen Geschmacksverstärkern (Natriumglutamat), Stabilisatoren, Aromastoffen und Farbstoffen.

1. Trinkwasser für die DASH-Diät. Aus der Wasserleitung oder handelsübliches Trinkwasser in der Flasche. *Pur* oder mit einem *Spritzer (=* ein *„dash“* in der Sprache der Barmixer) Zitronensaft, aus der Leitung in DASH-Qualität

•VEGETARIERGEEIGNET•

Trinkwasser soll im Rahmen der DASH-Diät gut gekühlt, an heißen Tagen am besten in vorgekühlten Krügen und Gläsern am Tisch serviert werden, nach Belieben ein „dash“ (Spritzer) frischen Zitronensaftes rein oder ein Scheibchen einer Zitrone, freilich nur, wenn die Zitronenschale vom Händler als „ungespritzt und zum Verzehr geeignet“ deklariert worden ist; trotzdem sollte die Schale der dafür vorgesehenen Zitrone mit heißem Wasser und einer Gemüsebürste vorher sorgfältig gereinigt werden. Leitungswasser und Trinkwässer in Flaschen sollen vor allem kein Kochsalz (Natriumchlorid) und keine anderen Natriumsalze (wie z.B. Natriumnitrat, Natriumbikarbonat) enthalten und allenfalls nur geringe Mengen anderer Mineralien. Warum? Weil ***reines Wasser den Harnfluß (Diurese) in der Niere*** anregt, was ***Kalorien verbraucht***. **In Trinkwasser kann zur Anreicherung mit Eiweiß, Kalium und Magnesium zu Hause, im Büro und unterwegs problemlos Magermilchpulver oder Molkenpulver eingerührt werden.**

Toxische Beimengungen, wie z.B. Nitrate, sollten, wenn irgendwie möglich, vermieden werden. Es gibt handelsübliche Mineralwässer mit sehr hohem Kochsalz- und Nitratgehalt und sehr hohem Preis. *Trinkwasser* soll *kein Mineralwasser* sein, und schon gar nicht ein medizinisches *Heil*wasser! Bei den Angaben zum Kochsalzgehalt ist darauf zu achten, ob die Benennung Milligramm ***Natrium*** (=mg) pro Liter oder pro 100 Milliliter (ml) ist, oder Milligramm ***Kochsalz*** (=mg) pro Liter oder pro 100 Milliliter (ml). Entsprechend dem Verhältnis der Atomgewichte der beiden Elemente Natrium und Kalium gilt folgende Umrechnungsformel: Der Wert für den Natriumgehalt wird durch die Zahl vier geteilt und dann mit der Zahl 10 multipliziert, dann hat man den Wert für Natriumchlorid (Kochsalz) in der angegebenen Dimension Gramm, Milligramm pro Liter oder 100 Milliliter. Das Leitungswasser auf Meeresinseln und in Küstenregionen ist oft mit kochsalzhaltigem Brackwasser gestreckt worden und sollte dann weder als Trinkwasser noch als Kochwasser benutzt werden. Handelsübliche Mineralwässer können nur dann im Rahmen der DASH-Diät empfohlen werden, wenn sie nahezu kochsalzfrei bzw. natriumfrei sowie gasfrei („stille Wässer“) sind.

Man beachte, daß die Hersteller womöglich lieber den Natriumwert angeben, welcher numerisch niedriger ist als der zugehörige Natriumchloridwert **(Rechenformel: Kochsalzwert = Natriumwert geteilt durch vier mal zehn)**. Und man beachte auch unterschiedliche numerische Angaben pro Liter und pro 100 Milliliter (= ein Zehntel Liter). Letztere Angabeweise muß nicht unbedingt ein Hinweis auf eine Täuschungsabsicht sein!

2. Schwarzer Tee in DASH-Qualität, ungezuckert oder gezuckert , evtl. mit natriumfreiem Süßstoff gesüßt

•VEGETARIERGEEIGNET•

Schwarzer Tee ist ein Aufguß aus den fermentierten Blütenknospen des Teestrauches, einer Kamelienart (Camellia sinensis L.). Die

Teeblätter enthalten etwa 4% Coffein, welches allgemein anregend wirkt. Eine Tasse Tee enthält etwa 40mg Coffein, eine Tasse Kaffee hingegen etwa 100mg. Die Flavonoide, Polyphenole und Catechine des Tees als sog. Sekundäre Pflanzenstoffe bzw. Bioaktive Substanzen gelten als antioxidativ wirksam, als antikanzerogen und blutzuckersenkend. Da diese protektiven Substanzen längere Zeit brauchen, um nach dem Überbrühen der Teeblätter in den Aufguß überzugehen, sollte man den Tee längere Zeit ziehen lassen. Ebenso bedeutend ist jedoch der **hohe Kaliumionengehalt** des Tees, der bislang kaum beachtet worden ist. Vor Instant-Tee-Fertigprodukten (Tee-Extrakt, „ready-to-drink-beverages", Eistees usw.) wird gewarnt, weil diese zahleiche Zusätze enthalten können, u.a. auch Natriumverbindungen, mit dem Ziel, die technisch unerwünschten, weil Aussehen und Konsistenz störenden, jedoch gesunden Polyphenole und andere Inhaltsstoffe („tea-cream") zu zerstören. Schwarzer Tee kann ungesüßt getrunken werden.

Zum Süßen kann bei geringem Teeverbrauch pro Person beliebiger Süßstoff verwendet werden, bei regelmäßigem und höherem Verbrauch nur kaliumhaltige Süßstoffe, nicht jedoch natriumhaltige Süßstoffe, wie z.B. Natriumcyclamat, jedoch unter Umständen, wenn z.B. keine Gewichtsabnahme gewünscht wird und wenn keine erhöhten Neutralfette (Triglyceride) vorliegen, auch Haushaltszucker (Rohrzucker), kaliumreicher Bienenhonig oder Sirupe von Ahorn oder Agave. Diabetiker sollten diesbezüglich ihren Arzt befragen. Auch zum schwarzen Tee kann ein „dash" (Spritzer") frischen Zitronensaftes dazugegeben werden. **In Tee kann zur Anreicherung mit Eiweiß, Kalium und Magnesium zu Hause, im Büro und unterwegs problemlos Magermilchpulver oder Molkenpulver eingerührt werden.** Entscheidend ist bei allen Teezubereitungen auch die Qualität des Wassers.

3. Hagebuttentee für die DASH-Diät •VEGETARIERGEEIGNET•

Hagebutten sind die im Spätherbst oder frühen Winter gereiften Sammelnußfrüchte der ***Heckenrose (Hundsrose)***, welche reichlich Vitamin C (Ascorbinsäre), Vitamin E (Tocopherol) und andere Vitamine, Pektine, Fruchtsäuren, Gerbstoffe, verschiedene Zuckerarten, ätherische Öle (Terpene), fette Öle mit protektiven kurzkettigen Omega-3-Fettsäuren (Alpha-Linolensäure), sowie Sekundäre Pflanzenstoffe (Bioaktive Substanzen) enthält, wie z.B.

Anthocyane, die auch in der Roten Rübe (Rote Bete), im Blaukraut (Rotkohl), in der Roten Weintraube und im Rotwein, sowie in Heidelbeeren und Johannisbeeren enthalten sind), ***Carotinoide***, insbesondere **Lycopin** (bekannt als Inhaltsstoff der Tomate). Lycopin wirkt protektiv für hormonabhängige Organe wie die Brustdrüsen bei beiden Geschlechtern, die Gebärmutter und deren embryologisches Pendant, die Vorsteherdrüse (Prostata). Neuerdings werden als Inhaltsstoffe der Hagebutte sogenannte **Galaktolipide** diskutiert, welche gegen Gelenkentzündung bei aktivierten Arthrosen wirksam sein sollen. **Naturbelassener Hagebuttentee** als **natriumarmer und kaliumreicher Aufguß** von Blütenböden und von Früchten der Hagebutte ist zweifelsohne für die DASH-Diät sehr geeignet. Auch zum Hagebuttentee kann ein „dash" (Spritzer") frischen Zitronensaftes dazugegeben werden. In Hagebuttentee kann zur Anreicherung mit Eiweiß, Kalium und Magnesium zu Hause, im Büro und unterwegs problemlos **Magermilchpulver** oder **Molkenpulver** eingerührt werden. Vor Instant-Fertigprodukten wird gewarnt. Hingegen wird ***Hagebuttenmarmelade*** (im fränkischen Sprachraum *„Hiffenmark"* genannt) empfohlen.

4. Kaffeegetränke als traditioneller Aufguß der gemahlenen Kaffeebohne für die DASH-Diät •VEGETARIERGEEIGNET•

Kaffee ist ein **Aufguß von fein gemahlenen Kaffeebohnen**. Der Geschmack des Kaffeegetränkes hängt nicht nur von der Qualität und Menge der verwendeten Kaffebohnen, von deren Sorte, Herkunft und Röstungsgrad, ab, sondern auch von der Qualität des Wassers, mit welchem aufgebrüht wird. Und gegebenenfalls von der Qualität der verwendeten Milch bzw. Sahne oder des anstelle frischer Milch bzw. frischer Sahne verwendeten sog. Weißungsmittels, einer Pulvermischung, die zahlreiche Komponenten, u.a. auch Natriumverbindungen, enthält. Sowohl die rohe, ungeröstete Kaffeebohne als auch die geröstete Kaffeebohne enthält weit mehr Kalium als Natrium, nämlich über hundertmal mehr Kaliumionen als Natriumionen. Unter der Voraussetzung, daß das verwendete Wasser kochsalzfrei ist, kann das ***traditionell*** durch Aufbrühen hergestellte Kaffeegetränk als ***ideales natriumarmes, kaliumreiches DASH-***

Getränk bezeichnet werden. Von dem oftmals verwendeten listigen Kunstgriff, den Geschmack sparsam aufgegossenen oder minderwertigen Kaffees durch Verwendung von stark kochsalzhaltigem Mineralwasser oder durch Hinzufügen von Kochsalz geschmacksintensiver zu machen, muß für die DASH-Diät abgeraten werden. Zudem enthält Kaffee auch sehr viel Magnesium, welches den Blutdruck senkt und gegen Herzrhythmusstörungen wirksam ist. Das Gleiche gilt für reinen Instant-Kaffee, also löslichen Kaffee bzw. gefriergetrocknetes Kaffee-Extrakt-Pulver ohne sonstige Zusätze, also ohne Weißungsmittel. Kaffee kann im Rahmen der DASH-Diät mit weißem Haushaltszucker, mit braunem Rohzucker, Kandiszucker, Fruchtzucker oder mit natriumfreiem Süßstoff gesüßt werden.

Anders sind die neuerdings auf dem Markt befindlichen Flüssigkaffees zu bewerten, die einen Kaffee-Extrakt enthalten, welcher zur Stabilisierung und Haltbarkeit notwendigerweise entsprechende chemische Zusätze enthalten muß. Ebenfalls Vorsicht geboten ist bei Instant-Kaffee-Weißungsmittelmischungen, die Milchpulverprodukte und andere Weißungsmittel inclusive Farbstoffen, Stabilisatoren und Aromastoffen enthalten. **Profitträchtige Kaffeespezialitäten wie Cappuccino**, die etwa **zehnmal mehr Milchschaum als Kaffeeaufguß** enthalten, sind ebenfalls skeptisch zu bewerten, insbesondere, wenn **industriell hergestellte Komponenten mit Geschmacksverstärkern** verwendet werden. In Kaffee kann zur Anreicherung mit Eiweiß, Kalium und Magnesium zu Hause, im Büro und unterwegs problemlos **Magermilchpulver** oder **Molkenpulver** eingerührt werden.

5. Kakao als frisch zubereitetes Getränk für die DASH-Diät

•VEGETARIERGEEIGNET•

Kakao ist *nicht identisch mit Trinkschokolade*, sondern ein Getränk, das durch Aufgießen heißer Milch auf Kakaopulver unter Zusatz von Zucker oder Süßstoff hergestellt wird. Schwach entöltes Kakaopulver (Wassergehalt ca. 5,5%) ***ohne natriumhaltige Zusätze*** enthält mehr als hundertmal so viel Kalium (ca. 1900mg/100g) wie Natrium (ca. 16mg/100g) und ist reich an Magnesium (ca. 400mg/100g). **Warnhinweis:** Handelsübliches Kakaopulver enthält jedoch nicht selten natriumhaltige Zusatzstoffe, so daß der Natriumgehalt auf 300mg/100g ansteigt und nur mehr zwölfmal mehr Kalium als Natrium enthalten ist. Es gibt jedoch auch schwach entöltes

Kakaopulver, welches als Säureregulator *Kaliumcarbonat anstelle einer Natriumverbindung* enthält (hergestellt z.B. von Naturata, Marbach). Kakao ist somit ein ideales DASH-Getränk unter der Voraussetzung, daß die Zutaten Milch, Cacaopulver und Süßungsmittel kein Kochsalz und keine anderweitigen Natriumverbindungen enthalten *(„no-salt-added", „no-sodium-added")*. Kakao-Fertiggetränke, also industrielle Zubereitungen von kakaohaltigen Getränken, die so verpackt sind, daß sie haltbar transportiert und sofort konsumiert werden können *(sog. Ready to drink-RTD-packaged beverages)*, enthalten notwendigerweise zahlreiche chemische Zusätze, wie z.B. Verdickungs-, Binde- und Geliermittel. Im Rahmen einer DASH-Diät sind solche Produkte nicht empfehlenswert, es sei denn, daß ein Hersteller DASH-fähige Kakaogetränke auf den Markt bringt und dies auch entsprechend deklariert wird. Kakaopulver darf auf keinen Fall verwechselt werden mit Schokoladepulver zur Herstellung eines kakaohaltigen Getränkes oder zur Verwendung beim Backen von Kuchen. In Kakao kann zur **Anreicherung mit Eiweiß, Kalium und Magnesium zu Hause, im Büro und unterwegs** problemlos **Magermilchpulver** oder **Molkenpulver** eingerührt werden.

Im **allgemeinen Sprachgebrauch** wird meist nicht zwischen **Kakao** und **Schokolade** unterschieden, sogar kakaohaltige Instant-Getränkepulver werden allgemein als Kakao bezeichnet. Dies kann ein verhängnisvoller Fehler sein, wenn z.B. bei einer Bluthochdruckkrise anstelle des natriumarmen echten, frisch aus Kakaopulver zubereiteten Kakaos ein Getränk aus natriumreichem Instantkakaogetränkepulver getrunken wird. Die aus handelsüblichem Schokoladenpulver mit mindestens 25% Kakaogehalt hergestellte heiße Trinkschokolade wird ebenfalls oft als Kakao bezeichnet, obgleich Schokoladenpulver durchaus große Mengen an Kochsalz und anderen Natriumverbindungen enthalten kann. Gleiches gilt für die Schokoladenmasse in Schokoladeriegeln oder Tafeln. Echter Kakao enthält *Theobromin*, das so ähnlich anregend wirkt wie Coffein, jedoch schwächer ist als dieses. Theobromin wirkt relaxierend auf die glatte Muskulatur der inneren

Organe, insbesondere der Bronchialwege, so daß echter Kakao bei schweren Hustenattacken und beim Bronchialasthma hilfreich sein kann.

Sojagetränke (sog. Sojamilch), Getreidemilch (Reismilch, Hafermilch) — •VEGETARIERGEEIGNET• warum diese „Ready to drink-RTD-packaged beverages" für die DASH-Diät meist völlig ungeeignet sind

Ein **Sojadrink**, welcher lebensmittelrechtlich nicht als **Sojamilch** bezeichnet werden darf, ist eine lebensmittelchemische, industrielle Zubereitung aus Sojabohnen mit dem Ziel, hinsichtlich Aussehen, Geschmack und Ernährungswert einen **laktosefreien Milchersatz** für Menschen mit **Laktoseintoleranz** herzustellen. Von ähnlicher Zubereitungsart sind die verschiedenen Arten von **Getreidemilch**, wie z.B. **Reismilch** oder **Hafermilch**. Handelsüblich sind höchst verschiedene Produkte, was den Kochsalzgehalt, den Gehalt an anderen Natriumverbindungen, an Geschmacksverstärkern, Aromen und hinzugesetztem Zucker oder zuckerhaltigen Fruchtextrakten betrifft. Es sollte zwischen *reiner „Sojamilch"* und *Zubereitungen von „Sojamilch"* unterschieden werden. Die **„Sojamilch"** sollte nicht mit der stets **gesundheitsgefährdenden Sojasauce** (Natriumgehalt 6000mg bzw. 6g und mehr in 100g) verwechselt werden, einer asiatischen Würzsauce aus fermentierten Sojabohnen mit einem **extrem hohen Gehalt an Kochsalz und anderen Natriumverbindungen, wie Glutamat**. Für **Sojamilch**, **Reismilch**, **Hafermilch** und andere **Getreidemilche** gilt, daß nur **ungesalzene** und ungezuckerte **Produkte ohne natriumhaltige und sonstige Zusätze DASH-fähig sind**. **Reine Sojamilch** sollte eigentlich bei einem Wassergehalt von etwa 90 % nur ca. 3mg Natrium bzw. 7,5mg Kochsalz in 100g enthalten. Die von uns empfohlene ungesalzene und ungezuckerte Sojamilch („no-salt added", „no-sugar-added") enthält in 100g etwa 50kcal, 3% bis 3,5% Eiweiß, weniger als 2% Fett sowie etwa 30mg Magnesium und etwa 200 mg Kalium für Ihren Herzrhythmus und zur Blutdrucksenkung!

6. Eisgekühlte Sojamilch oder Reismilch, Hafermilch und andere Getreidemilche mit Haferflocken oder Haferkleieflocken angereichert•VEGETARIERGEEIGNET•

Ein Viertel Liter (250ml) gut gekühlte **ungesalzene und ungezuckerte Sojamilch**, **Reismilch**, **Hafermilch** oder **Getreidemilch** mit 1 bis 2 EL feinen zarten **Haferflocken**, **„Kölln Flocken Instant Sofort-lösliche**

Instantflocken“ aus 100% Vollkornhafer oder **„Kölln Balance Haferkleieflocken“,** 1 bis 2 Espressotassen Beerenfrüchten oder andere Früchten, entkernt und in Stücke geschnitten, wie z.B. Aprikosen, Pfirsich oder Birne (frisch oder ungezuckerte TK-Ware), im Standmixer oder mit dem Pürierstab pürieren. Nach Belieben mit etwas bestem Zimt, Ingwer, Curcuma, Honig, Ahorn- oder Agavensaft oder Zucker würzen. Varianten: Würzen mit feinst gemahlenem Nelkenpulver, Cayennepfeffer, Kreuzkümmel oder Currymischung.

7. Fruchtsäfte •VEGETARIERGEEIGNET•

Fruchtsäfte sind wegen des Zuckergehaltes nur für Blutdruck- und Cholesterinsenkung, nicht für die DASH-Diät zur Gewichtsabnahme und Senkung der Neutralfette (Triglyceride) im Blut geeignet. Fruchtsäfte, gleichgültig ob als Saft, als Konzentrat, als Fruchtsaftgetränk oder als Direktsaft (Muttersaft) sollten weder zugesetztes kochsalzhaltiges Mineralwasser, weder Kochsalz noch andere natriumhaltige Zusätze, wie Sprudelsubstanzen, Farbstoffe, Aromastoffe usw., noch zugesetzten Zucker oder Sirup enthalten. **Zubereitung:** Ungezuckerten gekühlten Muttersaft (Direktsaft) mit der 10fachen Menge gekühlten kochsalzfreien Wassers aufgießen.

Gemüsesäfte, Tomatensaft, Karottensaft

Handelsübliche Gemüsesäfte, wie z.B. der weitaus am meisten verbreitete Tomatensaft und die tomatensafthaltigen Gemüsesaftcocktails enthalten ca. 0,25% bis 1% hinzugefügtes Kochsalz und sind somit wegen dieses Kochsalzexzesses für eine DASH-Diät gegen Adipositas, Salzexzeß und Hypertonie (Bluthochdruck) indiskutabel, zumal solche Säfte ja in größerer Menge als Getränk aufgenommen werden würden. Daß es lebensmitteltechnisch möglich ist, **Tomatensaft (passierte Tomaten, Tomatenpassata) ohne Salzzusatz** herzustellen, hat die Firma La Selva (82166 Gräfelfing bei München) bewiesen, deren Tomatenpassata aus eigenem Anbau in der Toskana in der Qualität „No Salt Added“ seit Jahren in unserer Versuchsküche und auch von unseren Bluthochdruckpatienten verwendet wird. Tomatensaft enthält Carotinoide, insbesondere Lycopin, und sehr viel Kalium.

8. Ungesalzener Tomatensaft (Tomatenpassata) in DASH-Qualität, gekühlt pur serviert •VEGETARIERGEEIGNET•

Der Tomatensaft muß vom Hersteller mit der Deklaration „ohne Salzzusatz", „ungesalzen", oder „no salt added" versehen worden sein. Vorzüglich schmeckender Tomatensaft ohne Salzzusatz kann gut gekühlt pur, falls gewünscht, in einem vorgekühlten Glas, serviert werden, aber auch mit einer Prise vom feinsten schwarzen Pfeffer oder fein gemahlenen Cayennepfeffer. **Vor der Verwendung kochsalzhaltiger Würzpasten und Chilisaucen wird gewarnt!**

Alkoholhaltige Getränke

und alkoholhaltige Zubereitungen als Aroma- und Würzmittel sowie Bindemittel bei Süßspeisen, Saucen und Suppen

Alkohol kann ab einer bestimmten Menge den Blutdruck erhöhen. Beim **gesunden Mann** kann je nach Konstitution der **Blutdruck** durchschnittlich bei einer **täglichen Alkoholzufuhr von 30 Gramm** ansteigen, bei der **gesunden nicht-schwangeren Frau** (im gebärfähigen Alter bei erhaltenen Eierstöcken mit normaler Östrogenproduktion, ohne künstliche Hormonzufuhr, wie z.B. bei Einnahme von Ovulationshemmern oder Östrogenzufuhr bei Wechseljahrsbeschwerden) **von 15 bis 20 Gramm**. Zu beachten ist bei der Berechnung des Alkoholgehaltes von Getränken in Gramm, daß der Alkoholgehalt nicht in g/100ml (Gewichts%), sondern in Vol% angegeben wird. 1ml Alkohol wiegt aufgrund des niedrigen spezifischen Gewichtes von Alkohol im Vergleich mit Wasser nicht 1g, sondern nur 0,8g. Werden Weine oder andere alkoholhaltige Getränke, wie z.B. Weinbrand, zum Löschen und Aufgießen von heißen Suppen und Saucen benutzt sowie bei der Zubereitung von warmen Süßspeisen und Desserts, so kann davon ausgegangen werden, daß der Großteil des Alkohols beim Erhitzen verdampft.

9. Wein — ein uraltes DASH-Getränk •VEGETARIERGEEIGNET•

Wein ist ein aus dem Saft bzw. Most frischer Weintrauben durch alkoholische Gärung gewonnenes Getränk, welches bereits von den jungsteinzeitlichen Viehzüchtern und Ackerbauern vor Tausenden von Jahren, die bereits den Rebenanbau betrieben haben, hergestellt worden ist. Kochsalz wird weder der Maische bei der Weingärung noch bei der weiteren Kelterung hinzugefügt, so daß Wein ein uraltes DASH-Getränk darstellt. Wein darf nur den natürlichen Salzgehalt der verwendeten Weintrauben aufweisen!

Weißwein durchschnittlicher Qualität enthält etwa 2mg Natrium in 100g Ware, und ca. 80mg Kalium, ca. 2g - 3g Zucker/100g. Rotwein enthält etwa 4mg Natrium in 100g Ware, ca. 90mg Kalium und ca. 2-3g Zucker. Die seit altersher bewährte Regel der Physiologischen Chemie hinsichtlich der Frage, ab welcher Menge Alkohol die Leber des *Gesunden* geschädigt werden kann, ist: **Wenn ein Paar zum Abendessen eine Flasche Wein von 0,75 Liter öffnet, dann sollte der Mann höchstens zwei Drittel davon, also 0,5 Liter — zwei Schoppen also —, und die Frau ein Drittel, also 0,25 Liter — einen Schoppen also —trinken.** Dies aus dem Grunde, weil die Leber des weiblichen Organismus wegen der Belastung der Leber mit den natürlichen weiblichen Hormonen, den Östrogenen, weniger Alkohol verträgt als die Leber des Mannes.

10. Bier, gebraut nach dem bayerischen Reinheitsgebot – ein uraltes DASH-Getränk •VEGETARIERGEEIGNET•

Bier im weitesten Sinne ist ein uraltes Getränk, welches aus der Vergärung von Stärke, enthalten in Ausgangsprodukten wie z.B. Bananen, Mais, Reis, Maniok, Melasse usw., durch Einwirkung von Enzymen in Hefen oder, bei Naturvölkern, aus dem Speichel hergestellt wird. Vor etwa 9000 Jahren wurden solche Biere von den Sumerern und Ägyptern hergestellt.

In den mitteleuropäischen Anbaugebieten von **Hopfen**, einem *Hanfgewächs*, wurde das Bier von den Klöstern, die das Braurecht innehatten, seit dem 9. Jahrhundert mit dem bitteren Hopfen aromatisiert. Nach dem bayerischen Reinheitsgebot darf Bier nur aus den **vier Rohstoffen Gerstenmalz, Wasser, Hefe und Hopfen** hergestellt werden. ***Kochsalz wird hiernach dem Bier nicht zugesetzt.*** **Das nach dem bayerischen Reinheitsgebot rein gebraute Bier darf somit kein hinzugefügtes Kochsalz enthalten**, sondern nur den natürlichen Kochsalzgehalt des Malzes, des Wassers und des Hopfens aufweisen. Rein gebrautes Bier *„no-salt-added"* ist somit ein uraltes DASH-Getränk. **Helles Vollbier** enthält bei einem Stammwürzegehalt (= Malz + Hopfen) von 11% bis 11,5% etwa 3,5 Vol.% Alkohol; 5mg Natrium /100g, 38mg Kalium/100g und 9mg Magnesium, ca. 3g Zucker. An Vitaminen des Bieres ist der Gehalt an Niacin (Vitamin B3, Nicotinsäure) von 0,8mg in 100 g zu erwähnen. Was das **Eiweiß** und die **Aminosäuren** betrifft, steht das helle Vollbier sehr gut da, besser als der eiweißarme Wein: ein halbes Gramm Eiweiß in 100g Bier, davon fast 200mg essentielle Aminosäuren, **fast 20mg L-Arginin. Ein Liter Bier, in Altbayern eine „Maß" genannt, das „flüssige Brot" der Klöster, enthält somit 5g Gramm Eiweiß, 2g essentielle Aminosäuren und fast 200mg Arginin. Bier ist cholesterinfrei!** Weil der ***Hopfen*** *östrogenähnliche Wirkungen* im menschlichen Organismus hat, ist das Bier hinsichtlich seiner physiologisch-chemischen Wirkungen weniger für Männer und eher für magersüchtige junge Mädchen und Frauen, auch in den Wechseljahren, geeignet!

Cocktails

11. Bloody Mary „no-salt-added" „LAURENCE STERNE" mit selbst hergestellter ungesalzener Worcestershiresauce „no-salt-added" in DASH-Qualität •VEGETARIERGEEIGNET•

Zubereitung: 100ml ungesalzenen Tomatensaft (La Selva) nach Gusto mit einigen wenigen „dashes" (Spritzern) Wodka, einem kleinen, saftigen Stück vom Stangensellerie, einer Prise gemahlenen schwarzen Pfeffers und gemahlenen Chilipfeffers, einigen „dashes" **ungesalzener selbst hergestellter (siehe Rezept) DASH-Worcestershiresauce** sowie einem Schnapsglas (ca. 2cl bzw, 20ml) Zitronensaft im Mixer pürieren. Im Longdrinkglas auf Eiswürfeln servieren.

Bei Charles Schumann beträgt das Mengenverhältnis Tomatensaft zu Wodka allerdings 3 zu 1, garniert wird mit Stangensellerie. -- Behelfsmäßig können Sie, wenn eine **ungesalzene Worcestershiresauce** nicht zur Verfügung steht, diese auch einfach weglassen und durch **1 TL ungereinigten braunen Zuckers**, etwas **Zitronensaft**, 1 Likörglas **Rotweinessig mit 10% Essigsäure** oder starken **Sherryessig** und 1 Likörglas **Roten Traubensaft (Muttersaft**) ersetzen.

12. **Kir** und **Kir Royal in DASH-Qualität und traditionell.** •VEGETARIERGEEIGNET•

Kir: 1 Barlöffel (mehrere „dashes") Crème de Cassis wird in einem Weißweinglas mit trockenem Weißwein aufgefüllt.

Kir Royal: Desgleichen, in einem Champagnerglas mit Champagner, Prosecco, Sekt, Schaumwein, Brut d'Argent oder Crémant auffüllen. Für **Kir / Kir Royal in strenger DASH-Qualität** „sans sucre" darf nur ungezuckerter Muttersaft von der Johannisbeere oder Brombeere mit sehr trockenen Weinen oder Schaumweinen verwendet werden.
Kir bzw. Kir Royal ist wegen des hohen Zuckergehaltes, der vom Johannisbeersirup und vom Johannisbeerlikör (Crème de Cassis) herrührt, **zur DASH-Diät bei Übergewicht nicht geeignet,** außer als gelegentliche **kleine Belohnung** oder **erlaubte Diätsünde** z.B. bei Feierlichkeiten und Einladungen — **wer eine DASH-Diät durchführt, soll schließlich kein „Diätkrüppel" sein!** Wegen der **Natriumarmut** und des **Reichtums an Kalium** und an Bioaktiven Substanzen aus der Schwarzen Johannisbeere, wie z.B. Anthocyanen, ist Kir/Kir Royal in geringen Mengen für die DASH-Diät bei mildem Bluthochdruck ohne Übergewicht geeignet. Alkohol in größerer Menge kann den Blutdruck erhöhen. Anstelle von **Johannisbeerlikör** kann auch **Crème de mure**, **Brombeerlikör**, verwendet werden. Anstelle von Schaumweinen kann auch eiskaltes **natriumfreies** kohlensäurehaltiges Sprudelwasser, also **kein natriumhaltiges Sodawasser**, verwendet werden. Man beachte die unterschiedlichen lebensmittelrechtlichen Vorschriften zum **Sodawasser** in diversen Staaten.

Milch und Milchmixgetränke

13. Kalte oder heiße Trinkmilch in allen Fettgehaltsstufen

•VEGETARIERGEEIGNET•

Für die DASH-Diät gegen Übergewicht und Fettsucht sowie gegen Cholesterinerhöhung ist weder die vollfette (3,5% Fett) noch die teilentrahmte Milch (1,5% Fett) geeignet. Dagegen eignet sich zum Abnehmen bei Übergewicht und zur Senkung des Cholesterinspiegels die entrahmte Milch (Magermilch) mit einem Fettgehalt von 0,1%!
Für die DASH-Diät **gegen Bluthochdruck** ist eine Trinkmilch jeglicher Fettgehaltsstufe trotz ihres relativ hohen natürlichen Natriumgehaltes akzeptabel. Wer Milch liebt, wird diese gerne in größerer Menge trinken, und mit Milch werden etwa 50mg Natrium pro 100g aufgenommen, was bei einem Verzehr von einem Liter Milch der Aufnahme von etwa 1,25g Kochsalz entspricht! **Rezept:** Gut gekühlte oder heiße entrahmte Milch (Magermilch) in ein Glas oder eine Tasse einschenken - fertig! Milch hat nur gut gekühlt oder gut heiß einen erfrischenden Wohlgeschmack, wohingegen lauwarme oder euterwarme Milch fade schmeckt. Für unterwegs und im Büro empfiehlt sich

die Mitnahme von handelsüblichem Magermilchpulver, welches man in beliebiger Menge in Trinkwasser einrühren kann, welches auch in jeder Gaststätte erhältlich ist. Mit **Magermilchpulver im Gepäck** können Sie sich unterwegs überall eine schmackhafte Magermilch zubereiten.

14. Milchmixgetränke (Milchshakes). Eiskalte Milch-Frucht-Getränke, ungezuckert („sans sucre“, „no sugar added“)

•VEGETARIERGEEIGNET•

Diese ungezuckerten DASH-Drinks können für andere Personen individuell nach Belieben nachgezuckert werden, wobei **feinster Haushaltszucker** nur süßt und **keinen sonstigen Eigengeschmack** mitbringt. Süßungsmittel mit charakteristischem Eigengeschmack, wie z.B. **ungereinigter Zucker**, **Zuckerrübensirup, Ahornsirup** usw. würden das zarte Fruchtaroma überdecken oder zumindest verändern. Vor der Hinzugabe von **handelsüblichem Speiseeis**, um z.B. einen Speiseeisshake zuzubereiten, wird entschieden gewarnt, da Speiseeis wegen seines extrem hohen Gehaltes an Natriumverbindungen und anderen chemischen Zusätzen grundsätzlich nicht DASH-fähig sein kann. Aus kochsalzfreiem Trinkwasser selbst hergestellte Eiswürfel oder selbst hergestelltes Crash-Eis können hinzugegeben werden. Wer das Milchmixgetränk sämiger genießen will, kann das klassische Milchmixgetränk in eine Creme umwandeln, indem man im Mixer Magertopfen (Magerquark) aus traditioneller Produktion (d.h. hergestellt mit lebenden Milchsäurebakterien, ohne Labferment, „Caglio“, oder Joghurt einrührt.

Nach Belieben die vorbereiteten und sorgfältig gereinigten, ggf. klein geschnittenen vollreifen Früchte mit ihrem hohen Gehalt an Sekundären Pflanzenstoffen, an Kalium-und Magnesium mit einem halben Liter sehr gut gekühlter entrahmter Milch (0,1% Fett) in den Mixer geben und pürieren. Nach Belieben frisch gepreßten Zitronensaft oder einen Spritzer („dash“) Limoncello, Cognac oder Armagnac, Rum, Bananenlikör, Maraschino, Orangenschalenlikör, Mandellikör, oder auch eine Prise Zimt hinzugeben. Delikat auch, wenn man mit einem kleinen Reibeisen das Gelbe von einer Orangenschale, die als „ungespritzt und zum Verzehr geeignet“ deklariert ist, abreibt und einrührt.

MIXGETRÄNKE MIT MILCHERZEUGNISSEN (SAUERMILCHPRODUKTEN)

15. Bayerische Buttermilchshakes mit ungesalzenen Gemüsesäften •VEGETARIERGEEIGNET•

Für die eigene Herstellung von ungesalzenen rohen Gemüsesäften, z.B. aus gelben oder roten Rüben, mit einem handelsüblichen Entsafter sind die Gemüseteile mit äußerster Sorgfalt zu reinigen, um sie von Erde, Sand. Wurmeiern, Fäkalkeimen usw. zu befreien: In einer Schüssel mit **sprudelnd kochendem Wasser überbrühen**, mit einer **harten Gemüsebürste** vorreinigen, Schmutzwasser wegschütten, nochmals überbrühen, mit einem geeigneten Messer sorgfältig **abschaben**, falls erforderlich, unschöne Areale ausschneiden, nochmals überbrühen. Lebensmittelhygiene O.K.

Zubereitung: Etwa 50ml bis 100ml ungesalzenen Saftes von Tomaten, roten Rüben bzw. roten Beten, gelben Rüben (Karotten, Mohrrüben) ohne Zusätze mit einem halben Liter reiner Buttermilch (ca. 0,6 bis maximal 1,0% Fett) im Mixer verquirlen. Nach Belieben abschmecken mit Gewürzen, z.B. ganzem Kümmel in bester Qualität *(also: noch nicht extrahierte Ware!)* oder mit fein gemahlenem Kümmelpulver, frisch gepreßtem Zitronensaft, Orangensaft, geriebener Orangenschale, ungezuckertem Birnen- oder Apfelsaft, handelsüblichem Apfelmark oder frisch geriebenem Apfel, dünnflüssigem Bienenhonig, Marsala, Sherry oder Sherryessig, Himbeeressig *„no salt added“*, fein gemahlenem schwarzem Pfeffer, Cayennepfeffer oder Paprika, selbst hergestellter ungesalzener Worcestershiresauce, Ingwerpulver oder Kreuzkümmel, pürierter reifer Avocado oder Mango; garnieren mit Koriandergrün, Zitronenmelisse oder einem Blatt Basilikum. Man kann auch einige Tropfen eines kaltgepreßten Leinöles, Walnußöles, Weizenkeimöles oder Hanföles hinzugeben. Diese Öle enthalten sehr viel von der kurzkettigen Omega-3-Fettsäure Alpha-Linolensäure, dürfen auf keinen Fall erhitzt werden.

16. Oberösterreichische Saure Milchsuppe aus handelsüblicher reiner Buttermilch oder gestöckelter Magermilch

•VEGETARIERGEEIGNET•5-MINUTEN-GERICHT •

Zutaten für 1 Person: 1 Viertel Liter (= 250ml) handelsüblicher reiner Buttermilch. Falls vorhanden, kann selber hergestellte g'stöckelte Magermilch 0,1% Fett verwendet werden. *Desweiteren:* 1 Achtel Liter (=125ml) kochendes ungesalzenes Wasser, ein halber bis ein ganzer EL feines, am besten gesiebtes kleberreiches Weizenmehl Typ 405. *Bei Verwendung von Vollkornmehl wird die Milchsuppe unansehnlich braun.* **Zubereitung:** In einem Standgefäß die Buttermilch/ gestöckelte Magermilch mit dem Mehl verquirlen, entweder mit einem hölzernen Quirl, Rührbesen oder Rührgerät. Das Wasser in einem größeren Topf zum sprudelnden Kochen bringen und die Buttermilch/g'stöckelte Magermilch mit dem bereits eingerührten Mehl in das sprudelnd kochende Wasser einrühren. Unter ständigem Umrühren mit einem hölzernen Kochlöffel 2 - 3 Minuten köcheln lassen, ggf. von der Feuerstelle nehmen, damit die Suppe nicht anbrennt oder überläuft.

Servieren in einem vorgewärmten Suppenteller oder traditionsbewußt in der vorgewärmten Löwenkopfterrine, erst dann nach Gusto fein geschnittene Schnittlauchröllchen und feine Streifen altbackenen Schwarzbrotes oder Weißbrotes, welches für die DASH-Diät freilich ungesalzen sein muß, zugeben. Streifen von selbst ausgebackenen ungesalzenen dünnen Pfannkuchen, jüdische ungesalzene Fladenbrote (Matzen), ungesalzener italienischer Zwieback Ecor, Filinchen® ungesalzenes Flachbrot (Gutena) eignen sich sehr gut als Suppeneinlage. Die Saure Milchsuppe kann auch sehr gut auf Vorrat für einige Tage zubereitet werden, sie hält sich bei 0°C bis 5°C gekühlt tagelang. **Fettreichere Varianten**: Anstelle der Buttermilch kann Sauermilch, Dickmilch (G'stöckelte, meist aus Vollmilch 3,5% Fett hergestellt), handelsüblicher Sauerrahm ohne jegliche Zusätze, wahlweise auch selbst g'stöckelte Vollmilch oder selbst g'stöckelter Rahm verwendet werden.

Topfen (Quark) und Joghurt; Schichtkäse

17. Bayerische Topfencrème (Quarkcrème) mit Schnittlauch und Petersilie in DASH-Qualität (No Salt Added)

•VEGETARIERGEEIGNET•

In den glatt und cremig geschlagenen Magertopfen werden nach Gusto sehr fein geschnittene Schnittlauchröllchen und mit dem Wiegemesser sehr fein gewiegte Petersilie untergemengt. Abschmecken mit etwas sehr fein gemahlenem schwarzem Pfeffer. Die Pfeffermühle läßt man lieber im Schrank. Variante: Küchenkräuter nach Belieben, auch TK-Ware, verwenden. Sehr gut kühlen und bald servieren, da der Topfen bei längerer Lagerung Wasser abgibt. Diese Bayerische Topfencrème mit Schnittlauch und Petersilie eignet sich erstens zum Servieren als Dessert in einem Förmchen, zweitens als Brotaufstrich, drittens zum Servieren mit heißen Pellkartoffeln, die wahlweise mit einem edlen nativen Olivenöl, Leinöl oder Hanföl beträufelt werden, oder mit Kümmelkartoffeln. **Ersatz für die frische vitaminreiche Petersilie im Winter** kann die **Steinpetersilie** (**Pimpinelle**, Pimpernelle, Kleiner Wiesenknopf, Sanguisorba minor) bieten, die von herb-bitterem Geschmack ist. Die Steinpetersilie **grünt auch in Eis und Schnee** wegen ihrer reichlichen Omega-3-Fettsäuren, wuchert anspruchslos im Garten oder auf dem Balkon in basischem Boden mit Gesteinsmehl und Gärtnerkalk.

18. Gut gekühlter Quark mit sehr heißen Pellkartoffeln. Dazu Schalotten oder Zwiebeln und Leinöl nach schlesischer Art

•VEGETARIERGEEIGNET•

Kartoffeln von festkochender Sorte mit heißem Wasser und Gemüsebürste sorgfältig reinigen und dann in ungesalzenem Wasser kochen. Für die **schnelle Küche** sollten **kleine Kartoffeln** eingekauft werden, da sie erheblich *schneller weich gekocht* sind. Den gut gekühlten Magertopfen (Magerquark), möglichst gut abtropfen lassen, damit diese populäre *schlesische Quarkspeise* nicht zu wäßrig wird. Ist der verwendete Topfen von höherer Fettgehaltsstufe und deshalb zu trocken und krümelig, kann etwas Magermilch eingerührt werden, so daß man eine cremige Quarkspeise hat. Nach Belieben eine weiße Zwiebel oder Schalotte fein wiegen und in die Quarkcreme einrühren. Nach Belieben feinst gemahlenen schwarzen Pfeffer zugeben. Auf einem breiten Teller mit den geschälten oder auch ungeschälten, möglichst heißen Pellkartoffeln servieren und nach Belieben mehrere Tropfen oder ein TL kaltgepreßten nativen Leinöles auf die Kartoffeln geben, ersatzweise auch Hanföl, Rapsöl, Weizenkeimöl, Kürbiskernöl oder Olivenöl.

Dazu ein Zehntelchen herben Weißweines. Dazu passende Gemüsesorten: Mit gekochtem ungesalzenem Weißkraut (Weißkohl), Rosenkohl, Grünkohl, Wirsing, oder Sauerkraut servieren. Dazu passen auch Erbsenpürée, Linsengemüse oder Bohnenkerngemüse.

19. Früchtequark mit pürierten Beeren und Früchten der Saison, ersatzweise tiefgefrorenen Früchten und Beeren •VEGETARIERGEEIGNET•

Der frische Magertopfen wird mit den vorbereiteten Beeren und Früchten im Standmixer oder mit dem Pürierstab püriert und cremig geschlagen, falls erforderlich, unter Zusatz von Magermilch oder ungezuckertem Fruchtsaft (Direktsaft, Muttersaft). Wer's darf, weil nicht übergewichtig, kann mit feinstem Kristallzucker süßen, wer's nicht darf, kann mit natriumfreiem Flüssigsüßstoff süßen.

20. Magermilchjoghurt mit Früchten, Gemüseteilen oder Gemüsesaft •VEGETARIERGEEIGNET•

Bevorzugt werden sollte **stichfester, im Becher gereifter Joghurt 0,3% Fett**, kein Trinkjoghurt, wobei für die DASH-Diät **bei Übergewicht, Fettsucht und Cholesterinerhöhung** nur Magermilchjoghurt 0,3% Fett gestattet ist, für die DASH-Diät **bei Blutdruckerhöhung ohne Übergewicht** und Cholesterinproblemen auch fettarmer Joghurt (1,5%Fett), vollfetter Joghurt (3,5% Fett) und sogar Sahnejoghurt (10% Fett) erlaubt werden kann. Unter gesundheitlichem Aspekt ist in allen Fettgehaltsstufen naturbelassener, **nativer Joghurt mit lebenden Kulturen von Milchsäurebakterien** wie z.B. *Streptokokkus thermophilus*, der L-(+)-Milchsäure aus Milchzucker (Lactose) herstellt, *Lactobacillus delbrückii subsp. bulgaricus*, der D-(-)-Milchsäure aus Milchzucker bildet, oder Lactobacillus acidophilus, der L-(+)-Milchsäure aus Milchzucker (Lactose) herstellt, zu bevorzugen, da von der Besiedlung des Darmes mit lebenden Milchsäurebakterien offenbar eine protektive Wirkung hinsichtlich des Dickdarmkrebses ausgeht. Warnhinweis: Vor fertigen handelsüblichen Joghurtzubereitungen wird wegen der Zusätze von Zucker, Natriumverbindungen, Gelier- und Verdickungsmitteln, Farb- und

Konservierungsstoffen gewarnt, es sei denn, daß der Hersteller die Freiheit von solchen Stoffen garantiert.

Zubereitung: Joghurt nach Belieben mit vollreifen Beeren und Früchten, gekochten Gemüseteilen oder Gemüsesäften im Mixer pürieren, Würzen nach Belieben wie bei den Quarkspeisen.

21. Caprese „senza sale". Der rot-weiß-grüne italienische Vorspeisensalat mit Tomaten, Schichtkäse, Basilikum und Olivenöl. •VEGETARIERGEEIGNET•BENGELMANN INNOVATION•

Caprese „senza sale" DASH: Den gut gekühlten weißen salzarmen Schichtkäse mit 10% oder 20% Fett i.Tr. *(anstelle des salzigen Mozzarellas)* in höchstens 1cm dicke Scheiben schneiden, lamellenartig mit vollreifen roten Tomatenscheiben gemischt auf eine Platte legen, gewaschene und trockengetupfte grüne Basilikumblätter dazwischen legen und mit dem allerfeinsten grünen Olivenöl aus traditioneller Produktion (handgepflückt — es darf keine Olive auf dem Erdboden gelegen sein!) beträufeln. Sofort servieren!
Varianten: Als Kräuterzugabe eignen sich auch frischer Rosmarin, fein gewiegte Petersilie, Thymian, Oregano, Majoran, Pimpinelle, Liebstöckel, Bärlauchblätter, Bohnenkraut, fein gewiegte blanchierte Knoblauchzehen. Optional noch einige „dashes" eines ungesalzenes Rotweinessigs oder, als erlaubte Diätsünde, Aceto balsamico. Wer's schärfer will, nehme schwarzen Pfeffer aus der Mühle.

Dazu ein kühles Wasser, Prosecco, Cremant, Champagner, durchaus auch Rosé, Weißwein oder ein leichter Roter! Oder auch ein frisches helles Bier, gebraut nach dem bayrischen Reinheitsgebot. Denn all diese Getränke sind natriumarm und kaliumreich, überdies kalorienarm, also zumindest bedingt DASH-geeignet.

DASH-Suppen

Klare Suppen in DASH-Qualität

Eine **klare Suppe (Brühe)**, die nicht nur so heißt, sollte auch eine **klare Brühe** sein, also nicht von trübem Aussehen sein, ganz ohne Schwebeteilchen, am besten gut durchgeseiht oder durchpassiert. Gleichgültig, ob es sich um eine **klare Gemüsebrühe**, eine **klare Wurzelbrühe**, eine **klare Knochenbrühe**, eine **klare Fleischbrühe**, eine **klare Hühnerbrühe** oder eine **klare Fischbrühe** handelt. Eine klare Suppe entsteht dadurch, daß man durch längeres Auskochen (im Unterschied zum Aufguß durch kurzes Übergießen und Ziehenlassen, z.B. bei der Zubereitung von Tee) eines pflanzlichen oder tierischen Materials einen wäßrigen Extrakt herstellt — eine Abkochung oder einen Absud, lateinisch und in der alten Apothekerwissenschaft auch „Dekokt" genannt. Wird durch längeres Kochen absichtlich ein Wasserverlust durch Verdampfen von Wasser erzielt, wird hierdurch die Abkochung konzentriert, man spricht von einem **Fond**. Ein **Suppenfond** dient der längeren gebrauchsfertigen Aufbewahrung im Nullgrad-Kühlschrank oder auch dem portionsgerechten Einfrieren. Eine **klare Suppe** dient traditionell als **heiße Trinksuppe**, was heutzutage leider vergessen wird. Mit der klaren Suppe werden wertvolle in der Brühe gelöste Geschmacksstoffe und Nährstoffe dem Organismus zugeführt, wie z.B. Kalium, Natrium, Calcium und Magnesium sowie Aminosäuren und Proteine aus Gemüsen, Knochen, Bindegewebe und Fleisch. In die klare Brühe können selbstverständlich Suppeneinlagen gegeben werden, wie z.B. gekochte Gemüseteile, gekochte Fleisch- oder Fischstückchen, Ei, Suppennudeln usw. Die klare Brühe kann nachträglich zum Aufgießen und Binden anderer Speisen benutzt werden. **Warnhinweis:** Vor der Verwendung von handelsüblichen Brühwürfeln und Fleischextrakt wird wegen des Gehaltes an Kochsalz und anderen Natriumverbindungen sowie an Geschmacksverstärkern, Farbstoffen, Stabilisatoren, Bindemitteln usw. gewarnt.

Frage: Wieso sind Rezepte für Brühen in einem Kochbuch für die Schnelle Küche?

Antwort: Bei der Zubereitung einer Brühe ist das Bereitstellen der Zutaten, wie Wurzelwerk oder Suppenfleisch, die Hauptarbeit. Das Putzen der Gemüseteile kann man sich bei Verwendung von ungesalzener TK-Ware sparen. Der Vorgang des langen Köchelns einer Brühe erfordert lediglich einen gewissen Überwachungsaufwand in der Küche, damit nichts überlaufen kann. Brühe ist im Kühlschrank bei 0°C bis 5°C gut haltbar und steht somit die ganze kommende Woche zur Verfügung, kann somit zeitsparend im Voraus gekocht werden, im Henkelmann auch ins Büro und für Unterwegs mitgenommen werden. Und die Fleischbrühe liefert noch gleichzeitig ein zweites hochwertiges Produkt: das gekochte Fleisch, Siedefleisch, wie z.B. Tafelspitz oder

Bürgermeisterstück, das ebenfalls am besten in der eigenen Brühe haltbar ist und aufgeschnitten als ungesalzener Brotbelag benutzt werden kann. Wer sich das Natrium einer Brühwürfelsuppe oder Wurst auf solche Weise erspart, kann evtl. dazu sogar ein Stück handelsüblichen Brotes genießen.

22. Altbairische Klare Wurzelwerkbrühe bzw. Gemüsebrühe, ungesalzen („no salt added") •VEGETARIERGEEIGNET•

Für die traditionelle Gemüsebrühe in Altbayern verwendet man das traditionelle Wurzelwerk oder Suppengrün. Altbairisches Wurzelwerk enthält Knollensellerie, grob in Stücke oder Streifen geschnitten, desgleichen fleischige Blattstiele vom Stauden- oder Stangensellerie, Stücke von der gelben Rübe (Karotte), von der Petersilienwurzel, vom Lauch (Porree) und von der Liebstöckelwurzel bzw. Liebstöckl, volkstümlich auch Maggikraut genannt. Grüne Blätter vom Liebstöckl dürfen erst kurz vor dem Servieren fein gewiegt zugegeben werden. Italianisierend kann auch **Fenchelknolle**, auf keinen Fall jedoch Fenchelsamen, zugegeben werden. Nichts zu suchen haben im ***altbayrischen Wurzelwerk*** Knoblauch, Zwiebeln, Borretsch, Rosmarin, Thymian, Lorbeer, Paprika oder gar Tomaten!

Zubereitung für die schnelle DASH-Küche nur mit klein geschnittenem Wurzelwerk: Klein geschnittenes Wurzelwerk bzw. Suppengrün, auch als tiefgefrorene oder getrocknete Ware, in einem Suppentopf mit etwas Öl oder Fett wenige Minuten anrösten, dann mit abgekochtem Wasser, am praktischsten aus dem bereit gestellten Wasserkocher, aufgießen und leise eine halbe Stunde bis eine Stunde köcheln lassen. Dann abseihen, nach Wunsch abschmecken mit Zugabe von feinst gemahlenem Muskat. Variante: Zur Anreicherung mit kollagenem Eiweiß und L-Arginin kann handelsübliche Speisegelatine als Pulver teelöffelweise in die Gemüsebrühe eingerührt werden, z.B. die in unserer Versuchsküche verwendete Pulvergelatine GELITA 220 Bloom. Die jeweilige Gebrauchsanweisung des Herstellers ist zu beachten. Zur Anreicherung mit den Haferflockenproteinen und dem Beta-Glukan Einrühren von löslichen Haferkleieflocken (z.B. von Kölln).

23. Kärntner Gemüsefond, ungesalzen, „no salt added" nach Küchenchef Didi Kogleck, Gurktaler Hof •VEGETARIERGEEIGNET•

Drei Liter ungesalzenes Wasser aufkochen. Gewaschene und reichlich gut geputzte Gemüseabschnitte und geschälte Teile, wie z.B. Zwiebel, Knoblauch, Karotten, Lauch (Porree), Petersilienwurzel, Sellerie, gelbe Rüben ins kochende Wasser geben, die Hitze reduzieren, 45 Minuten leicht köcheln lassen. Mit 5 Pfefferkörnern, 1 Lorbeerblatt, 3 Wacholderbeeren, einer Prise Muskatnuß und 2 Gewürznelken würzen. Noch weitere 30 Minuten köcheln lassen, danach abseihen und auskühlen. Ausgekühlten Gemüsefond in Gläser einfüllen und in den Kühlschrank stellen. Im Nullgrad-Kühlschrank bis zu einer Woche haltbar.

24. Knochenbrühe ohne Fleisch mit dem natürlichen Gelatinegehalt (Sulze, Aspik). Grundrezept

Als einfache und preiswerte, ernährungsphysiologisch jedoch hochwertige Suppenknochen ohne Fleisch eignen sich wegen ihres hohen Gehaltes an Speisegelatine bzw. den in dieser enthaltenen Aminosäuren, auch den für den Menschen als Bausteinen des Lebens essentiellen Aminosäuren, Knochen vom Rind, vom Kalb und vom Schwein, auch Markknochen. Die Suppenknochen sollten vom Metzger fachgerecht zerkleinert worden sein.

Man benötigt etwa ein Pfund (500g) vom Metzger fachgerecht zerkleinerte Rinderknochen, Markknochen (machen die Brühe fett!), Kalbsknochen oder Schweinsknochen. Diese Suppenknochen gibt man in einen großen Topf mit ca. 2 Liter kaltem ungesalzenem Wasser, gibt zerkleinertes Wurzelwerk bzw. Suppengrün (Petersilienwurzel, Sellerieknolle, Selleriestengel, Selleriegrün, Gelbe Rübe bzw. Karotte, Lauch bzw. Porree, Liebstöckelwurzel, evtl. Fenchelknolle) hinzu, nach Belieben auch 1 halbierte weiße ungeschälte Zwiebel, halbierte Schalotten oder eine Knoblauchzehe, evtl. auch einige Wacholderbeeren, evtl. 1 Lorbeerblatt. Dann erhitzen, bis es sprudelnd kocht, dann die Hitze herunterschalten und köcheln bzw. sieden, also nicht mehr kochen, damit die Gelatine der Knochen nicht ihre Gelierfähigkeit verliert. Kochzeit 2 bis 2,5 Stunden. Während der Kochzeit mehrmals den sich an der Oberfläche absetzenden *Schaum*, der als *unedel* gilt und oft wenig angenehm riecht, mit einem flachen *Schaumlöffel (Lochkelle)* abnehmen und verwerfen. Dann abkühlen lassen und abseihen, evtl. durch ein feines Passiersieb passieren. Brühe im Kühlschrank gut kühlen und evtl. das harte Fett an der Oberfläche abheben und verwerfen, wenn sich nicht ein nicht übergewichtiges oder gar magersüchtiges Familienmitglied mit Vorliebe für Schmalzbrote findet. Die übrige Brühe wird im Kühlschrank wegen ihres Gelatinegehaltes mit dem sog. Bloom-Faktor zu einer schwabbeligen fettfreien, eiweißreichen **Sulze**, die auch als **Aspik** bezeichnet wird, auch kalt einen vorzüglichen Wohlgeschmack aufweist und wegen ihres Gehaltes an lebensnotwendigen essentiellen Aminosäuren von großem ernährungsphysiologischem Wert ist. Die erstarrte Gelatine, die evtl. sogar schnittfest ist, kann auch kalt verzehrt werden. Beim vorsichtigen Erwärmen der erstarrten Knochenbrühe hat man jederzeit wieder eine heiße Brühe als Trinksuppe oder zur Weiterverarbeitung als Suppe mit Suppeneinlagen, wie z.B. Suppennudeln oder Pellkartoffeln, zur Verfügung. Hygienisch in Edelstahltopf mit Deckel im Nullgrad-Kühlschrank gut haltbar!

25. Bayerische Fleischbrühe mit oder ohne Suppenknochen sowie gekochtes Suppenfleisch (Siedefleisch)

Eine wohlschmeckende und gehaltvolle Fleischbrühe (Bouillon) kann aus höchst verschiedenen Fleischteilen und Knochen zubereitet werden, auch hinsichtlich des Preises, der zu zahlen ist. Vor der Zubereitung und eigentlich schon beim Einkauf sollten folgende Fragen geklärt worden sein: Erstens, wieviel Geld soll ausgegeben werden? Zweitens: Ist das **Hauptziel** eine möglichst geschmacksintensive und gehaltvolle **Fleischbrühe**, so daß das ausgekochte Fleisch dann eigentlich ein Nebenprodukt ist, dann muß das Fleisch vor dem Erhitzen in das kalte Wasser gegeben werden. Ist das **Hauptziel** jedoch ein anderes als das vorgenannte, nämlich ein vortreffliches saftiges **gekochtes Suppenfleisch** (**Siedefleisch)**, z.B. ein Tafelspitz oder Bürgermeisterstück, zu erhalten, so daß die Fleischbrühe das Nebenprodukt ist, dann darf man das Fleisch erst in den Topf geben, wenn das Wasser sprudelnd kocht, damit sich die Poren des Fleisches sofort schließen und das Fleisch nicht trocken und spröde, eben ausgekocht, wird. Ist das Hauptziel eine hervorragende Fleischbrühe, genügt es, preiswerte Fleischknochen zu kaufen, oder preiswerteres Suppenfleisch mit Suppenknochen, evtl. auch Markknochen. Ein besonderes Aroma bringt ein Stück vom Ochsenschwanz. Teurer wird dann hochwertiges Suppenfleisch, wie z.B. flache Schulter oder Rose von der Wade. Am teuersten sind Tafelspitz und Bürgermeisterstück. Reines Muskelfleisch gibt jedoch eine andere Brühe als preiswerteres Fleisch mit Knochen, Knorpeln, Sehnen, Flachsen und anderem Bindegewebe, in welchem die Gelatinebestandteile enthalten sind. Da der menschliche Organismus nicht nur die Aminosäurenzusammensetzung des reinen Muskelfleisches benötigt, sondern auch diejenige von Knorpeln, Sehnen und Bändern, ist **eine Brühe aus Fleisch mit hohem Anteil an Flachsen, Sehnen und Knorpeln für die Gesunderhaltung der eigene Stütz- und Bindegewebe wertvoller als reines Muskelfleisch.**

Zubereitung: Etwa ein halbes bis ein Pfund Rindfleisch („Rind" kann alles sein — Färse, alte Mutterkuh, alte Milchkuh, Jungbulle, ausgedienter Zuchtbulle) oder besser Ochsenfleisch (das Fleisch *älterer Ochsen* gilt als schmackhafter!) mit vorbereitetem Wurzelwerk, evtl. 1 halbierter ungeschälter weißer Zwiebel, halbierte Schalotten, evtl. 1 Lorbeerblatt, je nach Vorhaben und Wunsch (siehe oben!) in ca. 2 Liter kaltes oder kochendes Wasser geben. Werden Fleisch und Zutaten in kaltes Wasser gegeben, bei mäßiger Hitze und leicht geöffnetem aufgesetztem Deckel zum Kochen bringen, dann die Hitze herunterschalten und leise köcheln bzw. sieden lassen, nicht kochen! Garzeit: 1,5 bis 2 Stunden. Nach dem Garen das extra zu verzehrende Fleisch entnehmen, die Brühe abkühlen lassen, dann abseihen, evtl. durch ein Sieb passieren, evtl. von der noch warmen Brühe das oben schwimmende flüssige Fett abschöpfen, oder die Brühe im Kühlschrank erstarren lassen und dann das erstarrte Fett abheben. Die Brühe kann nach dem Abkühlen auch nochmals erhitzt und nach Belieben abgeschmeckt werden. Servieren als leere Brühe, evtl. mit Schnittlauchröllchen, oder mit Suppeneinlage. Als Suppeneinlage eignen sich das Siedefleisch selber, Suppennudeln, gekochter Reis oder Pellkartoffeln.

26. Hühnerbrühe

Für die Zubereitung der Hühnerbrühe gilt entsprechend das Gleiche wie das für die Zubereitung der Fleischbrühe Gesagte: Ist das Hauptziel die Brühe und nicht das Hühnerfleisch, dann soll das vorbereitete ganze Suppenhuhn (auch TK-Ware, mit den Knochen) mit Zutaten in das kalte Wasser gegeben werden. Ist umgekehrt das Hauptziel der Genuß gekochten Hühnerfleisches, dann sollte das Suppenhuhn in den kochenden Sud gegeben werden. Als Zutaten zum Suppenhuhn zählen Suppengrün bzw. Wurzelwerk nach Belieben, aber auch Hühnerherzen und sehr sorgfältig halbierte und gereinigte Hühnermägen, die man extra zum Suppenhuhn sehr günstig einkaufen kann.

Hühnerherzen und Hühnermägen geben eine sehr kräftige fettarme Brühe, die reichlich Aminosäuren, Vitamin B3 (Niacin), L- Arginin und Vitamin B12 enthält. Je nach Qualität und Größe des Suppenhuhnes beträgt die Kochzeit für die Hühnerbrühe 2 - 3 Stunden, die Brühe soll jedoch „leise köcheln“, also nur sieden und nicht wirklich kochen! Die Brühe ist erst dann fertig, wenn sich das Hühnerfleisch von den Knochen leicht lösen läßt. Das Suppenhuhn soll dann aus dem Sud herausgenommen werden, die fertige Brühe soll man dann abkühlen lassen und abseihen, evtl. durch ein Passiersieb passieren. Läßt man die Brühe im Kühlschrank, kann das steif gewordene Fett abgehoben werden. Die Hühnerbrühe kann nach Belieben nachgewürzt werden, nach altbayrischer Lebensart mit reichlich frisch geriebener Muskatnuß. Hühnerbrühe hält sich im Kühlschrank etliche Tage und kann somit zeitsparend voraus gekocht werden, im Henkelmann zum Aufwärmen auch ins Büro mitgenommen werden.

Nüsse und Mohn

Mohn – das stahlblaue Gold des Waldviertels

27. Ajo blanco con uvas, kalte andalusische Mandel-Knoblauchsuppe mit weißen Trauben „Garcilasso de la Vega el Inca", in DASH-Qualität •VEGETARIERGEEIGNET•

Diese **schlichte kalte Suppe für heiße Tage** wird nur aus Olivenöl, Knoblauch, Mandeln oder ersatzweise Haselnüssen, Pistazien (italienischen Mandeln) oder Pinienkernen, evtl. auch Walnüssen, altbackenen Semmeln (Weißbrot), abgekochtem kaltem Wasser und ein paar Weintrauben zubereitet. **Warnhinweis:** Gerade bei kalten Suppen und wenn diese als Rest noch länger im Kühlschrank begrenzt aufbewahrt werden sollen, ist die Verwendung von hygienisch einwandfreiem abgekochtem Wasser erforderlich.

Zubereitung: Am schnellsten geht es, wenn man 100g geschälte Mandeln in ungesalzener Qualität zur Verfügung hat, anderenfalls müssen Sie ungeschälte Mandeln zuerst brühen und dann schälen. Dann 1 bis 3 Zehen vom ungebleichten Knoblauch bester Qualität schälen. 1 Stück altbackenes ungesalzenes Weißbrot oder ungesalzene Semmel, ersatzweise ungesalzenen Zwieback, ungesalzenes Filinchen-Vital®-Knusperbrot oder Matzen kurz in abgekochtem kaltem Wasser einweichen und anschließend gut ausdrücken, am besten in einem Leinensäckchen oder Küchentuch. Man kann auch eine gesalzene Semmel oder gesalzenes Weißbrot durch fünfminütiges Wässern in abgekochtem Wasser teilweise entsalzen und dann mit Hilfe eines Küchentuches ausdrücken. Dann die geschälten Mandeln, die Knoblauchzehen und das gut ausgedrückte eingeweichte Brot mit 1 bis 3 EL feinsten nativen Olivenöles in den Standmixer geben und pürieren, bis eine feine Paste entstanden ist. In diese Paste nach und nach etwa einen halben Liter kalten abgekochten Wassers geben und mixen. Mit fein gemahlenem weißem Pfeffer und Sherryessig nach Belieben würzen und verquirlen. Kalt stellen. Wer keine Zeit zum Kühlen im

Kühlschrank hat und die **Ajoblanco sofort servieren** will, muß schon bei der Zubereitung die Weichen hierfür stellen, indem das Wasser teilweise durch Eiswürfel ersetzt wird und diese zum Pürieren mit in den Mixer gegeben werden.

Zum Servieren in vorgekühlten Tellern oder Löwenkopfterrinen werden halbierte sorgfältig gewaschene Weintrauben in die Suppe gegeben; kernlose Trauben eignen sich hierzu eher. Als zusätzliche Suppeneinlagen eignen sich ungesalzene Croutons, Apfel-, Birnen-, Dattel- oder Feigenstückchen, Streifen von gekochtem Rindfleisch anstelle des in Andalusien üblichen überaus salzigen Serranoschinkens.

28. UNSERE INNOVATION (Grundrezept): Mohnsauce ungesalzen DASH aus geriebenem (gemahlenem) Mohn und Olivenöl, Kokosfett, Butterschmalz oder Butter •VEGETARIERGEEIGNET•

Diese **Mohnsauce** kann zu Milchnudeln, Couscous, Reis, Mehlspatzen, Pellkartoffeln oder Polenta, aber auch zu Gemüse, Geflügel, Fleisch oder Fisch, auch zu süßen Speisen wie Müsli, Reisbrei oder Grießflammeri, gereicht werden. **Zutaten:** 100g handelsüblicher gemahlener Mohn, der im Waldviertel auch geriebener Mohn genannt wird, ca. 2EL-4EL Olivenöl oder ca. 60g Kokosfett, Butterschmalz oder Butter (je nach erwünschter Konsistenz der Sauce nach Zugabe der kochenden Milch), etwas kochende Magermilch.

Mohn selber mahlen: Ungemahlener Mohn ist besser haltbar als handelsüblicher fertig gemahlener (geriebener) Mohn, der schnell ranzig wird und dann bitter schmeckt. Handelsüblich ist auch gedämpfter gemahlener Mohn. Wer keine Mohnmühle zur Verfügung hat, kann den Mohn kurz in heißer Milch aufkochen und durch den Fleischwolf drehen, oder den ungekochten Mohn in einer handbetriebenen oder elektrischen Kaffeemühle oder Getreidemühle, auch im Standmixer mit etwas warmer Milch, mahlen. Das beste Aroma soll der in einem Mörser aus Porzellan oder Holz zerquetschte Mohn haben.

Zubereitung: In einer Pfanne die Butter, das Kokosfett oder das Olivenöl ***mild erhitzen***. Wird Butter verwendet, sollen bei der erhitzten Butter Bläschen hochsteigen und sich ein leichter Schaum bilden, auf keinen Fall darf sich die Butter bräunen. Falls möglich, die Butter im Wasserbad (Simmertopf, Bain-Marie) erhitzen. Dann den gemahlenen bzw. geriebenen oder gequetschten Mohn zugeben und mit einem hölzernen Kochlöffel gut verrühren, **3-5 Minuten** vorsichtig unter Zugabe von etwas kochender Milch erhitzen, bis die Mohnmasse aufquillt, dann vom Feuer nehmen und **nochmals 10 bis 20 Minuten mit aufgesetztem Deckel quellen lassen**. Ist die Sauce zu

dick geworden, mit kochender Milch verdünnen. Ist die Sauce zu dünn geworden, mit feinem Weizenmehl Typ 405 oder Stärkemehl (Maizena, Mondamin) stäuben und binden.
Wahlweise kann diese Mohnsauce auch gesüßt werden, entweder mit feinem Zucker, Honig, Ahorn- oder Agavensirup, ganzen oder besser fein gewiegten ungezuckerten Korinthen (Rosinen oder Sultaninen nur dann, wenn ungezuckerte ungesalzene Ware ohne Zusatz von Speiseöl zur Verfügung ist) oder mit hitzestabilem natriumarmem Süßstoff. Von unserer Versuchsküche entwickelte **Variante**: Es kann auch geriebene Orangenschale oder Zitronenschale als Aroma hinzugegeben werden.

Getreideprodukte

Brot und Backwaren. Mehlspeisen. Industriell hergestellte alternative Lebensmittel auf pflanzlicher Basis: Seitan, Tofu, Sojamilch, Sojasoße,

29. Traditionelles toskanisches ungesalzenes Weißbrot

•VEGETARIERGEEIGNET•

In der Toskana wird seit Jahrhunderten ungesalzenes Weißbrot meisterhaft gebacken und auch als Beilage zu den Hauptgerichten gereicht, damit entweder die Hauptgerichte gesalzen werden dürfen oder der unvermeidbare hohe Salzgehalt mancher Speisen ausgeglichen werden kann! Was wäre ein ‚cinghiale in salmi' ohne ungesalzenes Weißbrot und kaliumreichen, natriumarmen Rotwein! Im übrigen werden in der toskanischen Küche Lebensmittel, die handelsüblich zur Haltbarmachung in Salz eingelegt worden sind, vor der Zubereitung viele Stunden lang oder auch einen ganzen Tag lang gewässert, um das unerwünschte Kochsalz weitgehend aus den salzigen Zutaten zu eliminieren. Da es in Deutschland ungesalzenes Brot nicht zu kaufen gibt, hier das Rezept zum Selberbacken:

Für das **echte toskanische ungesalzene Weißbrot** braucht man zunächst einen **Hefeteig**, der ***sehr gut durchgeschlagen oder geknetet*** worden ist**.** **Zutaten** für den Teig: 1 Pfund kleberreiches **Mehl** (Weizenmehl Typ 405 oder 550), 1 Würfel (ca. 42g) frische **Hefe**, ersatzweise ein Briefchen Trockenhefe, ca. 300ml lauwarmes, abgekochtes **Wasser**. **Salz** wird für die DASH-Diät (= Diät gegen Adipositas, Salzexzeß und Hypertonie) nicht benötigt, jedenfalls nicht fürs Brot, allenfalls zum Streuen bei Glatteis vor der Haustür im Winter! Zuerst stellt man einen **Vorteig** her, der in Altbayern **Teigerl** oder **Dämpferl** genannt wird. Für ein Dämpferl siebt man das Mehl

(500g) in eine dickwandige Schüssel aus Porzellan oder Steingut, drückt mit einem Schöpflöffel eine Grube in der Mitte des Mehles, zerbröselt dann die Bäckerhefe in der Grube, gibt etwas lauwarmes Wasser und etwas Mehl vom Schüsselinhalt hinzu und verrührt die in diese Grube eingebrachten Zutaten (Hefe und Mehl) zu einem dickflüssigen, breiigen Teig, eben dem „Teigerl" oder „Dämpferl". Dann wird die Schüssel mit einem atmungsaktiven Leinentuch (kein Plastiktuch!) zugedeckt, damit Sauerstoff durch das Tuch zu der Hefe gelangen kann und der Prozeß der Hefegärung beginnt somit jetzt. Zur Hefegärung des Teigerl bzw. Dämpferl soll die Schüssel an einem lauwarmen Ort, z.B. neben dem Küchenherd, den es heute eigentlich gar nicht mehr gibt, stehen. Nach 20 bis 30 Minuten, je nach Temperatur und Qualität der Hefe, hat das Dämpferl etwa die doppelte Größe erreicht. Noch besser wird`s, wenn man die Schüssel mit dem Vorteig über Nacht „gehen" läßt. Nach dem „Gehenlassen" (20 - 30 Minuten, wenn's pressiert, oder, wenn's nicht pressiert, über Nacht an einem nicht zu warmem Ort gehen lassen, dann wird der Teig feinblasiger) nimmt man mit einem kleinen Löffel etwas Mehl vom Inhalt der Schüssel und verrührt diese kleine Menge mit dem Dämpferl bzw. dem Vorteig. Dann gibt man das restliche lauwarme Wasser (abgekochtes Wasser, aus hygienischen Gründen niemals nicht-abgekochtes Wasser verwenden!) in die Schüssel, indem man es vorsichtig mit einem hölzernen Kochlöffel einrührt, so daß ein formbarer Teig entsteht, der dann auf einem bemehlten Holzbrett geknetet und geschlagen werden muß. Dann zu einem Brotlaib formen. Den zugedeckten Laib etwa eine Stunde gehen lassen, durchkneten und erneut gehen lassen, bis an der Oberfläche Risse entstehen. Bei gut 200°C im (vorgeheizten) Backrohr ca. 45 Minuten backen und 2 Stunden im Rohr auskühlen lassen. Echtes toskanisches Brot besitzt eine knusprige, jedoch nicht verkohlte Rinde (also ohne krebserregende Verschwelungsprodukte!) und darunter den festen, aber lockeren, blasigen Laib. Da kein Backpulver (=Soda, eine Natriumverbindung, nämlich Natriumhydrogenkarbonat) verwendet worden ist, handelt es sich um ein ungesalzenes Brot mit dem naturbelassenen Natrium- bzw. Salzgehalt des Weizens! Für die salzarme DASH-Diät unterwegs in der Freizeit oder im Beruf, oder am stationären Arbeitsplatz, kann man einen halben Laib mitnehmen, dazu noch kochsalzfreies Trinkwasser, evtl. auch Buttermilch oder entrahmte Milch mit 0,1% Fettgehalt, trinken.

Zum Ersatz von kochsalzfreiem Trinkwasser durch Buttermilch oder Milch ist freilich anzumerken, daß Milch schon von Natur aus doch reichlich Natrium bzw. Kochsalz enthält, und daß Buttermilch einerseits das in der Milch enthaltene Kochsalz enthält, andererseits evtl. sogar noch mehr Kochsalz als die Milch enthalten kann, wenn zum Sauerwerden der Milch kochsalzhaltige Starterkulturen, Labenzyme oder Labersatzfermente eingesetzt wurden.

Statt salziger Wurst und salzigem Käse sollte man in ungesalzenem Wasser gekochtes Suppenfleisch oder Siedefleisch, ungesalzen gebratenes Ochsenfleisch oder Topfen (auch Quark genannt) oder Schichtkäse als Proviant mitnehmen. Dazu ein saurer(!) Apfel, eine Tomate oder Karotte!

30. Semmeln (Brötchen) ungesalzen, oberbayerische Eierweckerl zum Selberbacken •VEGETARIERGEEIGNET•

Für Semmeln und oberbayerische „Eierweckerl" benötigt man einen Hefeteig, der sich vom Rezept für Weißbrot nur dadurch unterscheidet, daß dieser Teig anstatt mit Wasser nun mit Magermilch oder auch Vollmilch hergestellt wird. Man gibt ein Pfund (500g, österr. 50 Deka) Weizenmehl vom Typ 405 in eine Schüssel, am besten mit einem Mehlsieb fein durchgesiebt. Dann drückt man mit einem Löffel eine kleine Mulde in das Mehl, gibt zerbröselte Würfelhefe (42g) mit 2-3 EL zimmerwarmer Milch hinein, verrührt die Hefe und die Milch in der Mulde mit etwas Mehl zu einem dickflüssigen, breiigen Teig, eben dem „Vorteig", „Teigerl" oder „Dämpferl", den man mindestens 20 Minuten, am besten aber über Nacht gehen läßt. Hierzu wird die Schüssel mit einem atmungsaktiven Leinentuch (kein Plastiktuch!) zugedeckt, damit Sauerstoff durch das Tuch zu der Hefe gelangen kann. Zur Hefegärung des Teigerl bzw. Dämpferl soll die Schüssel an einem lauwarmen Ort, z.B. neben dem Küchenherd, stehen. Nach 20 bis 30 Minuten, je nach Temperatur und Qualität der Hefe, hat das Dämpferl etwa die doppelte Größe erreicht. Noch besser wird`s, wenn man die Schüssel mit dem Vorteig über Nacht „gehen" läßt. Nach dem „Gehenlassen" (20 - 30 Minuten, wenn's pressiert, oder, wenn's nicht pressiert, über Nacht an einem nicht zu warmem Ort gehen lassen, dann wird der Teig feinblasiger) nimmt man mit einem kleinen Löffel etwas Mehl vom Inhalt der Schüssel und verrührt diese kleine Menge mit dem Dämpferl bzw. dem Vorteig. Dann gibt man ca. 250 ml (1 Viertel Liter) lauwarme Milch in die Schüssel, indem man diese vorsichtig mit einem hölzernen Kochlöffel einrührt, so daß ein formbarer Teig entsteht, der dann auf einem bemehlten Holzbrett geknetet und geschlagen werden muß, bis er sich gut vom Schüsselrand löst und Blasen wirft. Nun nochmals 30 Minuten bis 1 Stunde gehen lassen, dann nochmals kräftig kneten und in ca. 15 gleich große Stücke von ca. 30 bis 40 g zerschneiden. Die einzelnen Stücke dann zu längsovalen „Milchweckerln", die aussehen wie ein kleiner Brotwecken, formen und in der Mitte gut einschneiden, so daß die Sollbruchstelle für das spätere Halbieren somit vorgeformt ist. Jetzt nochmals 20 Minuten zugedeckt gehen lassen, dann evtl. mit einem Lebensmittelpinsel die Oberfläche der Semmeln mit lauwarmer Milch einpinseln, dann im vorbeheizten Backrohr bei gut 200°C backen, evtl. mit Oberhitze, damit alles knusprig wird. Wer die Semmeln etwas saftiger will, kann zum Ausbacken auch eine kleine Schale mit heißem Wasser auf den Boden des Backrohres stellen, so daß die Semmeln vom Wasserdampf gedämpft werden.

Ungesalzener Zwieback

(selbst gebacken oder handelsüblich) :

Ungesalzener Zwieback eignet sich gut zur DASH-Diät, auch „presto" bei Bluthochdruck. Handelsüblich ist schmackhafter ungesalzener italienischer Zwieback *(z.B. Ecor Zwieback ungesalzen)*, der nach Herstellerangaben in 100g Ware nur 0,2g (= 200mg) Salz enthält, was 80mg Natrium entspricht. Der Eiweißgehalt ist über 14%, der Fettgehalt über 6%. Es ist auch ungesalzener Dinkelzwieback im Handel. Da der Wassergehalt eines Zwiebacks naturgemäß sehr niedrig ist (ca. 8 - 9%), *— zum Vergleich: Brötchen (Semmeln) und Brot enthalten 30 bis 40% Wasser)* — sollte beim Verzehr von Zwieback reichlich kochsalzfreies Wasser dazu getrunken werden.

Wird Zwieback anstelle von Brot für die Zubereitung von Speisen verwendet, z.B. geriebener ungesalzener Zwieback als Ersatz für die so salzhaltigen Semmelbrösel oder als Ersatz für Semmeln bei der Herstellung von Semmelfülle und Semmelknödeln, muß der geringere Wassergehalt durch Zugabe von entsprechend mehr Wasser ausgeglichen werden.

31. Kärntner Dinkelbrot ungesalzen nach Küchenchef Didi Kogleck, Gurktaler Hof •VEGETARIERGEEIGNET•

Zutaten: 500g Dinkelmehl (Zusammensetzung pro 100g Vollkornmehl: Protein ca. 13g, L-Arginin ca. 700mg); 1 Pckg Trockenhefe oder Frischhefe; 1 TL Honig; 200ml abgekochtes Wasser lauwarm; 100ml pasteurisierte Milch lauwarm; Kümmel, ganze Früchte, beste, nicht extrahierte Qualität; Koriander, getrocknet; Für die Kastenform: Olivenöl Alle Zutaten zu einem Teig verarbeiten und ca. 1 Stunde zugedeckt gehen lassen. Danach den Teig nochmals durchkneten und in die gefettete Form geben. Zudecken und nochmals ca. 30 Min. gehen lassen. Den Teig mit abgekochtem Wasser bestreichen und bei 180°C etwa 45 Min. backen. Aus der Form nehmen und mit abgekochtem Wasser bepinseln.

Nudelgerichte (Pasta, Teigwaren) in DASH-Qualität

Eifreie Pasta (cholesterinfrei)

32. Spaghetti in ungesalzener Qualität, gekocht in ungesalzenem Wasser, 9-11 Minuten (Grundrezept)

•VEGETARIERGEEIGNET•

Die echte italienische Spaghettinudel wird ebenso wie andere Teigwaren aus reinem Hartweizengrieß *(Semola di grano duro)* und ungesalzenem Wasser hergestellt. **Salz wird dem Nudelteig nicht zugesetzt. Namhafte Hersteller, wie z.B. Rustichella d'Abruzzo, geben als „ingredienti" (= Zutaten) an: „Semola di grano duro, acqua).** Die Nudel aus Hartweizengrieß enthält somit Kochsalz nur insofern, als der verwendete Weizen einen natürlichen Salzgehalt hat (Näheres siehe hierzu im 1. Hauptteil unter Abschnitt „Weizen"). Es gibt jedoch zahlreiche Spaghettisorten, denen bei der Herstellung im Teig bereits Kochsalz oder andere Zutaten, wie z.B. salzhaltige Tintenfischtinte, Gemüsesaftkonzentrate oder Ei zugesetzt worden sind. Schließlich werden sowohl im privaten Haushalt als auch in der Gastronomie Spaghetti oft in stark salzhaltigen Kochwasser zubereitet. Nach dem Kochen „al dente" werden dann die ohnehin schon salzverseuchten Spaghetti dann noch mit sehr salzhaltigen Pastasoßen (Pesto u.a.) serviert, meist aus industrieller Produktion, „aus dem Gläschen". So kann es sein, daß eine ordentliche Portion eines Spaghettigerichtes mehrere Gramm (= mehrere Tausend Milligramm!) Kochsalz, also das Mehrfache des natürlichen täglichen Kochsalzbedarfes, enthält!

Zu Unrecht wird im privaten Haushalt oft angenommen, daß Spaghetti und andere Teigwaren, ebenso Knödel (Klöße), Nockerl oder Reis, aus küchentechnischen Gründen nicht in ungesalzenem Wasser und nur in gesalzenem Wasser gekocht werden dürften, weil die Nudeln bzw. das Kochgut sonst „abkochen" würden oder „platzen". Diese weit verbreitete Annahme ist völlig unzutreffend. „Abkochen" passiert, wenn das Kochwasser nicht konstant kochend heiß ist. **Kochen heißt 100 Grad Celsius!** Ein Kilogramm Nudeln sollte in mindestens der zehnfachen Gewichtsmenge Wasser, also in 10 Liter Wasser, ohne Salzzugabe zubereitet werden. Handelsübliche Teigwaren enthalten etwa 10% bis 11% Wasser, gekochte und abgetropfte Nudeln etwa 70 bis 80% Wasser. Falls nur salzhaltige Pasta zur Verfügung steht, kann beim Kochen in kochsalzfreiem Wasser ein Teil des Salzes aus der Nudel ausgekocht werden.

Grundrezept Spaghetti: Pro Person als Hauptgericht etwa 100g ungesalzene Spaghetti oder andere Teigwaren (Pasta) verwenden. In einem ausreichend großen Topf etwa die zehnfache Gewichtsmenge kochsalz- und natriumfreien Wassers (also weder Natriumchlorid noch andere Natriumverbindungen, wie Natriumnitrit, Natriumbikarbonat usw. enthaltend) zum Kochen bringen und die Nudeln in das sprudelnd-kochende Wasser geben. Die Kochzeit ist für die betreffende Nudel „al dente" auf der Packung angegeben, z.B. Spaghetti 9 - 11 minuti! Nach beendeter Kochzeit mit einem großen Sieb (aus Metall, nicht aus Plastik) das Kochwasser abgießen, die Pasta gut abtropfen lassen und in einer Schüssel auf die Warmhalteplatte stellen oder sofort, wie vorgesehen, weiterverwenden.

In Gaststätten und Restaurants wird dem Kochwasser üblicherweise sehr viel Kochsalz zugesetzt, lt. **Kochlehrbüchern für die Gastronomie 125 (einhundertundfünfundzwanzig!) Gramm Kochsalz und mehr für 1kg Pasta in 10 Liter Wasser! Warnhinweis zur** sogenannten ***„hausgemachten Pasta"*** - einem vertrauensseligen Begriff - von sog. Profiköchen. Hochdekorierte Profiköche geben bei der hausgemachten Pasta zu 500g Mehl 20 bis 30g Kochsalz hinzu, was bedeutet, daß in 100g Pasta auf dem Teller des Gastes erstens das Salz des Nudelteiges und zweitens das Salz des Kochwassers enthalten ist, so daß eine servierte Nudelportion ohne Soße und Zutaten auf dem Teller in 100g etwa 4 bis 6g Kochsalz und mehr enthält! Hinzu käme noch der Salzgehalt der jeweiligen Pastasoße und sonstiger Zutaten, wie z.B. in Salzlake eingelegter Oliven, Kapern, Anchovis, und Parmesankäse.

Aus ärztlicher Sicht kann eine solche Mixtur nur als vergiftet bezeichnet werden, in Altbayern könnte man hierzu allenfalls frotzeln: *„A Guada hoid's aus, und um an Schlecht'n is' ned' schod'" (zu hochdt.: „ein Guter hält dies aus, und um einen Schlechten ist es nicht schade").*

33. Spaghetti mit traditionell hergestelltem nativem Olivenöl, ggf. auch „non filtrato“ (unfiltriert), „no salt added“, al dente, ohne Gewürze serviert •VEGETARIERGEEIGNET•

Zubereitung: Spaghetti wie im obigen Rezept zubereiten, abtropfen lassen und sofort auf den gut vorgewärmten Teller geben, das gewünschte edle Olivenöl aus einer Tropfflasche in gewünschter Menge auf die Spaghetti träufeln und diese vorsichtig wenden. Sofort servieren. Dazu 1:10 mit Wasser gespritzter herber Wein.

Dieses Rezept ist nur für alle, die den Geschmack frischer Spaghetti bester Qualität (in der Bengelmann Versuchsküche verwenden wir hierfür nur die Spaghetti in der braunen Kartonpackung von „Rustichella d'Abruzzo“) so sehr lieben, daß sie gar keine Gewürze dazu möchten und mit diesen köstlichen **„Spaghetti espressi“**, frisch aus dem Kochtopf und gut abgetropft, nur ihr allerfeinstes natives Olivenöl aus traditioneller Herstellung (handgepflückt, von Mühlsteinen zerkleinert, Auspressen der Fruchtmasse nur mechanisch oder, noch besser, ohne Pressung gewonnenes sog. Tropföl, unfiltriert — „non filtrato“) degustieren wollen.

Wer nach und nach die köstlichsten Sorten edler Olivenöle ausprobieren will, sollte das Buch von Rotraud Degner, Olivenöl, Ein Guide für Feinschmecker, Wilhelm Heyne Verlag, ISBN 3-453-08706-2) beim Einkauf mit sich führen.

34. Spaghetti „no salt added“, mit traditionell hergestelltem nativem Olivenöl und Kräutern, •VEGETARIERGEEIGNET•

Spaghetti wie oben beschrieben zubereiten, auf den gut vorgewärmten dickwandigen Teller, der die Wärme gut speichert, geben, das Öl dazu träufeln, die gewünschten fein gewiegten Kräuter (Petersilie, Steinpetersilie, Kerbel, Korianderblätter, Selleriegrün usw.) dazu geben.

35. Spaghetti mit Öl und Knoblauch •VEGETARIERGEEIGNET•

Zuerst in einer Pfanne die gewünschte Menge Öl geben, vorsichtig erhitzen und dann fein gewiegte Knoblauchzehen oder auch gröber in Scheibchen geschnittene Knoblauchzehen in das Öl geben und vorsichtig erhitzen, bis der Knoblauch glasig wird und die Knoblauchstückchen am Rand eine leichte Bräunung sehen lassen und der typische Duft gerösteter Knoblauchzwiebeln signalisiert, daß jetzt schnellstens gelöscht werden muß. Löschen wahlweise mit heißem abgekochtem Wasser oder mit Weißwein. Dann die wie im obigen Rezept beschrieben zubereiteten Spaghetti dampfend heiß auf einen vorgewärmten Teller geben, dann den Inhalt der Pfanne mit Öl und gerösteten Knoblauchstückchen auf die Spaghetti geben. Man kann auch umgekehrt vorgehen und die Spaghetti in die Pfanne mit dem Öl und dem gerösteten Knoblauch geben und in der Pfanne servieren.

36. Spaghetti con aglio, olio e peperoncino, „no salt added"•VEGETARIERGEEIGNET•

Zubereitung wie oben im Rezept für Spaghetti mit Öl und Knoblauch, nur werden mit dem Knoblauch in der Pfanne gleichzeitig noch fein geschrotete oder im Mörser zerstoßene, oder auch fein gemahlene, Peperoncini sowie fein gewiegte Petersilienblätter mitgeröstet.

37. Süditalienische Spaghetti „alla puttanesca" – „nach Art der Huren", „no salt added", mit durch Wässern entsalzten Kapern, Anchovis und schwarzen Olivenstückchen (BENGELMANN INNOVATION)

Für diese leckeren **„Hurenspaghetti"** wurden in der Bengelmann Versuchsküche die Entsalzungsmaßnahmen durch Wässern ausprobiert. Freilich, ganz ungesalzen werden die handelsüblich in Salzlake oder gesalzenem Öl und Essig eingelegten Kapern, Anchovis und schwarzen Oliven nie mehr, aber man kann doch den Salzgehalt erheblich minimieren.

Vorbereitung, am besten einen Tag vorher: **Oliven, Kapern und Anchovis müssen durch mehrstündiges Wässern, am besten im fließendem Wasser, entsalzen werden.** Die schwarzen (oder auch, als *untraditionelle* Variante, grünen) Oliven entsteinen oder besser entsteinte Ware kaufen *(in Essig und Öl eingelegte Oliven enthalten weniger Salz!)*, zuerst grob im Sieb mit kräftigem Wasserstrahl abbrausen, dann in kleine Scheibchen zerschneiden und unter fließendem eiskaltem Wasser wässern, evtl. auch in einer Wasserschüssel im Kühlschrank einen Tag lang wässern und das Wasser mehrmals wechseln. Desgleichen auch bei Anchovis und Kapern verfahren.

Zubereitung: Die Spaghettisoße mit den gewässerten und entsalzenen Zutaten muß unbedingt vor den „al dente" zubereiteten Spaghetti espressi fertig sein, damit die Spaghetti espressi auch wirklich als „espressi" serviert werden können! Eine halbe kleine

Zwiebel oder Schalotte fein wiegen, 2 - 3 Zehen (— oder auch mehr, nach Gusto —) ungebleichten Knoblauches in feine Scheibchen schneiden, eine kleine frische Peperoncinoschote in Scheibchen schneiden und die Kerne wegwerfen, oder auch stattdessen handelsübliche feine getrocknete Peperoncini oder gemahlene Peperoncini verwenden. Dies alles in einer Pfanne mit 2 - 3 EL nativen Olivenöles vorsichtig erhitzen, bis die Zwiebeln glasig sind und allenfalls am Rande leichte Bräunung aufweisen. Dann sofort mit etwas kochendem Wasser oder mit etwas Weißwein löschen, dann 2 bis 3 nach obiger Vorschrift gewässerte und entsalzene Anchovis (oder auch mehr, nach Gusto), einige oder mehrere nach gleicher Vorschrift gewässerte Kapern und Olivenscheibchen sowie nach Gusto fein gewiegten oder gerebelten Oregano (wilden Majoran) und eine Espressotasse (oder auch mehr) ungesalzener Tomatenpassata oder die entsprechende Menge stückiger geschälter Tomaten aus der Dose hinzugeben, umrühren, ggf. heißes Wasser und Weißwein nachgießen, bei verringerter Hitze einige Minuten leise köcheln lassen, nicht kochen. Fertig ist die Soße! Probieren, evtl. nach Gusto nachwürzen mit handelsüblichem feinst gemahlenem Knoblauchpulver, Oregano, Majoran und Cayennepfeffer. **Man kann diese von unserer Versuchsküche erstmalig entwickelte ungesalzene Puttanesca-Soße auch im Voraus für den nächsten Tag zubereiten und gut gekühlt aufbewahren oder in Portionswürfeln tiefgekühlt konservieren!** Die Spaghetti espressi, nach obigem Rezept zubereitet, sollten frühestens jetzt, nach Fertigstellung der Puttanescasoße, fertig sein. Sie können entweder in der Pfanne mit der Puttanesca-Soße gewälzt werden, oder die Puttanesca-Soße kann auf die heißen Spaghetti auf dem vorgewärmten Teller gegeben werden. Selbstverständlich können auch im Kühlschrank aufbewahrte Spaghetti oder andere Nudeln vom Vortag in dieser Puttanescasoße erhitzt werden. Spaghetti vom Vortag sind freilich nicht mehr „espressi“ und „al dente“, aber sie werden am nächsten Tag ganz besonders lecker, wenn man sie zuerst in etwas Olivenöl in der Pfanne knusprig anröstet und dann erst in der Puttanescasoße wälzt. Und selbstverständlich **kann diese Puttanescasoße auch zu ungesalzenem Weißbrot als Bruschetta, zu Polenta, Reis oder**

Couscous, aber auch zu Gemüsen, Fleisch oder Fisch, gereicht werden.

38. Spaghetti „no salt added", „al dente", mit ungesalzener Tomatenpassata oder Stückchen von vollreif geernteten frischen Tomaten, auch ohne Öl •VEGETARIERGEEIGNET•

Spaghetti wie oben beschrieben zubereiten, auf einen vorgewärmten Teller geben und mit heißer Tomatenpassata oder stückigen ungesalzenen Tomaten oder geschälten Tomaten (Pomodori pelati „La Selva") übergießen. Fertig. Ohne scharfe Gewürze! Nach Belieben fein gewiegte Petersilie oder Basilikumblätter dazugeben und / oder, falls gewünscht, einige Tropfen eines edlen Olivenöles.

39. Röhrennudeln (Penne, Rigatoni) oder Spaghetti all'arrabiata „no salt added", al dente, auch ohne Öl •VEGETARIERGEEIGNET•

Zubereitung wie im obigen Rezept, jedoch werden beim Erhitzen der Tomatenpassata, der stückigen Tomaten oder der geschälten Tomaten gerebelte Pfefferschoten entweder mit Kernen (sehr scharf!) oder nach Entfernen der Kerne, ersatzweise auch etwas fein gemahlener Cayennepfeffer, sowie Knoblauchpulver und einige fein gewiegte Basilikumblätter mitgekocht. Öl wird hierzu nicht unbedingt benötigt!

40. Spaghetti mit Tomatenstückchen, Tomatenpassata und Currygewürzmischung ohne Salzzusatz •VEGETARIERGEEIGNET•

Zubereitung wie im obigen Rezept, jedoch wird beim Erhitzen der Tomatensauce eine salzfreie Currymischung hinzugegeben.

41. Spaghetti mit Ragù alla bolognese (Haschée nach Bologneser Art) „no salt added" (BENGELMANN INNOVATION)

Zubereitung der Spaghetti wie bereits beschrieben, anstelle von kärglicher und entsagungsvoller fleischloser Tomatensauce gibt es jedoch ein **kräftiges und gehaltvolles Ragù alla bolognese (Haschée bzw. Fleischsauce nach Bologneser Art)** als **Spaghettisauce** dazu, welches nach dem von der Bengelmann Versuchsküche entwickelten **Rezept** ohne Kochsalzzusatz, jedoch mit dem natürlichen Kochsalzgehalt des geschmorten Rinderhacks zubereitet wird. *Ein deftiges und vornehmes Gericht zugleich, nach Art der genußfreudigen Renaissance*, auch wenn in der Renaissance zum Ragù alla bolognese keine Spaghetti, sondern allenfalls Tagliatelle serviert worden sind. Zu allen Gerichten mit Ragù alla bolognese paßt ein schwerer italienischer Rotwein, evtl. auch mit kochsalzfreiem kühlem Trinkwasser verdünnt. Ein solches Essen sollte mit einem Aperitif, z.B. einem trockenem Marsala, ersatzweise Sherry, oder auch Prosecco, eröffnet werden.

42. Tagliatelle (Bandnudeln), schmale *(Linguine, „flache Spaghetti")* oder breite *(Pappardelle)* Bandnudeln mit in Olivenöl oder Butter gerösteten ungesalzenen Semmelbröseln, Haferflocken, Mandeln, Pinienkernen oder geröstetem grobem Hartweizengrieß, mit heißem Birnenkompott •BENGELMANN INNOVATION•VEGETARIERGEEIGNET•

Die Tagliatelle sind vermutlich in der norditalienischen Hochrenaissance am Ende des 15. Jahrhunderts erfunden worden.

Die ungesalzenen Semmelbrösel, ersatzweise ungesalzener geriebener Zwieback, Haferflocken oder Hartweizengrieß, auch fein geschnittene Mandeln, Pinienkerne oder Haselnüsse, werden in einer Pfanne mit Olivenöl oder Butter sehr vorsichtig geröstet, bis die Semmelbrösel, Zwiebackbrösel, Haferflocken, Mandeln, Haselnüsse oder der Grieß leicht gebräunt sind. Die Bandnudeln wie beim Grundrezept für Spaghetti beschrieben in ungesalzenem Wasser al dente kochen, mit einer Schöpfkelle (Lochlöffel, auch Schaumlöffel) aus dem Kochtopf entnehmen oder das Kochwasser in ein Sieb abgießen, die Pasta gut abtropfen lassen, dann in der Pfanne mit den vorbereiteten ungesalzenen in Olivenöl oder Butter gerösteten Semmelbröseln, Nüssen, Haferflocken oder Hartweizengrieß vermengen. Dazu wird gerne heißes Birnenkompott gereicht. Variante: mit Mohnsauce serviert.

Zubereitung des Birnenkompottes: Am schnellsten geht es, wenn handelsübliches Birnenkompott erhitzt wird. Nachwürzen mit etwas Nelke und Zimt möglich. Will man das Kompott aus frischen Birnen zubereiten, etwa ein halbes Pfund Birnen (250g) heiß überbrühen und waschen, schälen, vierteln und vom Kerngehäuse befreien, dann in kleinere Stücke schneiden. Dann und eine Packung Vanillezucker oder eine ausgequetschte Vanillestange, Zucker oder hitzestabilen Süßstoff, eine Stange Zimtrinde, 2 -3 Nelken und etwas Zitronensaft in etwa 200 ml Wasser geben, zum Kochen bringen, dann die Birnenstückchen in das kochende Wasser geben, je nach Sorte und Reifegrad der Birnen etwa 5 - 10 Minuten köcheln. Fertig.

43. Schnelle Milchnudeln (Hörnchen, Spirelli, Fusilli, Spiralnudeln) in entrahmter Milch mit Vanille, Zimt, Süßstoff oder Zucker oder frischen Beeren und Fruchtstückchen (BENGELMANN INNOVATION) •VEGETARIERGEEIGNET•

Am schnellsten geht es, wenn man zwei Töpfe zur Verfügung hat. Mit Topf 1 geht es los: Etwa 200g Nudeln in das sprudelnd kochende, ungesalzene Wasser geben und nicht zu weich, also knapp „al dente" kochen. Die vom Hersteller auf der Packung angegebene Kochzeit etwas verkürzen, sie sollen nicht zu weich gekocht werden, weil ja die gegarten Nudeln im zweiten Topf dann noch in heißer Milch geköchelt werden sollen, ohne matschig zu werden. 4 bis 5 Minuten reichen je nach Dicke der Hörnchennudeln meist völlig aus. Während die Nudeln im Topf 1 kochen, erhitzt man im Topf 2 etwa 1 Achtel bis 1 Viertel Liter Magermilch (wer's darf, kann auch Vollmilch nehmen, Untergewichtige dürfen noch einen Schuß Sahne hinzugeben) vorsichtig, ohne daß die Milch richtig zum Kochen kommt, damit die Milch am Topfboden nicht anbrennt. Wenn die Nudeln im Topf 1 knapp „al dente" sind, das Kochwasser abgießen bzw. die Nudeln in ein großes Sieb abgießen, dann die Nudeln kurz abtropfen lassen und heiß in den Topf 2 mit der heißen, aber nicht sprudelnd kochenden Milch geben. Jetzt noch keinen Süßstoff, Zucker oder dergleichen in die Milchnudeln im Topf 2 geben, weil Süßstoff und Zucker nur anbrennen würden. Die Nudeln im Topf 2 noch einige Minuten bei mittlerer Temperatur köcheln lassen, bis die Nudeln einen Teil der heißen Milch aufgesaugt haben. Jetzt den Topf 2 von der Feuerstelle nehmen, rasch das ausgequetschte Mark einer schwarzen Vanillestange oder 1 Packungsinhalt Vanillezucker dazugeben, sowie wahlweise hitzestabilen Süßstoff, Zucker oder Honig. Nach Belieben fein gemahlenen Zimt besterreichbarer Qualität (von stärkstem Aroma ist der brasilianische Zimt) oder, falls erlaubt, vorbereitete Zimtzuckermischung mit grobem Kristallzucker, braunem Zucker oder

Karamellzucker hinzugeben. Deckel auf den Topf setzen und warmgestellt noch ein wenig ziehen lassen. Fertig! Dazu paßt ungezuckertes kaltes Apfelmark, heißes Apfelkompott mit Nelken gewürzt, heißes **Birnenkompott** oder **Pflaumenkompott**, auch **Mohnsauce**.

Couscous

Couscous ist einerseits die Bezeichnung für eine zubereitete Speise, ein Eintopfgericht, aus einem Getreidegrieß, meistens Weizengrieß, Fleisch oder Fisch sowie Gemüsen und anderen Zutaten, andererseits die Bezeichnung für den sättigenden Hauptteil der Speisezubereitung, nämlich *den im Wasserdampf gedämpften und mit Mehl und Speiseöl, evtl. auch unter Verwendung von Salzwasser, von Hand gerollten **Getreidegrieß***. Couscous wird traditionell an der nordafrikanischen Küste, im Maghreb, sowie in Südfrankreich, gegessen. Couscous in letzterem Sinne ist eine eiweißreiche, leicht verdauliche und bekömmliche, appetitlich aussehende, weiß-gelbliche Getreidezubereitung aus rieselfähigem **Grieß**, wobei meistens der beliebte **Hartweizengrieß** gemeint ist, gelegentlich auch **Gerstengrieß**, **Maisgrieß** oder **Hirsegrieß**. Grieß ist eine Bezeichnung für durch Ausmahlung von den Schalen und Keimlingen befreite Getreideteilchen, die fast nur noch aus dem sogenannten Endosperm bestehen, also aus dem Nährgewebe, von welchem der Keimling umhüllt ist. Der aus ungeschältem Getreide hergestellte „Vollkorncouscous" ist kein traditionell hergestellter Couscous, weist nicht die traditionellen Geschmacksqualitäten auf und ist von unansehnlicher brauner Farbe. Die Grießkörner sind viel größer als die Mehlteilchen, sie haben einen Durchmesser von 0,2 bis 1,0mm, jedoch viel kleiner als die Graupen, aus welchen die grob gemahlene Grütze hergestellt wird.

Bulgur: Ähnlich dem Couscous oder auch dem Reis wird im Vorderen Orient der körnige **Bulgur** verwendet, von welchem es verschiedene Varianten gibt (z.B. traditionell, im Haushalt hergestellter Bulgur; industriell hergestellter Bulgur; türkischer traditioneller Gendime aus Vulgare-Weizen; laugengeschälter und gebleichter Bulgurweizen bzw. Wurld-Weizen. Bulgur wird anders hergestellt als der Couscous, nämlich aus Grütze. Industriell hergestellter Bulgur ist zunächst von unerwünschter dunkler Farbe, welche durch Vorbehandlung mit Natronlauge („Wurld-Weizen") und anschließender Bleichung mit Säure beseitigt wird, so daß ein Aussehen ähnlich dem Couscous oder dem Reis erzeugt wird.

Warenkunde: Handelsüblich ist heute **industriell hergestellter, vorgegarter („parboiled") Couscous aus Hartweizengrieß**. Beim Einkauf ist darauf zu achten, daß der Kochsalzgehalt und der Fettgehalt niedrig sind. Die Überprüfung der Inhaltsstoffe von handelsüblichem Instant-Couscous, der nur noch mit kochendem Wasser überbrüht werden muß und sofort verzehrfertig ist, hat ergeben: Viele Hersteller scheuen sich überhaupt, die Zusätze und Inhaltsstoffe anzugeben. Einige geben nur den Eiweißgehalt (etwa 4% - 11%), den Gehalt an Kohlenhydraten ca. 32% bis 70%), an Fetten (stark schwankend von 2% bis über 9% Fett!) und an Energie (ca. 350 kcal pro 100g) an, verschweigen aber schamhaft den Kochsalz- bzw. Natriumgehalt sowie auch den Magnesium- und Kaliumgehalt. Es fanden sich Couscous-Sorten mit nach Herstellerangaben fast 200mg Natrium in 100g Ware, was einem Kochsalzgehalt von 500mg, also einem halben Gramm in 100g Ware entspricht! Der Kaliumgehalt solcher Couscouszubereitungen war sehr niedrig, vermutlich deshalb, weil bei dem industriellen Herstellungsverfahren das im nativen Grieß enthaltene Kalium durch Auskochen verlorengegangen ist. Derartige Couscouszubereitungen sind selbstverständlich für die DASH-Diät völlig ungeeignet.

Warenkunde: In der Bengelmann-Versuchsküche erwiesen sich nachfolgend genannte handelsübliche industriell hergestellte Couscous-Spezialitäten aus reinem Hartweizengrieß als sehr schmackhaft und hinsichtlich des Natrium- bzw. Kochsalzgehaltes als für die DASH-Diät vorzüglich geeignet: 1) **festa®-Couscous al naturale**, italienischer Hersteller G.D.P.Group Srl in Villafranca, VR. 2) **„Double Elephant" Müllers Mühle CousCous**, aus reinem Hartweizengrieß, Hersteller Müller's Mühle GmbH, 45801 Gelsenkirchen, Garzeit 5 Minuten, enthält nach Herstellerangaben in 100g: 351 kcal, Fett 1,5g, Kohlenhydrate 70g, Ballaststoffe 3,5g, Salz ‹0,01 g, also weniger als 10 mg Kochsalz. 3) **Küper Gourmet Couscous hochwertiger Hartweizengrieß**, Garzeit 5 Minuten, Hersteller: Horst Küper GmbH, 46145 Oberhausen. Zutaten nach Herstellerangaben: Hartweizengrieß.

44. „festa®-Couscous" vorgegarte Fertigmischung, aus purem Weizengrieß, natriumarm, abgeänderte Zubereitungsweise in DASH-Qualität. •VEGETARIERGEEIGNET•

Der „festa®-Couscous al naturale" des italienischen Herstellers G.D.P.Group Srl in Villafranca, VR: Es handelt sich um eine sehr natrium- und kochsalzarme Couscous-Fertigmischung, vorgekocht; nach Herstellerangaben auch für **Vegetarier** geeignet, zu 2 x 250g in Beuteln abgepackt, für 4 Personen. Nach Herstellerangaben auf der Packung des festa®-Couscous ist der **Brennwert** dieser **vorgekochten Couscous-Fertigmischung** nur **349kcal** in 100g Trockenmischung, der **Eiweißgehalt 12%,** der Gehalt an Kohlenhydraten 67,9g in 100g, an Fett 2g in 100g, an Ballaststoffen 5g und an **Natrium 0,0025g**, also

2,5mg in 100g Ware, was einem Kochsalzgehalt von etwa 6,25mg Kochsalz entspricht — dem natürlichen Kochsalzgehalt des Weizenmehles! Nach Herstellerangaben soll diese kochsalzarme Fertigmischung unter Hinzugabe eines Teelöffels Kochsalz pro Beutel Couscous zubereitet werden. Für die DASH-Diät haben wir in unserer Versuchsküche nicht nur das vom Hersteller empfohlene Kochsalz weggelassen, sondern auch die vom Hersteller empfohlenen zwei Eßlöffel Olivenöl pro Beutel, jedenfalls für die DASH-Diät bei Übergewicht. Für die DASH-Diät bei Bluthochdruck ohne Übergewicht kann das Olivenöl freilich hinzugegeben werden, am besten natives unfiltriertes Olivenöl aus traditioneller Herstellung (aus handgepflückten und von Mühlsteinen zerkleinerten Oliven).

Von unserer Versuchsküche empfohlene, abgeänderte Zubereitung des Inhalts eines Beutels „festa®"-Couscous-Fertigmischung für den DASH-Couscous: In einem geeigneten dickwandigen Topf, der auch noch lange heiß bleibt, wenn er von der Feuerstelle weggenommen worden ist, etwa 350ml bis 400ml Wasser erhitzen, bis es sprudelnd kocht. Wer im Backofen garen will, kann einen Tontopf verwenden und in diesem etwa 350ml bis 500ml Wasser zum Kochen bringen. Man kann auch den Beutelinhalt mit einer großen Tasse abmessen und die gleiche Menge kochend heißen Wassers verwenden. In das kochende Wasser den Inhalt eines Couscous-Beutels mit einem hölzernen Kochlöffel einrühren, dann von der Feuerstelle nehmen und etwa fünf Minuten ziehen lassen. Mit aufgesetztem Topfdeckel kann der Couscousgrieß noch besser aufquellen. Nicht mehr erhitzen! Für Familienmitglieder und Gäste, die keine DASH-Diät durchführen, kann nachgesalzen werden. Wer's darf, kann am Anfang noch etwas Olivenöl in das kochende Wasser geben und umrühren!

45. Vegetarischer Couscous mit ungesalzener Tomatenpassata oder ungesalzenen stückigen Tomaten (Polpa di Pomodoro), z.B. Produkte der Fa. „La Selva", Curcuma oder Safran, Pinienkernen, Peperoncini, Thymian oder Oregano, in DASH-Qualität: •VEGETARIERGEEIGNET•

Dieser eiweißreiche, natriumarme und kaliumreiche Tomaten-Pinienkern-Couscous läßt sich in wenigen Minuten zubereiten. Den Hartweizen-Couscous nach obigem Grundrezept für Couscous unter Verwendung einer kochsalzarmen Fertigmischung zubereiten und die bekannten 5 Minuten nach dem Überbrühen ziehen lassen. In dieser Zeit in einer geeigneten weiten

Pfanne 2 - 3 EL Olivenöl geben, milde erhitzen - das Öl darf auf keinen Fall bräunen oder gar rauchen! Dann einen Eßlöffel oder nach Belieben auch mehr Pinienkerne entweder ganz oder auch zerkleinert, z.B. im Mörser gequetscht oder mit dem Wiegemesser gewiegt, zugeben und drei Minuten oder auch länger vorsichtig bei milder Temperatur anrösten, ohne daß Bräunungserscheinungen auftreten. Wer's scharf will, kann geschrotete Peperoncini oder fein geschnittene frische Peperoncini zugeben. Vorsicht, das kann sehr scharf werden! Mit dem Kochlöffel verrühren und ggf. die Pinienkerne und die Peperoncini anquetschen. Dann mit Weißwein oder abgekochtem kochsalzfreiem Kochwasser ablöschen, evtl. auch mit bereits vorhandener selbst hergestellter Gemüsebrühe.

Zum Löschen und überhaupt niemals Brühe aus handelsüblichen Gemüsebrühwürfeln verwenden, auch wenn diese vom Hersteller als salzarm bezeichnet werden!

Dann die stückigen Tomaten frisch oder ungesalzen aus der Flasche oder ungesalzene Tomatenpassata (z.B. La Selva) zugeben sowie die Gewürze, also fein gerebelten Thymian oder frischen Thymian, gerebelten Oregano oder frische Oreganoblätter, fein gemahlenen Curcuma (die Gelbwurz, Curcuma, hat anti-oxidatives und anti-karzinogenetisches Potential) oder einige Fäden Safran (enthält Carotinoide).

Polenta

(Maisbrei, Kukuruz, Mamaliga, gelber Sterz) •VEGETARIERGEEIGNET•

Warnhinweis: In der Gastronomie wird die Polenta nicht selten als für Polentaliebhaber nahezu ungenießbare oder geschmacklose Fertigpolenta serviert oder unter erheblichem Kochsalzeinsatz hergestellt, damit sie tagelang haltbar ist und wenigstens nach irgendetwas schmeckt. Gerne wird mit dieser Zielsetzung, und um die Minderwertigkeit des verwendeten Grießes zu vertuschen, geriebener Hartkäse mit hohem Salzgehalt mitgekocht.

Sehr wichtig: Für den Geschmack einer Polenta ist in erster Linie die Qualität des verwendeten Maisgrießes verantwortlich. Und für die Qualität des Maisgrießes ist erstens die Qualität der verwendeten Maissorte und zweitens die Art der Ausmahlung des Grießes aus dem Maiskorn verantwortlich — es gibt sehr feinkörnigen Maisgrieß, und es gibt sehr grobkörnigen Maisgrieß. Je feiner die Mahlung des verwendeten Grießes, desto mehr verdichtet sich die Polenta zu einer Art Pudding, zu einem Gel. Dies kann erwünscht sein oder nicht! Und es gibt Maisgrieß von intensiver maisgelber Farbe und angenehmem Geruch. Das ist der beste Grieß für unsere DASH-Polenta! Der grobkörnige Maisgrieß sollte so grob sein, daß die Grießkörner mit dem bloßen Auge in ihrer Oberflächenbeschaffenheit erkennbar sind. Für die Versuchsküche des Bengelmann Verlages haben wir leider viele Sorten von Maisgrieß gefunden, die so schmeckten, wie man es sich für ein Hühnerfutter vorstellt. Wir haben nur wenige Sorten von Polentagrieß finden können, die mehr als gerade noch akzeptabel waren, und nur sehr wenige, die unseren Ansprüchen genügt haben.

Wir haben uns für die in Südtirol gebräuchlichen Sorten entschieden; begeistert waren und sind wir von dem **groben Maisgrieß** der Silbernagl Mühle Bozen (Bezugsquelle: Franziskaner-Bäckerei in Bozen).

Die Zubereitungen einer Polenta variieren sehr, was die Konsistenz betrifft: Es gibt eine dünnbreiige Polenta, die so breiig und dünnflüssig ist, daß sie nicht stichfest ist, daß man sie aus einem tiefen Dessertteller mit dem Löffel verzehren muß — also alles andere als „finger-food" ist. Und es gibt eine mittelsteife, schnittfeste, mittelkörnige Polenta „mit Biß", die auf dem Teller zwar nicht zerläuft, sondern als „steifer Sterz" oder „Batzen" auf einem flachen Teller oder einer Schale serviert werden kann, die man aber noch nicht als Schnitte in die Hand nehmen könnte. Und es gibt eine sehr steife, schnittfeste, grobkörnige Polenta „mit Biß", die man in Streifen geschnitten als Beilage zu Fisch, Geflügel oder Fleisch serviert — und diese Polenta ist so steif und schnittfest, daß man sie auch als Polentaschnitte in die Hand nehmen kann — als „finger-food" mit Biß!

46. Schnittfeste Polenta „mit Biß" aus sehr grob gemahlenem Maisgrieß „grossa" •VEGETARIERGEEIGNET•

Drei Grundprobleme! Das ***erste Grundproblem*** bei der Zubereitung einer schnittfesten, körnigen Polenta mit Biß ist es, das **Anbrennen des Maisgrießes** auf dem Topf- oder Kesselboden zu verhindern. Dies geschieht durch ständiges Rühren und Abschaben des am Topf- oder Kesselboden Angelegten mit einem hierfür geeigneten hölzernen Kochlöffel oder Holzspatel. Auch zu starkes Erhitzen muß vermieden werden. Das ***zweite Grundproblem*** ist, daß der Maisgrieß längere Zeit braucht, um das Wasser in sich aufzunehmen und aufzuquellen. Die körnige Polenta muß zwar schnittfest mit Biß sein, die Grießkörner dürfen jedoch keinen harten Kern mehr haben — sie sollen „al dente" sein. Dieses Problem wird dadurch gelöst, daß man je nach Sorte des verwendeten Maisgrießes und Härtegrad des verwendeten Kochwassers bei mildem Erhitzen und mehrmaligem Unterbrechen der Wärmezufuhr durch Wegnehmen des Topfes von der Feuerstelle bei aufgelegtem Topfdeckel der Polenta die **nötige Quellzeit** läßt, die von fünf Minuten bis 30 Minuten dauern kann. Um Anbrennen zu vermeiden, kann bei Bedarf kochendes Wasser während des Quellzeitraumes nachträglich zugegeben und eingerührt werden. Das ***dritte Grundproblem***: Wenn nicht genügend gerührt wird, können die kochendheißen Maisgrießkörner explosionsartig aus dem Topf herausgeschleudert werden, im Extremfall kann der Topfinhalt dem Koch ins Gesicht spritzen und schwere Verbrühungen erzeugen. Also Vorsicht walten lassen und eine Schutzbrille aufsetzen! Wer „seine“ Maisgrießsorte gefunden hat und öfters Polenta mit seinem gewohnten Topf und dem ihm zur Verfügung stehenden Leitungswasser zubereitet, wird ausreichend Routine für eine problemlose Zubereitung besitzen!

Bereitstehen sollten zwei gleich große Tassen. In einem geeigneten Topf oder Kessel, evtl. auch Tontopf, um das Anbrennen des später hinzugegebenen Maisgrießes zu vermeiden, zunächst eine Tasse ungesalzenes Wasser zum Kochen bringen und dann eine große Tasse sehr grob gemahlenen, gelben Maisgrießes allerbester Qualität langsam in das sprudelnd kochende Wasser einrieseln lassen und hierbei ständig mit einem Kochlöffel oder Holzspatel umrühren, damit Anlegen am Topfboden oder gar Anbrennen vermieden wird. Dann die Kochplatte zunächst mal abschalten, und mit der Restwärme den Inhalt des Topfes leise köcheln lassen und dabei ständig durch Umrühren ein Anlegen und Anbrennen am Boden des Topfes verhindern. Falls erforderlich, wenn die Heizplatte zu heiß ist, den Topf von der Feuerstelle nehmen und unter ständigem Umrühren kurz ziehen lassen, und erst dann wieder bei kleiner Flamme köcheln lassen. Nach Beendigung des eigentlichen Koch- und Quellvorganges von der Feuerstelle nehmen und mit dem Deckel zudecken, ziehen lassen, ggf. warm stellen. Fertig. Nur wer Erfahrung hat, wird genau die gewünschte Konsistenz von „breiig“ bis „finger-food“-Qualität erzielen. Und wer Routine hat und „seinen“ Maisgrieß kennt, wird in wenigen Minuten Kochzeit eine bißfeste Polenta herstellen, die dann ohne weiteren Arbeitsaufwand noch 20 Minuten im heißen Topf quellen kann.

Praktischer Hinweis für die schnelle Küche zu Hause, im Büro und unterwegs: Schnittfeste Polenta, gleichviel ob als Schnitte oder als fester Sterz eingepackt, eignet sich sehr gut zum Vorkochen z.B. am Sonntag, und zum Aufbewahren im Kühlschrank, wo sie einige Tage gut haltbar ist oder auch eingefroren werden kann. Bei Bedarf kann die Polenta dann in einem Topf mit etwas kochendem Wasser aufgewärmt werden oder in einer Pfanne oder Reine mit etwas

Butter, Butterschmalz, Kokosfett oder Olivenöl, ggf. auch mit Rosmarin, Knoblauch und Thymian, kurz angebraten werden. Feste Polentaschnitten oder auch ein Sterz (Batzen) können gut ins Büro mitgenommen werden oder als Proviant bei Reisen, Ausflügen und als Brotzeit unterwegs; sie können auch „kalt" verzehrt werden, also ohne aufgewärmt worden zu sein.

Reis

(*Oryza sativa L.*), ital. *Riso,* frz. *riz,* span. *arroz,* engl. *rice,*

47. Grundrezept: Gekochter Reis „al dente" in DASH-Qualität, „no-salt-added" •VEGETARIERGEEIGNET•

Polierter Reis enthält etwa 7% Protein. In 100g verzehrbarem Reis stecken von der „fatburner-Aminosäure" L-Arginin ca. 500 bis 600 mg drin, von dem LDL-Cholesterinsenker Nicotinamide (Niacin, Vitamin B3) gut über 1 mg (die anderen reichlich enthaltenen Vitamine können wir hier gar nicht alle aufzählen), von den cholesterinsenkenden wasserlöslichen unverdaulichen Ballaststoffen ca. 900mg, während von den eher unerwünschten wasserunlöslichen Ballaststoffen, die das Cholesterin nicht senken können und nur zu Blähungen führen, nur halb so viel enthalten sind. Was die nativen Cholesterinsenker betrifft, fehlt dem Reis nur das Sitosterin, welches man z.B. mit einem Kürbiskompott oder Zucchinigemüse als Beilage zum Reis noch zuführen könnte. Und in 100g poliertem Reis sind nur 4mg Natriumionen enthalten, was 10mg Kochsalz entspricht. Und in 100g poliertem Reis sind über 100mg Kaliumionen und über 30mg Magnesiumionen enthalten, die im Rahmen der Verdauung vom Darm auch wirklich aufgenommen werden können und somit dem Organismus auch tatsächlich zur Verfügung stehen. Im Gegensatz zur Situation beim ungeschälten sog. Naturreis, der in seinen Schalen (Spelzen) noch den Kaliumräuber „Phytinsäure" enthält! **Polierter Reis ist somit ein ideales Lebensmittel für den Menschen, bekömmlich und leicht verdaulich.** - Diesem idealen Lebensmittel für Schlankheit und normalen Blutdruck kann man nichts Schlimmeres antun, als es in Salzwasser zu kochen, wie es heute leider noch gang und gäbe ist. In Salzwasser gekochter und nach dem Kochen abgetropfter Reis enthält dann durchschnittlich ein halbes Gramm (500mg) Natriumionen, was etwa 1,25g Kochsalz entspricht, und nur noch 30mg Kaliumionen. Polierter Reis sollte deshalb nur in ungesalzenem Wasser gekocht werden. Vor handelsüblichem vorgekochten Reis („parboiled") wird deshalb gewarnt! Der braune, ungeschälte Rohreis enthält etwa 40% Schalen mit nicht-wasserlöslichen Ballaststoffen, die bekanntlich durch Adsorption von Vitaminen und Mineralien deren Aufnahme (Resorption) in den Organismus behindern (!), sowie ein Albumin, das häufig Lebensmittelallergien auslöst. In der Reismühle werden bei der Verarbeitung des ungeschälten Rohreises zu poliertem Reis die unerwünschten Schalen mit den unerwünschten wasserunlöslichen Ballaststoffen und dem allergisierendem Albumin weitgehend entfernt. Wer also gegen ungeschälten Reis allergisch ist, wird im allgemeinen den polierten Reis problemlos vertragen!

Was das Kochen von Reis betrifft, kursieren die schauerlichsten und umständlichsten Geschichten. **Hier das einfach zu handhabende Rezept der Bengelmann Versuchsküche für das Kochen von poliertem Reis gleich von welcher Grundsorte** (Langkornreis = Patnareis, Rundkornreis = sog. Milchreis, weichkochend). Je nach örtlich bedingter Zusammensetzung und Härtegrad des Kochwassers sowie nach der Qualität des Reises kann es länger oder kürzer dauern, bis der Reis gegart ist und das Wasser aufgenommen hat (im Durchschnitt das 2,25fache seines Rohgewichtes). Der Reis soll „al dente" sein, also noch einen „Biß" haben, jedoch keinen harten Kern mehr. Zum Waschen vor dem Kochen benötigt man eine Schüssel und einen Kochlöffel. Den Reis je nach Qualität der Ware in kaltem Wasser mit dem Kochlöffel umrühren und den Überstand abgießen. So wird die klebrige Stärke von der Oberfläche der Reiskörner weggewaschen. Eventuelle Steinchen und andere Verunreinigungen mit höherem spezifischem Gewicht als Wasser würden am Schüsselboden sichtbar oder tastbar sein. Zum Kochen benötigt man einen großen Topf mit Deckel und zwei größere Tassen oder Becher gleichen Inhaltes zum Abmessen von Kochwasser und Reis. Man gibt etwa 5 Becher Wasser in den Topf und bringt das Wasser zum

Kochen. Erst wenn das Wasser sprudelnd kocht, einen Becher gewaschenen Reises in das wirklich lebhaft sprudelnd kochende Wasser geben. **Und jetzt kommt der „Trick“: Nicht umrühren!** *Wer nämlich einmal mit dem Umrühren angefangen hat, muß immer umrühren, und kann das Ankleben der Reiskörner am Topfboden trotzdem nicht verhindern.* Den Deckel **nicht** auf den Topf setzen, die Hitze bei offenem Topf so schalten, daß das Kochwasser lebhaft sprudelt — es genügt keinesfalls, daß es nur siedet! Je nach Härtegrad des Kochwassers und Qualität des Reises kann es zwischen 3 und 6 Minuten dauern, bis das Kochwasser gänzlich aufgesaugt worden ist (falls erforderlich, um das Ansetzen oder Anbrennen zu verhindern, sofort etwas sprudelnd kochendes Wasser nachgießen) und bis die Reiskörner sichtlich aufgequollen sind. Wenn dies so weit ist, den Topf von der Feuerstelle nehmen, den Topfdeckel aufsetzen und alles beseitestellen, damit der Reis noch fertig aufquellen kann. Überschüssiges Wasser kann abgegossen werden. Den Reis nunmehr in einer vorgewärmten Schüssel auf dem Rechaud oder im Backrohr warm halten oder sofort servieren. Der so in Wasser gekochte Reis kann entweder in einer feuerfesten, gefetteten Form (Auflaufform) mit weiteren Zutaten (Fett, Gemüsen, Fleisch, Geflügel, Fisch) gebacken werden oder mit heißer Magermilch oder auch heißer Milch höherer Fettgehaltsstufen zu Milchreis weiterverarbeitet werden.

Der so gekochte Reis sollte bei guter Qualität von Reis und Kochwasser von leckerem Wohlgeschmack und angenehmem Duft sein und kann ohne weitere Zutaten im Rahmen der DASH-Diät zum raschen Absenken des erhöhten Blutdruckes, zur raschen Gewichtsabnahme bei Fettsucht und zur raschen Absenkung des LDL-Cholesterinspiegels in beliebiger Menge mehrmals täglich, aber auch als einzige und alleinige Mahlzeit, verzehrt werden, bis man satt ist *(„Reistage“)***.**

48. Reissuppe vegetarisch •VEGETARIERGEEIGNET•

Den so gekochten Reis in vorgekochte und vorbereitete pflanzliche Brühe aus Wurzelgemüse ***(Altbairische Gemüsebrühe)*** geben. Nach

Belieben würzen mit feinen Schnittlauchröllchen (auch ungesalzene TK-Ware, streufähig), Petersilie, Liebstöckelblättern (sog. Maggikraut), frisch geriebener Muskatnuß oder fein gemahlener Muskatnuß, jedoch nicht mit handelsüblichen Würzsoßen! Servieren. Dazu selbst gebackenes ungesalzenes toskanisches Weißbrot oder Gurktaler Dinkelbrot (siehe Rezepte) reichen.

49. Reissuppe mit Fleischbrühe oder gelatinehaltiger Fleischknochenbrühe

Den so gekochten Reis in vorgekochte und vorbereitete Fleischbrühe bzw. gelatinehaltige Fleischknochenbrühe (siehe Rezept) geben. Nach Belieben würzen mit feinen Schnittlauchröllchen (auch ungesalzene TK-Ware, streufähig), gewiegter Petersilie, Liebstöckelblättern (sog. Maggikraut), frisch geriebener Muskatnuß oder fein gemahlener Muskatnuß, jedoch nicht mit handelsüblichen Würzsoßen! Servieren. Dazu selbst gebackenes ungesalzenes toskanisches Weißbrot oder Gurktaler Dinkelbrot (siehe Rezepte) reichen.

50. Reissuppe mit Fischbrühe

Den so gekochten Reis in vorgekochte und vorbereitete Fischbrühe (siehe Rezept) geben. Nach Belieben würzen mit feinen Schnittlauchröllchen (auch ungesalzene TK-Ware, streufähig), gewiegtem Estragon oder Petersilie, Liebstöckelblättern (sog. Maggikraut), jedoch nicht mit handelsüblichen Würzsoßen! Servieren. Dazu selbst gebackenes ungesalzenes toskanisches Weißbrot oder Gurktaler Dinkelbrot (siehe Rezepte).

51. Reissuppe mit Hühnerbrühe

Den so gekochten Reis in vorgekochte und vorbereitete Hühnerbrühe (siehe Rezept) geben. Nach Belieben würzen mit feinen Schnittlauchröllchen (auch ungesalzene TK-Ware, streufähig), gewiegter Petersilie, Liebstöckelblättern (sog. Maggikraut), frisch geriebener Muskatnuß oder fein gemahlener Muskatnuß oder Muskatblüte, jedoch nicht mit handelsüblichen Würzsoßen!

Servieren. Dazu selbst gebackenes ungesalzenes toskanisches Weißbrot oder Gurktaler Dinkelbrot (siehe Rezepte).

Frühstückscerealien, Müsli, Getreideflocken, Kleie Haferflocken, Haferkleie, Haferkleieflocken, , Haferflocken-Instant, Weizenkleie

WARNHINWEIS: Naturbelassene, native Flocken sind keine „Flakes", „Fleks" oder „Cornflakes"! Warum?

„Flakes", „Fleks" oder „Cornflakes", „Frühstücksflocken", auch wenn sie als ballaststoffreich ausgelobt werden, usw. dürfen ***nicht*** *ohne weitere Überprüfung als Flocken im Sinne von für die DASH-Diät geeigneten Hafer- oder Weizenflocken aufgefaßt werden,* weil sie nach dem Vorbild der Ende des 19. Jahrhunderts erfundenen „Cornflakes" womöglich sehr viel Kochsalz enthalten, nämlich über ein halbes Gramm, also mehr als 500 mg Kochsalz in 100 g Ware.

Wieviel Salz man braucht, wenn man aus ganzen Maiskörnern (Zea mays L.) Cornflakes herstellt

•**Mais (ganzes Korn)** enthält bei einem Wassergehalt von 11% nur ca. 6 mg Natrium, was einem Kochsalzgehalt von 15mg/100g entspricht, und mehr als die 40fache Menge an Kalium, nämlich ca. 260mg Kalium sowie vom Magnesium stolze 90mg. Vermahlt man die Maiskörner zu Maismehl oder Maisgrieß, so ergeben sich bei einem Wassergehalt von 12% für das Natrium noch viel niedrigere Werte, nämlich etwa 0,7mg Natrium/100g, und für das Kalium der 170fache Wert, nämlich 120mg Kalium/100g.

•*Bei der Verarbeitung von Maiskörnern zu Mais-Frühstücksflocken, auch Cornflakes genannt, geschieht dann das Ungeheure:* **Cornflakes aus Mais haben einen Natriumgehalt von fast 1000mg (tausend Milligramm, also 1g), was einem Kochsalzgehalt von 2,5g/100g entspricht,** und nur mehr gute 100mg Kalium/100g. Vom Magnesium ist dann auch fast nichts mehr da, nämlich nur ca. 15mg.

„Kölln Balance Haferkleie Fleks®" enthalten nur 70% Haferkleie sowie hinzugefügtes Kochsalz und haben nach Angaben des Herstellers einen Kochsalzgehalt von 0,53g in 100g Ware. Nicht zuletzt auch wegen der ähnlich gestalteten Verpackung könnten diese kochsalzreichen Haferkleie-Fleks mit den von uns empfohlenen ungesalzenen **Kölln Balance Haferkleie Flocken®** verwechselt werden.

Für die DASH-Diät geeignete Flocken müssen folgende Eigenschaften haben:
1) **natriumarm (= kochsalzarm)**, da **ohne Salzzusatz, „no-salt-added"**, d.h. nur mit dem natürlichen Natriumgehalt bzw. Kochsalzgehalt des Hafers oder des betreffenden Getreides
2) **kaliumreich** und **magnesiumreich** (zur Blutdrucksenkung und Stabilisierung des Herzrhythmus, z.B. von Vorhofflimmern)
3) reich an **Proteinen** und der Aminosäure **L-Arginin**
3) **ballaststoffreich** und reich an **Beta-Glukan**, dem wichtigsten gesunden wasserlöslichen und sterolbindenden Ballaststoff
Müsli ist keine Rohkost, weil die Getreideflocken nicht etwa lediglich zu Flocken gequetschte rohe Getreidekörner (Samenkörner) darstellen, sondern durch Quetschung aus zweimal gedämpften und bei 75 Grad Celsius gedarrten Getreidekörnern hergestellt worden sind.
Warnhinweis: Fertige Müslimischungen, verzehrfertige Getreideflocken aller Art, wie z. B. Cornflakes, die oft als gesunde, weil ungesalzene „Mais-Frühstücksflocken" vermarktet werden, enthalten oft sehr viel hinzugefügtes Kochsalz bzw. Natriumionen sowie andere Zusätze, z.B. Sulfit in Trockenobststückchen und Rosinen.

Naturbelassene (native) Haferflocken

Haferflocken z.B. enthalten bei einem Wassergehalt von 10% immerhin **12,5% bis 13,8% Protein** und ca. **56% bis 59% verdauliche Kohlehydrate** bzw. **verdauliche Stärke**, **Energie 348 bis 361 kcal**. Dieser hohe Anteil an verdaulichen Kohlehydraten, die auch geschmacksbildend sind, steht im Gegensatz zu einem vergleichsweise geringeren Anteil von **10% bis 11% unverdaulichen Ballaststoffen**, die im wesentlichen unverdauliche Kohlehydrate („Nicht-Stärke-Kohlehydrate") sind, wie z.B. Cellulose. Bei den Haferflocken bestehen die **unverdaulichen Ballaststoffe** etwa zu gleichen Teilen aus **wasserlöslichen** und aus wasser**un**löslichen Anteilen, was für physiologische Wirkungen und Nebenwirkungen bedeutsam ist (Cholesterinbindung, Darmpassage usw.). Bei einem **L-Arginingehalt von fast 900 mg in 100g** und einem **hohen Kaliumionengehalt** können **Haferflocke**n als **vorzüglich DASH-geeignetes Diätlebensmittel** betrachtet werden. Haferflocken enthalten fast 60mal mehr Kalium als Natrium! Dazu noch sehr viele **Magnesiumionen**, nämlich 130mg in 100g, so daß Haferflockengerichte, z.B. Haferschleim oder Haferflockenbrei, als **starke Blutdrucksenker** und **Stabilisatoren des Herzrhythmus** gelten können! Haferflocken enthalten sehr viele B-Vitamine. Das Wertvollste der Haferflocken für die Bekämpfung der Arterienverkalkung (Arteriosklerose), des Herzinfarktes und Hirninfarktes ist jedoch das Beta-D-Glukan, ein wasserlöslicher und sterolbindender (= cholesterinbindender) Ballaststoff aus der Gruppe der unverdaulichen Kohlehydrate. Auch der **Schleimstoff „Lichenin"**, der für den gesunden Magen und Darm eine pflegende Streicheleinheit darstellt, für den kranken Magen und

Darm bei Geschwüren und Refluxkrankheit das beste Heilmittel ist, und nebenbei den Blutzucker senkt, gehört zur Gruppe der Beta-D-Glukane. Wer Haferflocken in ausreichender Menge verzehrt, führt seinem Darm somit das **Beta-D-Glukan** zu. **Das Beta-D-Glukan aus Hafer senkt bei einer täglichen Mindestzufuhr von drei Gramm das LDL-Cholesterin**, indem es die Resorption sowohl des im Organismus selbst gebildeten Cholesterins als auch des mit der Nahrung aufgenommenen Cholesterins im Darm behindert. Das führt zu folgender Frage:

Ihre Frage: „Wieviele Haferflocken muß man täglich essen, um seinen Cholesterinspiegel dauerhaft zu senken? Und wie steht es dann mit der **Haferkleie** verschiedener Qualität verschiedener Hersteller sowie mit den neu auf den Markt gekommenen salzarmen Produkten **„Kölln Flocken Instant"** und **„Kölln Balance Haferkleie Flocken"**? **Enthalten diese drei Produkte noch mehr Beta-Glukan?"**

Unsere Antwort: „Ja. **Haferkleie**, **„Kölln Flocken Instant"** und **„Kölln Balance Haferkleie Flocken"** besitzen zwar nicht mehr den Wohlgeschmack (aus der Sicht des Haferflockenliebhabers geschrieben!) der naturbelassenen Haferflocken, schmecken jedoch eher angenehm nach fast gar nichts und haben den Vorteil, Ihrem Körper große Mengen von hochwertigem Eiweiß und dem cholesterinbindenden Beta-D-Glukan zuzuführen, ohne daß Sie die für Ihre Geschmacksvorlieben unpassenden Haferflocken essen müssen".

Ihre Frage: „Und was ist der Unterschied zwischen „Haferkleie" verschiedener Hersteller, „Kölln Flocken Instant" und „Kölln Balance Haferkleie Flocken"?

Unsere Antwort: „Kölln Flocken Instant" und **„Kölln Balance Haferkleie Flocken"** gleichen sich im niedrigen Salzgehalt, im niedrigen Zuckergehalt, welcher nach Herstellerangaben dem natürlichen Zuckergehalt des Hafers entstammt, unterscheiden sich zunächst meist im Preis, außerdem geringfügig im Brennwert und im Gehalt an Kohlehydraten. Der große Unterschied zwischen beiden Produkten liegt beim Gehalt an Eiweiß und an dem cholesterinbindendem wasserlöslichem Ballaststoff Beta-Glukan: Während die **„Kölln Flocken Instant"** nach Angaben des Herstellers 15,2g Eiweiß/100g und 11,5 g Ballaststoffe aufweisen, haben die **„Kölln Balance Haferkleie Flocken"** einen Eiweißgehalt von 19,0g in 100g und einen Ballaststoffgehalt von 18,8g in 100g. Zum Ballaststoffgehalt von 18,8g in 100g erläutert der Hersteller auf der Verpackung, daß hiervon unlösliche Ballaststoffe 11,0g sind und lösliche Ballaststoffe 7,8 g sind, hiervon Beta-Glucan 7,5 g in 100g. Pflichtgemäß teilt der Hersteller auf der Verpackung mit, daß bei einer täglichen Aufnahme von 3g Hafer-Beta-Glucan, enthalten in zwei Portionen „Kölln Balance Haferkleie Flocken" à 20g, nachweislich der Cholesteringehalt im Blut reduziert wird.

Die **Haferkleie** hat noch **mehr „Biß"**. Die **„Kölln Flocken Instant"** und die **„Kölln Balance Haferkleie Flocken"** lösen sich sofort auf und sind fast nicht mehr wahrnehmbar, wenn sie sich in einem Getränk, in einer Suppe oder in Gemüse aufgelöst haben.

Bei Magen-Darmgeschwüren, Refluxbeschwerden und Diarrhoe sind Haferflocken ein hervorragendes diätetisches Heilmittel.

Was ist denn der wesentliche Unterschied zwischen Haferflocken und Haferkleie sowie Haferkleieflocken?

Haferflocken haben etwas weniger Eiweiß und mehr verdauliche Kohlehydrate als die **Haferkleie**. **Haferflocken** besitzen aufgrund ihrer Herstellung aus Haferkörnern durch Dämpfen und Darren den charakteristischen Wohlgeschmack des gedarrten Hafers. **Haferkleie** ist eigentlich ein Abfallprodukt, ein Mühlennachprodukt, beim Mahlen von Hafer zu Hafermehl. **Haferkleie** besitzt kaum nennenswerte Geschmackseigenschaften und ist fast geschmacksneutral. Dies kann von Vorteil sein, denn nicht alle Menschen wissen den charakteristischen Geschmack der Haferflocken zu schätzen, vielleicht weil für viele die Haferflocken eine Art Kindheitstrauma darstellen, wenn sie als Kinder häufig Haferbrei zu verzehren gezwungen waren. Wer also eine Abneigung gegen Haferflocken hat, sollte die geschmacksneutralen Haferkleieflocken für die Verwendung als Frühstückscerealie zur Zubereitung eines „Müsli" und als Suppeneinlage verwenden.

Haferkleie

Haferkleie, Durchschnittswerte: **Energie 330 - 355 kcal/100g, Eiweiß ca. 16,5 g/100g**; **L-Arginin ca. 1140 mg**: Je nach Ausmahlungsgrad des Mahlproduktes, nach An- oder Abwesenheit des Keimlings und verbleibendem Wassergehalt (8-10g in 100g verzehrbarer Ware) besteht eine große Schwankungsbreite der chemischen Zusammensetzung bzw. Inhaltsstoffe. Bei den Ballaststoffen bedeutet dies, daß der **Ballaststoffanteil** handelsüblicher Haferkleie je nach herstellungsbedingtem Wassergehalt und je nach Ausmahlung zwischen 12 g/100 g Ware und 20 g/100g Ware schwankt. Bezogen auf 100g ***Trockensubstanz*** sind in der Haferkleie ca. 30g Gesamtballaststoffe enthalten, die sich zu etwa gleichen Teilen auf wasserlösliche (ca. 15g/100g) und wasserunlösliche (ca. 15g/100g) Ballaststoffe verteilen. Die unlöslichen Ballaststoffe bestehen aus Hemicellulose, Cellulose und Lignin. Hinsichtlich der verschiedenen erwünschten und unerwünschten Wirkungen und Nebenwirkungen der in der Haferkleie enthaltenen verschiedenen

Ballaststoffe sollte insbesondere ein Vergleich mit der Weizenkleie durchgeführt werden.

Was ist denn der wesentliche Unterschied zwischen Haferkleie und Weizenkleie?

Die Haferkleie hat noch wesentlich mehr Energie (kcal) als die Weizenkleie, ganz einfach deshalb, weil die **Haferkleie (ca. 350 kcal/100g)** aufgrund der Mahlungsweise mehr verdauliche Kohlehydrate besitzt als die Weizenkleie **(ca. 170 kcal/100g)**. Die Haferkleie ist dann zu bevorzugen, wenn es auf die Senkung des Cholesterinspiegels ankommt. Ohne diese Zielsetzung, wenn es nur auf die Herstellung eines ballaststoffreichen kalorienarmen Müslis ankommt, ist die Weizenkleie zu bevorzugen. Wenn **lebenswichtige Arzneimittel** eingenommen werden, die dem Organismus zur Verfügung stehen müssen, oder wenn die **Aufnahme (Resorption) von wichtigen Mineralstoffen**, wie z.B. **Kalium**, ein Problem ist, sowie bei drohendem **Darmverschluß** (Ileus), bei vorbekannter **Sigmadivertikulose** und grundsätzlicher Einklemmungsgefahr aufgrund anderweitiger Baucherkrankungen (z.B. bei Hiatushernie, Bauchwandhernie) sowie auch in der Schwangerschaft **soll von der Zufuhr ballaststoffreicher Kleie und aller Ballaststoffe generell Abstand genommen werden**.

52. Heißer Haferflockenbrei (*engl.* Porridge, *amerikan.* Oatmeal) mit Magermilch zubereitet •VEGETARIERGEEIGNET•

Vorbemerkung: Für die schnelle DASH-Küche soll ein heißer Haferflockenbrei nicht nur in Minutenschnelle, sondern auch komplikationslos zubereitet werden können. Wer in einem Topf Milch und Haferflocken erhitzt, womöglich noch Zucker oder Süßstoff dazugibt, muß damit rechnen, daß der Brei am Topfboden anbrennt. Unsere Versuchsküche empfiehlt deshalb folgende Vorgehensweise:

In einem Topf etwa ein Viertel Liter Magermilch vorsichtig erhitzen, bis die Milch fast am Kochen ist, dann erst je nach gewünschter Dickflüssigkeit des Breies 2 bis 8 EL Haferflocken in der gewünschten Qualität mit einem hölzernen Kochlöffel einrühren. Wenn die Milch kurz sprudelnd aufwallt, den Topf sofort von der Feuerstelle nehmen und mit dem Kochlöffel umrühren. Dann den Topfdeckel aufsetzen und einige Minuten ziehen lassen, wobei es sich bei sehr heißem Topfdeckel empfiehlt, mehrmals mit einem breiten Holzspatel am Topfboden umzurühren, um Ansetzen und Anbrennen zu verhüten. Süßstoff, Zucker und fein gemahlener echter Zimt dürfen erst jetzt zugegeben werden, da es sonst zu Verkohlungen führen kann. **Varianten:** Wenn man den Topf von der Feuerstelle genommen hat, können Sie gewünschte Zutaten zugeben, z.B. ganze oder fein gewiegte kleinbeerige schwarze Korinthen, die stets ohne Zusatz von Speiseöl hergestellt, ungeschwefelt, ungezuckert und ungesalzen sein müssen, oder Rosinen und Sultaninen in gleicher Qualität. Weitere Zutaten: fein gewiegtes ungezuckertes, ungeschwefeltes und ungesalzenes Zitronat und Orangeat, frisch geriebene Orangenschale.

53. Müsli aus Haferflocken, Haferkleie, Haferkleieflocken und anderen Getreideflocken mit gekühlter Magermilch

•VEGETARIERGEEIGNET•

Grundrezept: In einer Schüssel oder einem Teller gut gekühlte Magermilch geben sowie einige EL Haferflocken, Haferkleie, Weizenkleie, Weizenkeime, Haferkleieflocken und andere Cerealien nach Belieben einrühren. Gewünschte Zutaten wie bei obigem Rezept genannt hinzugeben. Einige Minuten quellen lassen. Beim Verzehr sollte reichlich Flüssigkeit getrunken werden. Nicht geeignet bei drohendem Darmverschluß oder Sigmadivertikulose.

Gemüse für die schnelle DASH-Küche (Minuten-Gemüseküche)

Ihre Frage: **Warum bevorzugt die schnelle DASH-Küche TK-Gemüse?**

Unsere Antwort: Frisches Gemüse muß frisch eingekauft und frisch verwendet werden, es muß gewaschen, geputzt (z.B. bei Bohnen: *Fäden abziehen!*) und zerkleinert werden, und es muß dann gekocht oder gedünstet werden, bis es gegart ist, damit die Pflanzenzellen aufgebrochen sind und der wertvolle Inhalt der Gemüsepflanzenzellen überhaupt der menschlichen Verdauung zugänglich ist. Und nach dem Garen muß das Gemüse noch zubereitet werden, also gebunden oder gewürzt werden. **Dies alles ist mit einer schnellen Küche, der DASH-Minutenküche, nicht vereinbar.** Die langen Garzeiten bei den meisten Gemüsesorten sind allein schon ein Grund dafür, auf **handelsübliches ungesalzenes küchenfertiges Tiefkühlgemüse**, das allerdings noch nicht zubereitet und gewürzt worden ist und ohne Zusatz von Geschmacksverstärkern, Aromen und Farbstoffen hergestellt worden ist, z.B. der Marke FROSTA® Tiefkühlkost GmbH, Hamburg. Was die Eignung für die schnelle Küche betrifft: Tiefkühlgemüse hat viel geringere Garzeiten als Frischware. Für die schnelle Dash-Küche eignen sich als Frischware allenfalls kleinere, dünne gelbe Rüben (Karotten), dünnere Lauch (Porree)-Stangen und sommerreife bis überreife Tomaten, sogenannte Suppentomaten, aus regionaler Produktion. Die nachfolgenden DASH-Gemüserezepte für die schnelle Küche gehen deshalb von der Verwendung ungesalzener TK-Ware „no-salt-added“ aus.

Hülsenfrüchte

54. ERBSEN GEDÜNSTET, mit Petersilie •VEGETARIERGEEIGNET•

Verwendet werden können frische oder für die schnelle Küche besser geeignete **tiefgefrorene Erbsen (Samen) ohne Schoten (Hülsen)**. Bei TK-Ware ist darauf zu achten, daß kein Salz hinzugefügt worden ist.

Zubereitung: Die Erbsen (ohne Schoten/Hülsen) in ungesalzenem Wasser etwa 10 bis 20 Minuten kochen *(TK-Ware benötigt weniger Garzeit)*, je nach Größe und Qualität der Erbsen sowie erwünschter Konsistenz. Dann das Kochwasser abgießen, nach Belieben auf die noch heißen gekochten Erbsen fein gewiegte Petersilie (auch TK-Ware) aufstreuen und vermengen. Fertig. Falls erwünscht, zum Binden mit etwas feinem Mehl bestäuben und einrühren, nach Belieben kann entweder etwas Butter oder Olivenöl tropfenweise zugegeben werden, ebenso fein gemahlener schwarzer Pfeffer und eine Prise („dash“) Zucker.

Blatt- und Stengelgemüse

Blumenkohl; Broccoli, Porree (Lauch), Rotkohl (Blaukraut), Blattspinat, Weißkohl (Weißkraut), Wirsingkohl

55. Spinaci aglio e olio, TK-Blattspinat ungesalzen mit Knoblauch und Olivenöl nach italienischer Art.

•VEGETARIERGEEIGNET•

Spinat enthält zwar reichlich Natrium und auch viel Eisen, etwa so viel wie das Fleisch; der gesundheitliche Wert des Spinates beruht jedoch auf dem sehr hohen Gehalt an den beiden Carotinoiden Lutein und Zeaxanthin, den wichtigsten Schutzstoffen gegen die Erblindung durch altersbedingte Makuladegeneration (AMD).

Den küchenfertigen ungesalzenen Blattspinat, auch unaufgetaut, tiefgefroren, in ungesalzenem Wasser einige Minuten kochen, dann das Kochwasser abgießen oder den Spinat mit einem gelöcherten Schaumlöffel aus dem Kochwasser entnehmen, dann den gekochten Spinat gut abtropfen lassen. In einer Pfanne bestes natives Olivenöl vorsichtig erhitzen, fein gewiegten ungebleichten Knoblauch oder Knoblauchpulver in das heiße Öl geben und kurz anbraten, dann den gut abgetropften Spinat dazugeben, den Spinat kurz unter mehrmaligem Wenden im heißen Öl wälzen, nach Belieben schwarzen Pfeffer, etwas gemahlene Muskatnuß oder Peperoncino (gerebelt oder fein gemahlen) dazugeben, falls erforderlich, um Anbrennen zu verhindern, mit wenig heißem abgekochten Wasser oder Weißwein aufgießen. ***Sizilianische Variante*** mit angequetschten Pinienkernen, geriebener unbehandelter Orangenschale und ungesalzenen Korinthen (Warnung: Rosinen enthalten herstellungsbedingt häufig hinzugefügtes Salz): Bevor man den abgetropften Spinat in das heiße Öl gibt, gibt man mit dem Knoblauch auch die Pinienkerne dazu, die man mit einem Mörser oder behelfsmäßig zwischen zwei Eßlöffeln angequetscht hat. Man röstet also den Knoblauch mit den Pinienkernen, evtl. auch mit Peperoncino. Dann erst gibt man den abgetropften Spinat hinzu, sowie die Korinthen und die abgeriebene Orangenschale (oder fein gewiegtes ungesalzenes Orangeat).

Wurzel- und Knollengemüsesorten

56. Gelbe Rüben (Karotten, Möhren, Mohrrüben) gekocht, mit Petersilie •VEGETARIERGEEIGNET•

Für die schnelle DASH-Küche eignen sich zarte, junge, kleinere und dünnere gelbe Rüben, weil diese geringere Garzeiten brauchen.

Die gelben Rüben sorgfältig mit einem kleinen Messer putzen, mit heißem Wasser und Gemüsebürste reinigen und abschließend nochmals mit heißem Wasser übergießen, dann in kleine Stückchen oder Scheibchen zerschneiden, dickere Rüben vorher längs spalten, dann in kochendem Wasser je nach Alter der Ware 15 bis 50 Minuten garen. Das Kochwasser nach dem Garen abgießen, einige wenige Tropfen natives Olivenöl oder etwas Butter sowie fein gewiegte Petersilie, auch TK-Ware, dazugeben, schwenken und wenden. Ersatzweise Steinpetersilie (Pimpernelle) oder Kerbel verwenden. Fertig. Bei Verwendung von **tiefgefrorenen ungesalzenen Karotten**, die unaufgetaut in das kochende Wasser gegeben werden, ist die **Garzeit nur ca. 5 Minuten**.

Gemüsefrüchte in DASH-Qualität

57. Grüne TK-Bohnen (Schnittbohnen) ungesalzen, mit Bohnenkraut gekocht (deutsches Bohnengemüse)

•VEGETARIERGEEIGNET•

Warnhinweis: Bohnen müssen, wie alle Hülsenfrüchte außer Erbsen, gekocht werden, da sie in rohem Zustand sehr giftig sind.

Zubereitung: In einem Topf Wasser zum Kochen bringen, in das sprudelnd kochende Wasser die küchenfertigen ungesalzenen TK-Bohnen und frisches Bohnenkraut, ersatzweise auch gerebeltes Bohnenkraut, geben und je nach Herstellerangaben und eigenem Wunsch hinsichtlich Konsistenz (Bißfestigkeit) wenige Minuten oder auch länger sprudelnd kochen. Probieren, ob die Bohnen gar sind, dann mit aufgesetztem Topfdeckel und Handschuhen zum Schutz vor Verbrühung der Hände das Kochwasser vorsichtig abgießen und abtropfen lassen. Die abgetropften heißen Bohnen befinden sich jetzt in dem noch heißen Kochtopf, aus dem Sie das Wasser abgegossen haben. Fertig!

Servieren mit Pellkartoffeln, Pasta, Reis, Couscous, Polenta, Fleisch, Fisch, Geflügel, anderen Gemüsen. **Varianten:** Wer will und die Kalorien und das Cholesterin nicht scheut, kann auch ein paar Flocken von der ungesalzenen Butter oder vom Butterschmalz auf die heißen Bohnen geben und die Bohnen in der Butter bzw. in dem Butterschmalz schwenken und wenden. Zum Binden und damit die Bohnen sämiger sind, können Sie die noch heißen Bohnen auch mit feinem Weizenmehl vom Typ 405 oder Stärkemehl bestäuben, anschließend schwenken und wenden, falls erforderlich mit ganz wenig heißem Wasser aufgießen, damit das Mehl bindet. Auch eine extra zubereitete ungesalzene Zwiebelschwitze oder Mehlschwitze kann zugegeben werden. Auch etwas fein gemahlener schwarzer Pfeffer kann zugegeben werden.

58. Italienisches Tomatengemüse aus frischen Tomaten oder handelsüblichen eingekochten ungesalzenen Tomaten

•VEGETARIERGEEIGNET•

Wir bevorzugen, wenn nicht in der Saison in der umliegenden Region produzierte frische gereifte Tomaten erhältlich sind, am Ort ihrer Produktion eingekochte reife Tomaten, die ohne Zugabe von Salz verarbeitet und in Gläsern abgefüllt worden sind. Solche Tomaten in der Qualität „no salt added“ sind uns nur als Produkte der Fa. La Selva in Gräfelfing bei München bekannt (Pomodori pelati, ganze geschälte Tomaten in passierter Tomatensauce, Polpa di pomodoro, Stückige Tomaten).

Wer frische Tomaten nur geschält verwenden will, muß vor der eigentlichen Zubereitung die vorher gut gereinigten und gewaschenen Tomaten für 10 Sekunden in kochendes Wasser geben, dann herausnehmen und schälen. Man kann sich diese Arbeit jedoch ersparen, wenn man den Geschmack der tiefroten saftigen Schalen einer vortrefflichen traditionellen Tomatensorte, die noch keine modernen lederartigen Schalen angezüchtet bekommen hat, zu schätzen weiß.

Zubereitung: In einem großen Topf, der nur zu etwa 2/3 mit Tomaten gefüllt werden darf, damit der Topfinhalt beim Köcheln nicht überläuft und der Kochvorgang nicht ständig überwacht werden muß, werden für 1 kg Tomaten etwa 60 ml allerbestes natives Olivenöl vorsichtig erhitzt. In das heiße Öl gibt man nach Belieben grob oder fein gewiegte ungebleichte Knoblauchzehen, optional auch eine halbe fein gewiegte Zwiebel. Nur wer's wirklich scharf will, kann im Mörser zerriebene oder gerebelte Peperoncini hinzugeben. Man kann jedoch auch auf die Zugabe von Peperoncini mit ihren scharfen Kernen verzichten und bei Bedarf später fein gemahlenen Chilipfeffer (Cayennepfeffer) hinzugeben. Den Knoblauch, ggf. Zwiebel und Peperoncini in dem heißen Öl kurz anbraten, ohne daß das Öl zu heiß wird und raucht (ungesunde Verschwelungsprodukte!). Dann mit wenig abgekochtem heißem Wasser löschen und sofort die unzerteilten geschälten oder ungeschälten Tomaten (ca. 1 kg) in den Topf geben, den Deckel aufsetzen und unter gelegentlichem Umrühren leise köcheln. Zwischendrin mal die Tomaten mit einem hölzernen Kochlöffel anquetschen oder zerdrücken. Garzeit ca. 10 bis 15 Minuten. Die Konsistenz der Tomatensauce kann durch Zugabe von abgekochtem Wasser oder etwas Weißwein variiert werden. Diese dicke Tomatensauce mit stückigen Tomaten eignet sich bestens als Pastasauce, zu Reis, Couscous oder Polenta, oder als eigenständige Mahlzeit. **Varianten:** Wer eine leichte Bitternote in die Tomatensauce bzw. das Tomatengemüse bringen will, kann auch 1 oder 2 Lorbeerblätter hinzugeben. Wer den Geschmack von Basilikum schätzt, sollte dieses Gewürz erst ganz zum Schluß hinzugeben. Auch feinst gemahlenes **Curcumamehl (Gelbwurz, immunstimulierende Wirkung auf Lymphozyten und Killerzellen)** oder einige Safranfäden können hinzugegeben werden, ebenso feinst gemahlenes Ingwermehl oder ungesalzene Currypulver-Mischung, auch im Mörser angequetschte Pinienkerne oder ungesalzene geröstete Pinienkerne.

59. Tomatensuppe aus fertiger ungesalzener Tomatenpassata (Passata di pomodoro) oder aus selbst pürierten frischen Tomaten. 5-Minuten-Suppe

•VEGETARIERGEEIGNET

Am schnellsten geht es mit einem 690-Gramm-Glas „Passata di pomodoro senza sale“ des Herstellers La Selva (Gräfelfing bei München). In einen Kochtopf zuerst ein wenig kochendes Wasser geben, damit die passierten Tomaten beim anschließenden Erhitzen nicht am Topfboden anbrennen können. Dann die Tomatenpassata in den Kochtopf schütten und erhitzen, einige Minuten köcheln. Wer keine fertige Tomatenpassata zur Verfügung hat, muß frische Tomaten nach obiger Kochanweisung zubereiten und geschält oder auch ungeschält mit dem Pürierstab pürieren. Die Suppe kann durch Zugabe von abgekochtem Wasser nach Belieben verdünnt werden. Im Unterschied zu einer Tomatensauce oder zu Tomatengemüse wird bei der Tomatensuppe kein Öl zugegeben. Man kann allenfalls auf dem Teller ein paar Tropfen feinsten Olivenöles oder Kürbiskernöles aufträufeln. Man kann auch ungesalzenes toskanisches Weißbrot einbröckeln oder Croutons dazu geben, ebenso fein gewiegte Petersilie oder Basilikumblätter, ebenso fein gemahlenen schwarzen Pfeffer oder einen Spritzer Weinessig.

Pilzgerichte in DASH-Qualität

(bayr.) Schwammerl, (ital.) Funghi, (frz.) Les Champignons •VEGETARIERGEEIGNET•

Speisepilze werden zutreffend auch „Schwammerl" genannt, weil sie zeitlebens wie ein Schwamm das Wasser aufsaugen; sie sind keine Pflanzen. Frische Speisepilze enthalten durchschnittlich gute 90% Wasser! Dies macht sich bei der Zubereitung deutlich bemerkbar, denn beim Erhitzen in einer Pfanne oder einem Topf mit Öl oder Fett läuft das enthaltene Wasser aus den Pilzen heraus und vermischt sich mit dem Öl oder Fett. Es empfiehlt sich deshalb das Dünsten mit geschlossenem Deckel bei guter Hitze. Werden Speisepilze bei starker Hitze gegart, evtl. auch durch das Grillen, wie das z.B. bei geschnetzelten Austernpilzen geschieht, dann dampft das enthaltene Wasser schnell weg, das verbleibende **„Pilzfleisch"** mit seinen Proteinen (ca. 1 bis 4 %), Kohlehydraten und Fetten (unter 1%), Ballaststoffen (1 bis 6%) und organischen Fruchtsäuren, ätherischen Ölen und Terpenen unterliegt dann einem Verschwelungsprozeß, bei welchem typische Geschmacksstoffe gebildet werden. **Pilze** sind **keine Schonkost** und keine Diät bei Magenerkrankungen und Verdauungsschwäche, sie sind **schwer verdaulich**, besitzen deshalb einen hohen Sättigungswert und benötigen je nach Sorte Kochzeiten von einer Stunde und mehr. **Bei Erhitzen von in dünne Scheiben geschnittenen, also geschnetzelten Pilzen oder von Pilzhaschée in der Fettpfanne oder am Grill, also beim Braten, Rösten und Grillen, reichen Garzeiten von 10 bis 15 Minuten aus. Warnhinweis:** Starkes Erhitzen, wie z.B. beim Grillen, einer primitiven Weise des Erhitzens von Lebensmitteln (Nomaden, Naturvölker, Trapper) kann zum Entstehen krebserregender Verschwelungsprodukte führen, z.B. von Acrylamid, Polyzyklischen Kohlewasserstoffen (PAK) und Acroleïn.

60. Geschnetzelte Champignons oder Champignonhaschée in Olivenöl mit Petersilie und Pfeffer gebraten

•VEGETARIERGEEIGNET•

Frische Champignons müssen weiß und hart sein. Nach dem sorgfältigen Putzen und Reinigen mit Wasser werden die

Champignons mit einem Lebensmittelpapier oder Tuch abgetrocknet und in dünne Scheiben geschnitten oder auch mit einem schweren eisernen Wiegemesser fein gewiegt, ersatzweise gehackt. In einer Pfanne oder einem Bratentopf wird ein geeignetes Fett oder Öl mit möglichst hohem Rauchpunkt erhitzt. Wird natives Olivenöl verwendet, so dauert das Garen länger als bei Ölen oder Fetten mit sehr hohem Rauchpunkt, weil das native Olivenöl im Gegensatz zum raffinierten Olivenöl einen eher niedrigen Rauchpunkt besitzt und auf keinen Fall so stark erhitzt werden darf. Wenn's in der schnellen DASH-Küche pressiert und die Pilze rasch garen sollen, empfiehlt sich die Verwendung von Kokosfett, Sojaöl, Sonnenblumenöl oder Butterschmalz (cholesterinhaltig!). Die geschnetzelten oder gewiegten Pilze werden in das gut heiße Öl gegeben und einige Minuten gebraten bzw. geröstet. Um das Anbrennen und Verkohlen zu verhindern, muß rechtzeitig mit abgekochtem Wasser aufgegossen werden. Falls erwünscht, kann auch mit Weißwein, Gemüsebrühe, Fleischbrühe, Fischbrühe oder Hühnerbrühe aufgegossen werden. Nach dem Aufgießen kann fein gewiegte Petersilie und fein gemahlene schwarzer Pfeffer nach Gusto zugegeben werden, der Deckel wird dann aufgesetzt und bei geschlossenem Deckel noch 10 bis 20 Minuten gedünstet, bis die Garprobe beim Probieren befriedigend ausfällt. Die so geschnetzelten Champignons lassen sich gut als Sauce zu Pasta (Bandnudeln oder Spaghetti) verwenden, aber auch als Tapa zu einem Glas Wein. Wer will, kann zum Binden der Pilzsauce mit etwas Mehl oder Speisestärke bestäuben und nochmals kurz aufkochen. Zum Binden eignet sich auch gut Preiselbeerkompott oder Preiselbeermarmelade, auch rote Johannisbeermarmelade mit Kernen oder rotes Johannisbeergelee ohne Kerne. Auch mit Magermilch darf aufgegossen werden; wer's darf, kann auch mit Crème fraîche oder Sahne binden.

Varianten: Nach dem Aufgießen mit Wasser oder anderer Flüssigkeit können als Gewürze nach Gusto auch in der schnellen DASH-Küche ohne nennenswerten zusätzlichen Zeitaufwand folgende Kräuter und Gewürze in feinst gemahlenem Zustand oder angequetscht zugegeben werden: Knoblauchpulver oder mit der Knoblauchpresse gepreßter frischer Knoblauchsaft, Wacholderbeeren gequetscht, Kerbel, Bohnenkraut, Rosmarin, Thymian, Lavendel. Falls verfügbar, kann nach französischer Kochkunst mit dem sog. Knoblauchpilz, dem Echten Knoblauchschwindling oder Mousseron (Mycetinis scorodonius, Marasmius alliatus) aromatisiert werden.

Kapitel 9: Das Ei und die Eierspeisen.

Das Ei besteht aus einer Portion *Eigelb* und einer Portion *Eiweiß*.

Eierspeisen mit Vollei (= Eigelb und Eiweiß): Auch ungesalzene Eierspeisen mit dem ganzen Ei („no-salt-added“) enthalten aufgrund der natürlichen Zusammensetzung des Eies relativ viel Salz und sehr viel Cholesterin.

Trennung des Eies in Eigelb und Eiweiß: Für die Zubereitung von Eierspeisen ist es wichtig zu wissen, daß in der Küche das Ei problemlos in Eiklar (Eiweiß) und Eidotter (Eigelb) getrennt werden kann, und daß das Salz vorwiegend im Eiklar enthalten ist, welches dafür kein Cholesterin enthält, und daß das Cholesterin zu 100% nur im Eigelb (Dotter) steckt, welches zwar sehr viel weniger Salz als das Eiweiß enthält, aber immer noch so viel Salz wie z.B. das Rindfleisch.

Wer also **„nur“ ein Cholesterinproblem** hat und **kein Blutdruckproblem** und **kein Gewichtsproblem**, der muß zwar auf Speisen mit Vollei und Eigelb verzichten, darf jedoch ***Speisen mit Eiklar bzw. Eischnee oder Baisermasse*** essen. *Also grünes Licht für italienisches und französisches Dessert (île flottante, œufs à la neige, Schneeeier, schwimmende Insel) und Schaumgebäck, Zitronenbaiser, Meringue (Meringe) und Spanischen Wind, wenn diese Leckereien wirklich nicht mit dem cholesterinhaltigen Eigelb zubereitet worden sind. Deshalb sind Omelettes mit untergezogenem Eischnee, Salzburger Nockerl usw., die neben dem Eiweiß auch noch mit dem Eigelb zubereitet werden, für „Cholesterinpatienten“ trotzdem tabu!*

Für die DASH-Diät bei Bluthochdruck sind somit **auch ungesalzene Eierspeisen wegen des natürlichen Kochsalzgehaltes des Volleies und des Eiweißes nicht zum schnellen Senken des erhöhten Blutdruckes geeignet**. In geringer Menge können ungesalzene Eierspeisen allenfalls nach erfolgreicher stabiler Senkung des Blutdruckes als „kleine Belohnung“ genossen werden. **Im Rahmen der DASH-Diät zur Senkung des Cholesterinspiegels sollte auf Eierspeisen gänzlich verzichtet werden.** Eierspeisen eignen sich deshalb in geringer Menge für die DASH-Diät zur Gewichtsabnahme nur dann, wenn keine Cholesterinsenkung erforderlich ist. Der Vorteil der Eierspeisen ist neben dem Geschmack und den wertvollen Inhaltsstoffen insbesondere des Eidotters die erreichte langanhaltende Sättigung.

Bayerische Pfannkuchen werden aus Mehl, Eiern und Milch zubereitet, Salz wird dem Teig traditionell im privaten Haushalt entweder gar nicht oder lediglich als Prise hinzugefügt; auch Backtriebmittel jeglicher Art, wie Natriumbikarbonat, Hirschhornsalz oder auch Hefe, haben in einem bayerischen Pfannkuchen nichts zu suchen! Bayrische Pfannkuchen werden in einer Pfanne mit Butter oder Butterschmalz ausgebacken, es kann jedoch auch ein feines Olivenöl oder Kokosfett verwendet werden. Pfannkuchen sind keine Omelettes oder Eierkuchen, denn Pfannkuchen enthalten wesentlich mehr Mehl als letztere. Pfannkuchen werden deshalb in der österreichischen Küche zu den **Mehlspeisen** gezählt. Wird der Pfannkuchenteig mit getrennten Eiern, also mit untergehobenem steif geschlagenem Eischnee zubereitet, erhält man dickfleischigere, saftigere und sehr lockere Pfannkuchen. Wird auf das Trennen der Eier verzichtet und der dünnflüssig hergestellte Pfannkuchenteig sehr dünn in der Pfanne ausgegossen, erhält man sehr dünne, knusprige Pfannkuchen.

Italienische Frittate sind eher saftig-deftige italienische Eierkuchen, italienische **Crespelle** sind zarter und dünner; sehr dünn sind auch die französischen **Crêpes**.

Die einfachsten Eierspeisen:
Das weich oder hart gekochte Ei, das Spiegelei und das Rührei.

Das Ei enthält von Natur aus schon sehr viel Kochsalz bzw. Natrium, wenn man naturbelassene native Lebensmittel als Bezugsrahmen nimmt. Freilich, Brot, Käse und Wurst können 5mal bis 20mal so viel Salz enthalten wie das Ei. Aber das Ei enthält doch etwa doppelt so viel Salz wie ein Schweinefilet und dreimal so viel Salz wie ein Rindfleisch von der Oberschale. Weich oder hart gekochte Eier, Rührei oder Spiegelei sollten deshalb grundsätzlich nicht mehr gesalzen werden, nicht nur bei der DASH-Diät. Wegen des hohen Cholesteringehaltes soll auf den Verzehr von Eiern und Eierspeisen bei bekanntem erhöhtem LDL-Cholesterin und bei Arteriosklerose weitgehend verzichtet werden. Wer ausnahmsweise derlei genießen will, sollte z.B. cholesterinsenkende Beilagen zum Ei verzehren, wie z.B. Haferflocken, Haferkleie, Haferkleieflocken, welche mit ihrem Gehalt an Beta-Glukan das Nahrungscholesterin an sich binden und die Resorption des Cholesterins behindern können. Auch Gemüse und Öle mit hohem Phytosteringehalt, wie z.B. Gurke, Zucchini, Kürbis und Kürbiskernöl, tragen zur Senkung des LDL-Cholesterins bei, ebenso Lebensmittel mit hohem Anteil an Vitamin B3 (Niacin).

61. Das weich oder hart gekochte Ei, die allereinfachste Eierspeise mit großer Variationsbreite •VEGETARIERGEEIGNET•

Eier sind von Natur aus unhygienisch, weil sie aus der Kloake des Huhnes ausgeschieden werden; sie sollen nicht roh verzehrt werden (Salmonellengefahr!). Die Eier sollen vor dem Kochen unter fließendem kaltem Wasser gereinigt werden, ggf. mit einer Bürste.

Die gewaschenen Eier mit einem Löffel in kochendes Wasser einlegen. Kochzeit für weiche Eier je nach Frischegrad und Größe der Eier sowie nach Gusto 3 - 6 Minuten, für harte, schnittfeste Eier 8 - 10

Minuten. Weich gekochte Eier sollen kurz mit kaltem Wasser abgekühlt werden, damit sie bis zum Verzehr nicht nachhärten, und dann bis zum Verzehr warmgehalten werden.

Weich gekochte Eier können aus der Schale gegessen werden oder im Glas mit Kräutern und Gewürzen garniert serviert werden. Hart gekochte Eier sollen in eiskaltem Wasser abgekühlt werden, damit sie problemlos geschält werden können. Für die DASH-Diät dürfen weich oder hart gekochte Eier nicht gesalzen oder mit salzhaltigen Würzmitteln, wie z.B. Senf, Remouladen usw., gewürzt werden. Würzen mit fein gemahlenem schwarzem Pfeffer, Cayennepfeffer, Paprikapulver, Chilipulver, Ingwerpulver, Kumin (Kreuzkümmel), Zimt oder Curry, oder fein gemahlenen Senfkörnern, frisch geriebenem Meerrettich (Kren), auch mit scharfen Kräutern nach Belieben, z.B. mit fein gewiegter Petersilie, die allerdings von Natur aus schon reichlich Kochsalz enthält, mit Steinpetersilie, Schnittlauch, Estragon, Pfefferminze, Zitronenmelisse, oder klassisch mit gewässerten (entsalzenen) Kapern. Vor dem extrem hohen Salzgehalt handelsüblicher eingelegter Kapern im Glas wird gewarnt, der Salzgehalt kann durch eintägiges Wässern in kaltem Wasser, welches mehrmals gewechselt werden muß, verringert werden. Schnittfest hartgekochte Eier mit Gewürzen und Kräutern eignen sich gut als Brotbelag, wenn man ungesalzenes selbstgebackenes frisches Brot oder ungesalzenen Zwieback bzw. ungesalzene handelsübliche jüdische Matzen zur Verfügung hat, dazu ungesalzene Butter (Süßrahm oder Sauerrahm), Crême fraîche, Quark (Topfen) oder feinstes natives Olivenöl „non filtrato“. Auch zur Kombination mit Salaten, Fisch, Tellerfleisch, Sulze (Aspik) und Gemüse geeignet.

62. Das Spiegelei, in Olivenöl gebraten, ggf. mit Knoblauch, gut kombinierbar •VEGETARIERGEEIGNET•

In einer Pfanne das gewünschte Fett milde erhitzen, es darf zu keiner Bräunung kommen. Es eignen sich Butter, Butterschmalz, Schweineschmalz, Gänse- oder Entenschmalz als cholesterinhaltige Fette, als cholesterinfreie Öle das Olivenöl (nativ oder raffiniert), auch Rapsöl oder andere Pflanzenöle. Die Eier in die Pfanne mit heißem Fett einschlagen, Hitze herunterdrehen, langsam braten, bis das Eiklar sichtlich geronnen ist. Würzen kann nachträglich mit den beim gekochten Ei genannten Kräutern und Gewürzen erfolgen. Wer will, kann schon vor dem Einschlagen der Eier in die Fettpfanne fein geschnittenen Knoblauch anrösten und die Eier dann auf den angerösteten Knoblauch aufschlagen. Das Spiegelei eignet sich vor allem zur Kombination mit Pellkartoffeln, Kartoffelbrei, püriertem Spinat und Salat, auch als Brotbelag oder als Belag auf gepfefferten Tomatenscheiben.

63. Das Rührei, mit ungesalzenen Streckzutaten (Magermilch, gekochtem Tafelspitz, feingewiegten Kräutern und fein gewiegten gekochten Gemüsestückchen

In einer Pfanne oder Auflaufform das gewünschte Fett (siehe obiges Rezept) milde erhitzen. **Grundrezept:** Eier, etwas Magermilch und feingewiegte Petersilie (enthält von Natur aus schon reichlich Kochsalz!) in einem Teller mit der Gabel schaumig schlagen und dann in die heiße Fettpfanne einrühren, bei mäßiger Hitze unter ständigem Umrühren mit einer Gabel die Rühreimasse stocken lassen. Falls erforderlich, Angesetztes mit einem Holzspatel oder Pfannenwender vom Pfannenboden abkratzen. Rührei soll nicht zäh und trocken sein, aber auch nicht vor Fett triefend, sondern luftig, locker-flockig, weich und saftig, nach Frische duftend. *Rührei ist der gedankliche und küchenphilosophische Übergang zum Omelette und Soufflé!* **Varianten:** In die Rühreimasse kann man je nach Geld und Gusto allerlei ungesalzene Köstlichkeiten einrühren: fein gewiegte Kräuter, fein gehackte gekochte Gemüseteile, fein gewiegtes in ungesalzenem Wasser gekochtes Siedefleisch, Tafelspitz, oder gekochte Fischstückchen, fertig gegarte und gewiegte ungesalzene Pilze (Schwammerl, wie z.B. Champignons, Shiitake, Steinpilze, Eierschwämme bzw. Pfifferlinge, Reherl). Warnhinweis: Vor dem Einbringen stark gesalzener, gepökelter und geräucherter, also toxischer Lebensmittel, wie z.B. Schinken, Speck, Salami, Räucherfisch usw. wird gewarnt.

Zum Strecken und Binden kann man auch einen halben bis ganzen Teelöffel Speisestärke (Mondamin, Maizena) in einer halben Espressotasse zimmerwarmer Magermilch einrühren und dieses Stärkemehlteiglein vorsichtig in die Rühreimasse einrühren. Auch Bestäuben mit Mehl ist möglich. Nachträgliches Würzen mit feinst gemahlenem schwarzem Pfeffer ist in Bayern klassisch.

64. Eischnee (Grundrezept) •VEGETARIERGEEIGNET•

Herstellung eines sehr steifen Eischnees: 2 bis 3 gut gekühlte, sehr frische Eier mit einem kleinen Messer im oberen Drittel aufschlagen und die leere Spitze abheben, das Eigelb in die leere Spitze kippen, so daß im unteren Drittel der Eierschale das Eiklar (Eiweiß) verbleibt. **Im Eiklar darf kein Rest von Eigelb enthalten sein! Das Eiklar dann in eine geeignete, sehr saubere, fettfreie und emulgatorfreie, gut vorgekühlte Aufschlagschüssel** aus dickwandigem Steingut (ersatzweise Edelstahl) mit rundem Boden schütten. Falls der Eischnee für eine Süßspeise verwendet werden soll, kann evtl. eine Prise feinsten Zuckers oder auch ein „Dash" (Spritzer) natriumfreier Flüssigsüßstoff (Vorsicht: womöglich nicht hitzebeständig) hinzugeben werden. Mit einem möglichst großen, fettfreien Schneebesen oder dem elektrischen Handrührgerät (mit niedrigster Stufe beginnend!) schaumig-steif schlagen, bis eine stichfeste bis schnittfeste

Konsistenz erreicht ist, was bei optimalen Bedingungen je nach Frischegrad des Eies 1 bis 3 Minuten dauert. **Eischnee aus Eiklar (Eiweiß) enthält im Gegensatz zum Eidotter (Eigelb) kein Cholesterin, jedoch ca. 400 mg Kochsalz in 100g!**

65. Grundrezept: Altbairischer Pfannkuchenteig ohne Trennung der Eier für dünne knusprige Pfannkuchen, ohne Backpulver •VEGETARIERGEEIGNET•

Damit man den Teig dann bequem in die Pfanne ausgießen kann, empfiehlt es sich, gleich zum Anrühren des Teiges eine Schüssel oder Kanne aus Porzellan oder Steingut mit Ausgießer zu benutzen. Man gibt etwa 200 g kleberreiches Weizenmehl (Typ 405) in die Schüssel. Der Teig wird lockerer, wenn man das Mehl siebt. Auf die Zugabe von Salz wird verzichtet, ebenso auf die Zugabe jeglicher Backtriebmittel. Vorbereitet hat man knapp einen halben Liter zimmerwarmer Milch. Dann drückt man mit einem Kochlöffel eine Mulde in das Mehl und rührt mit einem hölzernen Kochlöffel dann je nach Größe zwei bis drei Eier sowie 2 - 3 Eßlöffel zimmerwarmer Milch (entrahmte Milch oder Milch höherer Fettgehaltsstufen, wer's darf) in die Mehlgrube ein. Dann von der restlichen zimmerwarmen Milch so viel in das Mehl einrühren, daß ein glatter Teig ohne Mehlbröckel entsteht. Der Teig soll je nach gewünschter Konsistenz mehr oder weniger zäh und dicklich vom Kochlöffel runterlaufen. Je nach Qualität des Mehles wird bei längerem Stehen des Teiges dieser zähflüssiger, so daß zum Ausgießen in die Pfanne die erneute Zugabe einiger Eßlöffel Milch erforderlich ist. Wer sehr dünne Pfannkuchen ausgießen will, benötigt einen eher dünnflüssigen Teig. In einer großen Stielpfanne erhitzt man dann vorsichtig etwa einen Eßlöffel Backfett. Wird Butter verwendet, sollte diese nicht bräunen, geschweige denn verkohlen! Auch Olivenöl kann verwendet werden, wenn man bei niedriger Hitze ausbacken will. Der Umgang mit Butterschmalz oder dem cholesterinfreien Kokosfett ist für den Ungeübten einfacher. In das heiße Fett gießt man nun den vorbereiteten Pfannkuchenteig dünn aus, ggf. hebt man die Pfanne hoch und schwenkt diese kreisend, so daß der dünnflüssige Teig sich in der ganzen Pfanne ausbreitet. Bei mäßiger Hitze bäckt man zuerst die untere Seite des Pfannkuchens goldgelb aus, wendet dann mit einem geeigneten breiten

Pfannenwender den Pfannkuchen und bäckt die andere Seite ebenso aus. Für jeden weiteren Pfannkuchen muß eine etwa teelöffelgroße Menge Backfett in die Pfanne gegeben werden, ist das Fett nicht heiß genug, so wird der Teig noch mehr Fett aufsaugen als er dies ohnehin schon tut, und mehr als wünschenswert ist. Eine größere Menge Pfannkuchen kann auf einem heißen Teller, ggf. mit Rechaud oder im Backrohr, warmgehalten werden, bis am Tisch serviert wird. Der so zubereitete Pfannkuchen ist ungesüßt und kann sowohl zu süßen Pfannkuchen verarbeitet werden als auch mit Pilz- oder Gemüsefüllungen oder Fleischfüllungen, wie Haschee oder Ragout, gefüllt werden. Eingerollte sehr dünne Pfannkuchen können zu sehr feinen und dünnen Pfannkuchennudeln geschnitten werden, die als Suppeneinlage dienen. Pfannkuchen und dünn geschnittene Pfannkuchennudeln eignen sich sehr gut zum Aufbewahren im Kühlschrank bei 0 bis 5 Grad Celsius und zum Einfrieren, so daß im Rahmen der DASH-Diät auch die Vorauszubereitung für die ganze Woche und das Mitnehmen ins Büro und für unterwegs möglich sind.
Ganz besonders schmecken traditionell in einer Eisenpfanne am mit Buchenholz befeuerten Küchenherd zubereitete Pfannkuchen. Wenn in der Herdplatte einzelne Ringe herausnehmbar sind, damit die gußeiserne Pfanne in der lodernden Flamme erhitzt werden kann und mit einem Spritzer („dash“) hochprozentigen Rum oder Weinbrand sogar das Flambieren möglich ist, kann man **Pfannkuchen nach altbairischer Holzhackerart** genießen. Der traditionell ärmliche Holzhackerschmarren wird aus einem sehr dünnen knusprigen Pfannkuchen hergestellt, der aus Magermilch, Mehl und wenig Ei, vielleicht sogar gänzlich ohne Ei hergestellt worden ist. Zum Ausgleich dafür gibt’s ein paar Rosinen oder Sultaninen mit etwas Rum dazu in die Pfanne.

66. Grundrezept: Pfannkuchenteig mit steif geschlagenem Eischnee (Trennung der Eier) für Omelettes, Eieromelettes und saftige, lockere „dickfleischige“ Pfannkuchen •VEGETARIERGEEIGNET•

Vorgehensweise wie oben, jedoch werden zunächst nur das Eigelb (Eidotter) mit der Milch zu einem dickflüssigen Mehlteig verrührt. Anschließend wird der sehr steif geschlagene Eischnee (siehe Grundrezept hierfür) untergehoben und vorsichtig eingearbeitet. Fett in der Pfanne erhitzen, den Teig in die Pfanne geben und die erste Seite goldgelb ausbacken, dann mit dem Pfannenwender wenden und die zweite Seite ausbacken.

Fischgerichte (Süßwasserfisch, Seefisch)

Fischsuppe, Fischfilet

67. Preiswerte klare Fischbrühe (leere Fischsuppe), aus kleinen Fischen, Fischköpfen, Flossen und Schwänzen mit dem natürlichen Fischgelatinegehalt, ungesalzen

Eine geschmacksintensive und gehaltvolle Fischbrühe kann nur aus Kollagen und sonstigem Bindegewebe in Fischköpfen, Gräten, Flossen und Schwänzen, hergestellt werden, nicht jedoch aus Fischfilets. Verwendet werden können auch minderwertige kleine, grätige Fische; zugegeben werden können auch nicht mehr ganz frische Fischfilets, die also nicht mehr so frisch sind, als daß man sie in der Pfanne braten möchte, und deshalb gekocht werden müssen (die übliche Grenze ist auch bei Kühlung im Nullgrad-Kühlschrank der 3. Tag ab dem Filetieren). Auch zubereitete Fischfiletreste vom Vortag können verwendet werden.

1 bis 2 Pfund Fischköpfe, Flossen und Schwänze, auch Gräten, sowie kleine küchenfertig hergerichtete (d.h. geschuppt, ausgenommen, gesäubert) Süßwasser- oder Meeresfische (nicht mischen!) beliebiger Sorten mit Kopf, Flossen und Schwänzen, und, falls vorhanden, auch den Gonaden (Fischmilch, Karpfenmilch usw.) werden sorgfältig gewaschen und gereinigt, dann in kleine Stücke geschnitten und mit einer halbierten Petersilienwurzel, gelben Rübe und halben Sellerieknolle (Suppengrün, Wurzelwerk) sowie 1 Lorbeerblatt und 2 -3 ganzen schwarzen oder grünen Pfefferkörnern, weitere Gewürzkörner, wie z.B. Wacholderbeeren, 1 Stück unbehandelte Orangenschale, 1 Stück unbehandelte Zitronenscheibe mit Schale, 1 Knoblauchzehe, gibt man in einen großen Topf. Dann gießt man mit einem Viertel Liter Weißwein und 1 - 2 Liter kaltem ungesalzenem Wasser auf, fügt 2 -3 Eßlöffel natives Olivenöl hinzu und erhitzt alles rasch bis zum sprudelnden Kochen. Dann Hitze zurückdrehen, leise etwa 1 bis 2 Stunden köcheln lassen, bis alle Fischteile zerfallen sind. An der Oberfläche sich absetzenden Schaum mit dem Schaumlöffel abnehmen und verwerfen. Dann abkühlen lassen und alles durch ein feines Passiersieb streichen. Fertig.

Beim Erkalten wird die ausgekochte Fischgelatine (Sulze, Aspik) mit ihren wertvollen essentiellen Aminosäuren zu einem wohlschmeckenden schwabbeligen schnittfesten Gelee erstarren, das sich bei mildem Erwärmen sofort zur Suppe (Brühe) auflöst. Durch weiteres Kochen und Eindicken kann ein Fischfond hergestellt werden, der seine Gelierfähigkeit (sog. Bloomwert) verloren hat, reich an Aminosäuren ist, und im Kühlschrank gut haltbar ist.

Salzwasserfisch

68. Dünn geschnittenes „praktisch grätenfreies" Kabeljaufilet oder Kabeljaurückenfilet *„nature"* in der Pfanne mit Öl Ihrer Wahl gebraten, mit Weißwein und Petersilie

Beim Einkauf entscheiden Sie schon, wieviel **Zeitaufwand** Sie beim Braten zu Hause haben werden. Denn ein sehr dünnes Fischfilet ist in 5 Minuten oder schneller durch, je nach Rauchpunkt des verwendeten Öles, und ein hoch aufgebautes 4cm-Kabeljaurückenfilet braucht weit über eine halbe Stunde!
Mit der **Auswahl des Öles bzw. Fettes zum Braten in der Pfann**e entscheiden Sie schon, wie lange der Bratvorgang dauern wird. Denn Olivenöl und Butter haben einen sehr niedrigen ***Rauchpunkt*** und brennen an, wenn Sie zum Beschleunigen des Garvorganges zu viel Hitze geben. Zum ***raschen Garen in unserer schnellen DASH-Küche*** müssen Sie ein Fett bzw. Öl mit sehr hohem Rauchpunkt verwenden, welches viel Hitze verträgt, ohne gleich zu verschwelen, also z.B. Maiskeimöl, Rapsöl, Sojaöl, Sonnenblumenöl, Kokosfett oder Butterschmalz (cholesterinhaltig!). Rapsöl enthält reichlich von den so seltenen Omega-3-Fetten!

Wenn Sie nicht in Eile sind, können Sie in einer Pfanne feines natives Olivenöl langsam und milde erhitzen, ohne daß sich das Öl bräunt, und das Bratengut gemächlich garen. Wenn Sie in Eile sind, das Kabeljaufilet oder Kabeljaurückenfilet in das gut heiße Maiskeimöl, Rapsöl, Sojaöl, Sonnenblumenöl, Butterschmalz oder Kokosöl geben und beide Seiten rasch 2 - 3 Minuten anbraten, dann erst die Hitze herunterschalten, bei milder Hitze beide Seiten ohne aufgesetzten Deckel nochmals 2 - 2 Minuten braten und dabei mit etwas abgekochtem heißem Wasser, heißer Gemüsebrühe, heißer Fleischbrühe oder am besten heißer Fischbrühe bzw. Fischfond aufgießen. Man kann auch den Pfannendeckel aufsetzen, Brühe, Weißwein und Kräuter dazugeben und bei milder Hitze dünsten. Garzeit eines sehr dünn (max. 10mm) geschnittenen Kabeljaufilets nur ca. 5 Minuten, dicke Stücke ca. 10 - 30 Minuten. Gegen Ende der Garzeit kann fein gewiegte Petersilie mit etwas Weißwein zugegeben werden, falls dies nicht schon vorher geschehen ist. Nach Belieben auch fein gemahlener schwarzer Pfeffer. Servieren mit Pellkartoffeln, Reis, Polenta oder Couscous, Gemüsen. Dazu z.B. mit kaltem Wasser gespritzter herber trockener Weißwein oder ein aromatischer Sauvignon.

Variante: Zum Garen einige gut gewässerte entsalzene Kapern und / oder in Scheiben geschnittene gewässerte entsalzene Oliven zugeben, frisch gepreßten Zitronensaft draufträufeln oder frisch geriebene unbehandelte Zitronen- oder Orangenschale in die Sauce oder zur Beilage geben.

69. Pazifisches Wildlachsfilet in der Pfanne mit Dill, Petersilie oder Steinpetersilie (Pimpinelle) gebraten, optional mit Wermutwein (Wermut ist ein Hildegard-Kraut), Noilly Prat, Sherry, Marsala oder Portwein aufgegossen

Zuchtlachs kann wegen des unvermeidbaren Einsatzes von antiparasitären Mitteln und anderen Chemikalien bei der Zucht ebensowenig wie anderer Zuchtfisch empfohlen werden. Zuchtlachs ist erwartungsgemäß viel fettreicher als Wildlachs, der sich viel mehr bewegen muß. **Warenkunde:** In der Bengelmann Versuchsküche wurde das **pazifische Wildlachsfilet** der Fa. Costa Meeresspezialitäten GmbH, Emden, verwendet, welcher laut Herstellerangaben ca. 10g Fett in 100g enthält und nur 0,05g (= 50mg) Natrium, was ca. 125mg (=0,125g) Kochsalz, vereinbar mit dem natürlichen Salzgehalt eines Seefisches, entspricht.

Zubereitung: Das aufgetaute Wildlachsfilet mit einem Küchenleinen gut trocken tupfen, nicht würzen, da Pfeffer und andere Gewürze beim Erhitzen in der Pfanne leicht einen unangenehmen bitteren Geschmack annehmen können. In einer Pfanne 2 - 3 EL natives Olivenöl erhitzen und die Wildlachsfilets von beiden Seiten je 5 bis 8 Minuten braten. Mit abgekochtem heißem Wasser löschen und aufgießen. Falls erwünscht, kann man auch mit einer halben Espressotasse Wermutwein, Marsala, Sherry oder Portwein löschen. Dann nach weiterem Aufgießen von heißer Flüssigkeit (abgekochtes Wasser, selbsthergestellte ungesalzene Gemüsebrühe, Fleischbrühe oder Fischbrühe „no-salt-added“) die gewünschten Kräuter fein gewiegt dazugeben: Petersilie, Steinpetersilie (= Pimpinelle, leichte wermutartige Bitternote!), 1

Lorbeerblatt (Bitternote!), Dill, evtl. Estragon, dann fein gemahlenen schwarzen Pfeffer und Zitronensaft nach Gusto. Nochmals 3 Minuten köcheln und ziehen lassen. Fertig. Beilagen: Reis, Pellkartoffeln, Couscous, Polenta, Pasta, ungesalzenes toskanisches Weißbrot.

Süßwasserfisch

70. Zanderfilet „nature", mit Olivenöl in der Pfanne gebraten mit Weißweinsoße, Pfeffer und Dill, optional Anis und Lavendel

Das Fleisch des Zanders *(Stizostedion lucioperca, Lucioperca sandra, auch Sander oder Sandart genannt, österr. Fogosch)* ist sehr natriumarm (ca. 25 mg Natrium in 100g) und wird traditionell so ähnlich wie das des Hechtes zubereitet, welcher allerdings dreimal so viel Natrium enthält. Die im Handel erhältlichen Zanderfilets sind meist grätenfrei und stammen meist nicht aus der Zucht, sondern aus Wildfang in Seen und Flüssen nördlicher Regionen, wo dieser Raubfisch durch Besatz erfolgreich zur Vermehrung gekommen ist.
Zubereitung: In einer Pfanne 2 - 3 Eßlöffel natives Olivenöl oder reines Butterschmalz (cholesterinhaltig!) geben, 1 EL fein gewiegte Zwiebel im Öl vorsichtig erhitzen, bis die Zwiebelstückchen glasig sind, dann die vorher gewaschenen und mit einem Küchenleinen trocken getupften ungewürzten Zanderfilets in der Pfanne auf beiden Seiten braten, bis die Filets gar sind. Dann mit abgekochtem heißem Wasser oder mit Weißwein löschen und aufgießen, fein gemahlenen schwarzen Pfeffer und fein gewiegten Dill dazugeben, evtl. auch etwas frisch gepreßten Zitronensaft und abgeriebene unbehandelte Zitronenschale, und noch einige Minuten leise köcheln lassen. Wer den Geschmack von Anis und Lavendel liebt, kann auch diese beiden in der Provence beliebten Fischgewürze dazugeben.
Beilagen: Bevorzugt Reis, aber auch Couscous, Polenta oder Pellkartoffeln mit Petersilie und einigen Tropfen Olivenöl oder etwas Butter, dazu herber Weißwein, auch mit Wasser gespritzter Weißwein (10 mal so viel Wasser aufgießen wie Wein).

Karpfenmilch und andere Fischmilch

Es kann die ungesalzene native Milch, d.h. die männlichen Gonaden, von Karpfen oder anderen Süßwasserfischen, wie z.B. Forellenmilch, ebenso wie die ungesalzene native Milch von Salzwasserfischen, wie z.B. Heringsmilch, verwendet werden.

71. Pariser Karpfenmilch oder Milch anderer Fischarten mit Champignons eingekocht und als dicke Suppe serviert

Die Karpfenmilch bzw. Milch anderer je nach Jahreszeit erhältlicher Fische wird in einem Sud, der zu gleichen Teilen aus ungesalzener Fischbrühe, ersatzweise Fleischbrühe oder Gemüsebrühe, und trockenem Weißwein besteht, gekocht. Steht keine solche Brühe fertig zur Verfügung, kann man ersatzweise einen Sud aus abgekochtem heißem Wasser und trockenem Weißwein zubereiten, indem man eine Portion Suppengrün (frisch oder TK-Ware) mit Weißwein und Wasser 15 Minuten aufkocht. Den Sud kann man mit einigen Pfefferkörnern, einem Lorbeerblatt, Estragonstengeln und etwas Anis würzen. Da der Sud nach dem Garen der Fischmilch durch Kochen konzentriert werden soll, sollte man so wenig Sud verwenden, wie es möglich ist, d.h. die zu garende Fischmilch soll gerade mit Flüssigkeit bedeckt sein. Schon bei der Zubereitung des Suds kann man je nach Gusto eine entsprechende Menge küchenfertig geputzter und gewaschener Champignons in kleine dünne Scheibchen schneiden und mitkochen. In den fertigen Sud gibt man zunächst die Milche und kocht diese je nach Größe etwa 5 bis 15 Minuten. Dann nimmt man die Milche heraus, entfernt die Häute der Fischmilch und schneidet die gekochte Milch in kleine Scheiben, legt diese auf einen Teller und hält sie im Rohr warm. Den Sud köchelt man dann noch eine Weile bis auf die Hälfte ein, so daß er eingedickt ist. Dann gibt man die warm gehaltenen Fischmilchscheiben wieder in den köchelnden Sud und läßt noch eine Weile leise köcheln. Man kann nach dem Kochen auch mit etwas Stärkemehl eindicken oder einfach mit Mehl bestäuben. Variante: Die eingedickte Fischmilch-Champignon-Suppe kann in feuerfeste Förmchen abgefüllt und noch einige Minuten im Backrohr mit ungesalzenen Semmelbröseln oder ungesalzenem Paniermehl, ersatzweise mit in Speiseöl geröstetem Grieß, mit fein gewiegten Haferflocken, geriebenem ungesalzenem Zwieback ECOR oder geriebenen, sorgfältig geschälten (!) Walnüssen überbacken werden.

72. Sizilianische Karpfenmilch oder andere Fischmilch (z.B. Zandermilch, Forellenmilch, Kabeljaumilch, Heringsmilch) mit Knoblauch und Rosmarin in nativem Olivenöl gebraten

Selbstverständlich kann auch die Milch von Meeresfischen verwendet werden, wenn diese ungesalzen, frisch oder als TK-Ware, erhältlich ist.

Die Karpfenmilch oder Fischmilch sorgfältig waschen und reinigen sowie von Häuten und Blutgefäßen befreien. Sollte dies schwierig sein, kurz mit kochendem Wasser überbrühen. Dann die Milch in dünne Scheibchen zerschneiden. In einer Pfanne natives Olivenöl vorsichtig erhitzen, klein gewiegte Knoblauchzehen nach Gusto kurz anbraten, bis sie glasig sind, dann die Fischmilchscheibchen in die Pfanne geben und unter mehrfachem Wenden mit dem Pfannenwender oder einem Spatel bei guter Hitze je nach Dicke 5 bis 10 Minuten braten. Entweder anfangs ganzen oder geschnittenen Rosmarin oder gegen Ende fein gemahlenes Rosmarinpulver hinzugeben. Damit nichts anbrennt, kann mit Weißwein oder auch Marsala, auch mit Cognac oder Armagnac, aufgegossen werden, ersatzweise nur mit abgekochtem heißem Wasser. Die Fischmilch soll außen knusprig sein, innen cremig-sämig, von der Konsistenz wie das Innere eines reifen Camembertkäses.

73. Geschnetzelte Karpfenmilch oder andere Fischmilch (z.B. Zandermilch, Forellenmilch, Kabeljaumilch, Heringsmilch) mit Ei und Mehl paniert in Butterschmalz oder Olivenöl gebraten

Waschen, Reinigen, Häuten usw. der Fischmilch wie im vorigen Rezept angegeben. Dann wie im vorigen Rezept die küchenfertig gereinigte und von Häuten und Blutgefäßen befreite Fischmilch in sehr dünne Scheiben (ca. 4 mm Dicke) schneiden oder schnetzeln dann die Scheibchen in einem Teller mit gesiebtem Mehl wenden, dann die bemehlten Fischmilchschnetzel in einem Teller durch das vorbereitete, mit einer Gabel schaumig geschlagene Ei (Eigelb und Eiklar schaumig geschlagen) ziehen und sofort in das heiße Öl geben. Wenden und knusprig ausbraten. Das Innere soll noch cremig-sämig sein. Nach Gusto mit fein gemahlenem Pfeffer würzen.

Krustentiere

74. Gewässerte küchenfertige frische Nordseekrabben aus Wildfang, in der Pfanne mit Olivenöl gebraten. Ersatzweise gewässerte TK-Zuchtgarnelen.

Küchenfertige („geschälte“ und entdarmte Ware) frische Nordseekrabben oder TK-Garnelen enthalten zunächst das Salz des Meeres und dann noch das Salz, das sie beim Kochen in Salzwasser gleich nach dem Fang abbekommen haben. TK-Ware wird vor dem Einfrieren im allgemeinen nochmals mit Salz besprüht. Vor dem Einkauf von Krustentieren sollten Sie die Herstellerangaben genau lesen, sie dürfen auch die Zahlenwerte für Natrium nicht mit denjenigen für Kochsalz bzw. Natriumchlorid verwechseln. **Aufgrund des extrem hohen Natrium- bzw. Kochsalzgehaltes sind tiefgekühlte und mit Salz besprühte Krabben, Shrimps, Garnelen usw. für die Ernährung des gesunden Menschen nicht geeignet**. Lebensmittel mit derart extrem hohem Salzgehalt sind hingegen als Krankenkost sinnvoll, als salzreiche Diät, wenn jemand z.B. an einer Salzverlustniere mit Hyponatriämie leidet. Wer trotzdem auf seine Garnelen nicht verzichten kann, sollte diese nicht nur wegen ihres hohen Salzgehaltes, sondern auch wegen der Belastung mit Pestiziden und antiparasitären Mitteln ungesunden Meeresfrüchte nach sorgfältiger Reinigung des Darmbereiches mit einer Gabel durch mehrstündiges Wässern entsalzen, in eiskaltem Wasser im Nullgradkühlschrank. Größere Garnelen sollten längs halbiert werden. Man kann dann davon ausgehen, daß durch Wässern wenigsten ein Großteil des nach dem Fang aufgesprühten Salzes entfernt werden kann.

Zubereitung: In einer Pfanne 2 - 3 EL natives Olivenöl vorsichtig erhitzen. Die sorgfältig gereinigten, gewässerten und somit teilweise entsalzenen geschälten und entdarmten Garnelen mit einem Küchenleinen trocken tupfen und im Olivenöl braten, bis sie gar sind. Dies wird je nach Größe der Meeresfrüchte kürzer oder länger dauern, größere Garnelen sollten vor dem Braten der Länge nach in zwei Hälften geteilt werden. Dann löschen mit abgekochtem heißem Wasser, Weißwein oder Brühe; man kann auch zuerst mit einem TL oder EL Weinbrand löschen (der Alkohol verdampft weitgehend, das Aroma bleibt im Olivenöl). Die gebratenen Garnelen können so serviert werden, auch als Beilage zu Fischfilets. Man kann nach dem Aufgießen jedoch auch eine Soße herstellen, wenn man mehr Flüssigkeit (Wasser, Brühe, Weißwein), als zum Löschen erforderlich wäre, aufgießt, dann fein gewiegte Petersilie, fein gemahlenen schwarzen Pfeffer oder Cayennepfeffer hinzugibt und zum Binden und wegen der Farbgebung fein gemahlenes Kurkumapulver (Gelbwurz) mit einer Gabel einrührt. Beilagen: Reis, Couscous, Polenta.

Zuchtware wird durch normales Braten meist nicht wirklich gar und nimmt gummiartige Eigenschaften an; derlei Ware muß in der Gastronomie gegrillt, d.h. bei sehr großer Hitze zur Geschmacksbildung verschwelt und mit stark gewürzten Saucen dekorativ serviert werden.

Fleischgerichte

Die Zubereitung von Fleisch in **ungesalzenem** Zustand verhindert, daß der Fleischsaft herausläuft, und läßt das Fleisch saftiger den Garzustand erreichen. Für die **schnelle DASH-Küche** sind **kurze Garzeiten** erforderlich. Solches wird garantiert durch 1) sehr dünn geschnittene Minutensteaks, sehr fein Geschnetzeltes und Gehacktes (Haschée) und 2) Verwendung von Ölen mit hohem Rauchpunkt, so daß das Bratengut (Fleisch, Fisch) mit größtmöglicher Hitze gegart werden kann. Bei den in der DASH-Küche verwendeten Ölen und Fetten soll **kein Überschuß an Omega-6-Fettsäuren gegenüber den Omega-3-Fettsäuren** bestehen. Deshalb wird eine **Mischung** beider Sorten empfohlen, z.B. von **Rapsöl** (= Omega-3) und **Maiskeimöl** (= Omega-6).

75. Geschnetzeltes Fleisch nach traditionellem Schweizer Rezept in DASH-Qualität „no-salt-added"

Das Fleisch je nach Sorte und Qualität quer zur Faser in dünne bis sehr dünne Streifen von 1 bis 10 mm Dicke schneiden. In einer Pfanne ein geeignetes Öl oder Fett mit ausreichend hohem Rauchpunkt (Olivenöl, Sonnenblumenöl, Sojaöl, Kokosfett, Butterschmalz) erhitzen. Zum heißen Fett gibt man fein gewiegte Zwiebeln, Schalotten und ggf. ungebleichten Knoblauch hinzu sowie etwas weißes Mehl und erhitzt Zwiebeln und Mehl, bis alles glasig-gelb ist. Dann gibt man das geschnetzelte Fleisch in die Pfanne, brät kurz an und gießt dann mit heißem Wasser oder mit Fleischbrühe auf, gibt dann, falls erwünscht, Pfeffer und Küchenkräuter nach Gusto hinzu und köchelt alles auf, bis das Fleisch fertig gegart ist. Dies kann je nach Qualität des Fleisches unterschiedlich lange dauern.

76. Traditionelles Schweizer Geschnetzeltes mit Kümmel

Zubereitung zunächst wie oben beim Grundrezept für Geschnetzeltes. Man gießt jedoch nach dem Anbraten des Fleisches mit Weißwein auf und fügt reichlich Kümmel in bester Qualität (noch nicht extrahierter Kümmel) hinzu.

Hierbei hat man den gesundheitlichen Vorzug des anti-karzinogenetisch wirksamen Kümmels mit seinem Gehalt an Carvon und Limonen.

Ragoût, Ragù, Ragú, Haschée,
Minuten-Hackfleischgerichte vom Rind (Kuh, Färse, Ochse, Bulle) oder gemischtes Hack von Rind, Kalb und Schwein, in traditionellen Rezepten auch mit Geflügelleber)

Ein **Haschée** oder **Ragoût** kann aus preiswertem oder auch teurem bis sehr teurem Fleisch zubereitet werden. Wer **Hackfleisch** (nicht zu verwechseln mit „Hackepeter") kauft und verwendet, sollte wissen, was Hackfleisch ist. Lebensmittelrechtlich darf als „Hackfleisch", gleichbedeutend **„Hack", „Gehacktes" oder „Gewiegtes"** nur ***das zerkleinerte Frischfleisch vom Rind, Schwein oder Kalb*** bezeichnet werden.

Hierzu wird von der Bengelmann Versuchsküche angemerkt: Unter „Rind" kann alles verstanden werden, was vom Hausrind kommt, sowohl von geschlechtsreifen Tieren (Färsenfleisch, Kuhfleisch, Bullenfleisch) oder von kastrierten Tieren (Ochsenfleisch). Ochsenfleisch vom nicht zu jungen Ochsen sollte wegen des Geschmackes bevorzugt werden. Das Fleisch alter Kühe (Mutterkühe) und alter Bullen ist am zähesten und schwieriger zu garen.

Hackfleisch muß lebensmittelrechtlich von so hoher Qualität sein, daß es sowohl roh als auch zubereitet verzehrt werden kann. Die Verwendung von nur bedingt tauglichem Fleisch, von Gefrierfleisch und von Fleisch anderer Tierarten, wie z.B. von Geflügel oder Wild, zur Herstellung von Hackfleisch ist verboten. Hackfleisch darf jedoch unter bestimmten Bedingungen als TK-Ware gehandelt werden. Für Hackfleisch darf grob entsehntes Skelettmuskelfleisch verwendet werden, während für den sehr teuren **Tatar**, auch **Schabefleisch** genannt, nur entsehntes und vom sichtbaren Fett befreites Skelettmuskelfleisch verwendet werden darf. Bei gefrierkonserviertem Hackfleisch (TK-Ware) ist sogar das Hinzufügen von Kochsalz und Gewürzen gestattet, nicht jedoch bei frischem Hackfleisch. Das bedeutet für die DASH-

Diätküche: **Frisches Hackfleisch ist immer ungesalzen („no-salt-added") und hat somit nur den natürlichen Kochsalzgehalt des Fleisches. „Hackepeter"** ist vom Schwein hergestelltes Hackfleisch.
In einer „richtigen" handwerklichen Metzgerei (*österr.* Fleischhauerei) kann man sich auch heute noch vor seinen Augen **mageres Schweinefleisch** mit einem Fettanteil von ca. 2% (Schweinefilet, Schweinefleisch aus der Oberschale, Schnitzelfleisch) oder **mageres Rindfleisch** mit einem Fettanteil von ca. 4% (Rinderfilet, Rindfleisch aus der Oberschale oder Hüfte) durch den Fleischwolf drehen lassen! So frisch und mager kann **DASH-Hackfleisch** sein!

77. 15-Minuten-Haschée (Ragoût) aus Tatar (Schabefleisch, Beefsteakhack) oder Hackfleisch, ungesalzen, nur gepfeffert

Zubereitung: In einer Pfanne 2 - 3 EL Öl Ihrer Wahl vorsichtig erhitzen. Dann 100g bis 250 g frisches Hackfleisch oder aufgetautes TK-Hackfleisch in das heiße Öl geben und braten, hierbei mit einer Gabel oder einem Pfannenwender das Hackfleisch regelmäßig vorsichtig wenden und rühren. Falls erforderlich, etwas Öl nachträufeln, evtl. auch etwas kochendes Wasser. Garzeit ca. 15 Minuten. Am Ende der Garzeit kann man nach Gusto mit fein gemahlenem Pfeffer würzen. Dieses Haschée kann einfach pur genossen werden, vielleicht zu einem Stück ungesalzenem toskanischem Weißbrot, aber auch zur Zubereitung von Pastagerichten verwendet werden, zu Couscous, Polenta oder Reis gereicht, oder als Füllung für Pfannkuchen (auch als Ragout fin) verwendet werden. Gut durchgebraten ist dieses Haschée im Nullgrad-Kühlschrank tagelang gut haltbar.

78. Ragù alla bolognese (Haschée nach Bologneser Art), in der Pfanne geschmort, der Klassiker der italienischen Renaissance hier erstmalig ungesalzen („no salt added") (BENGELMANN INNOVATION)

Vorbemerkung: Im Originalrezept aus der Renaissance hat man wohl aus Gründen der damaligen Lebensmittelkonservierung ohne Kühltechnik die geräucherte und gesalzene Pancetta, eine Art Bauchspeck vom Schwein, in kleine Würfel geschnitten und in der Pfanne mitgebraten. Dies ist bei der DASH-Diät wegen des immensen Salzgehaltes nicht gestattet. Als Ersatz für die salzige Pancetta käme allenfalls der sogenannte **rohe Grüne Speck**, eine Art von **ungesalzenem und nicht gepökeltem Rückenspeck vom Schwein** in Frage. Vorsicht, denn es wird unter der Bezeichnung „Rückenspeck“ auch gesalzene und gepökelte Ware angeboten! Der Cholesteringehalt der Bolognese wird freilich auch durch die Zugabe von ungesalzenem Bauch- oder Rückenspeck erhöht, welcher etwa 60 mg Cholesterin in 100g Ware enthält, immer noch sehr, sehr viel weniger als Hühnerleber, ein Hühnerei oder Krabben, Garnelen und andere Krustentiere!

Zubereitung: In einer Pfanne 2 - 3 EL natives Olivenöl vorsichtig erhitzen. Dann zuerst eine fein gewiegte halbe Zwiebel oder ganze Schalotte, ein kleines, fein gewiegtes Stück von der gelben Rübe (Karotte, Möhre) und einige fein gewiegte Stiele vom Stangensellerie (ersatzweise Stiele vom Selleriegrün) im heißen Öl anbraten und dann das Hackfleisch (mageres Rindfleisch, bevorzugt aus der Wade oder Hüfte) dazugeben, falls erforderlich, etwas Öl nachträufeln und das Hackfleisch mit den genannten Zutaten gut durchbraten. Hierbei mit einer Gabel oder einem Pfannenwender das Hackfleisch mit den Gemüsezutaten regelmäßig vorsichtig wenden und rühren. Nach etwa 15 Minuten mit etwas abgekochtem sprudelndem kochsalzfreiem Wasser löschen und aufgießen, dann zu gleichen Teilen so viel heiße ungesalzene Gemüse- oder Fleischbrühe und Weißwein aufgießen, daß eine nicht zu flüssige, breiige, grobkörnige Masse entsteht. Nunmehr evtl. als moderne Variante der Renaissance-Bolognese fein gerebelten Majoran und / oder Oregano, 1 Lorbeerblatt und fein gemahlenen schwarzen Pfeffer nach Gusto zugeben, eine Tasse heißer entrahmter Milch und eine Tasse ungesalzener Tomatenpassata zugeben, umrühren, den Pfannendeckel aufsetzen und fünf bis zehn Minuten, oder auch länger, leise köcheln lassen. *Nicht kochen!* Zwischendrin heißes abgekochtes Wasser oder heiße Brühe aufgießen, damit nichts anbrennt und die gewünschte Konsistenz erreicht wird. Wie lange Sie dieses klassische Ragout der Renaissance am besten köcheln lassen sollen? Das ist eine gute Frage, welche leicht zu beantworten ist: Im Sinne der schnellen DASH-Küche unseres Zeitalters genügen 5 bis 10 Minuten, um es servieren zu können. Im Sinne der maßlosen und genußsüchtigen Renaissance sollte ein solches Ragout mindestens zwei bis drei, am besten fünf Stunden mit aufgesetztem Deckel bei niedriger Hitze und gelegentlichem Nachgießen von Brühe geschmort werden. Dieses Haschée kann einfach pur genossen werden, vielleicht zu einem Stück ungesalzenen toskanischen Weißbrotes und einem Glas sehr kräftigen Rotweines, aber auch zur Zubereitung der in Deutschland beliebten, geradezu klassisch zu nennenden „Spaghetti bolognese" und der vielen anderen Bolognesegerichte verwendet werden, zu Tagliatelle, Couscous, Polenta oder Reis gereicht oder als Füllung für Pfannkuchen oder Pasteten wie beim *„Ragout fin"* in DASH-Qualität verwendet werden. In der französischen wie in der norditalienischen Renaissance hat man diese Fleischsauce weniger zu Pasta als zu anderen Fleischstücken serviert oder auch zum Füllen von Geflügel verwendet!

Gut durchgebraten und geköchelt ist dieses Haschée im Nullgrad-Kühlschrank gut haltbar. **Variante** mit **Zugabe von Hühnerleber** (nur für Menschen, die kein Cholesterinproblem haben!): Die Hühnerleber nach sorgfältiger Reinigung (siehe Rezeptteil Hühnerleber) zuerst fein wiegen und dann in Olivenöl, Butter oder Butterschmalz 10 Minuten lang scharf anbraten, ablöschen mit ungesalzenem Weißweinessig (kein Balsamico!), was auch aus hygienischen Gründen unbedingt erforderlich ist. Dann das hygienisch durchgebratene Hühnerleberhaschée zum Rinderhack hinzugeben und mitköcheln. Freilich steigt der Cholesteringehalt dieses Gerichtes durch die Zugabe der Hühnerleber, welche mehr als achtmal so viel Cholesterin wie der oben in diesem Rezept erwähnte Grüne Schweinespeck, nämlich etwa 500mg Cholesterin/100g, enthält! **Wer bei der DASH-Diät die salzigen und sehr cholesterinreichen Lebensmittel, wie Krustentiere, Eier und Lebern, vermeidet, kann als kleine Diätsünde schon mal pro Portion von der Bolognese z.B. 10 Gramm ungesalzenen Grünen Speck mitbraten, der dann auch nur 6mg Cholesterin enthält!**

Schweinefilet oder Schweinefleisch aus der Oberschale (Schnitzelfleisch) (IDEALES DASH-LEBENSMITTEL)

Schweinefilet und **Schweinefleisch aus der Oberschale (Schnitzelfleisch)** ist ein sehr **fettarmes Fleisch**, es enthält nur 2 g Fett in 100g. Und ein sehr eiweißreiches Fleisch, es hat 22 g Protein in 100g, davon L-Arginin ca. 1,5 g (1.500 mg!), und dazu ca. 5 mg Vitamin B3 (Niacin, Nikotinsäureamid) als LDL-Cholesterinsenker. Es ist sehr cholesterinarm (nur ca. 50 mg in 100g). Verglichen mit dem Rinderfilet also halb so viel Fett, eher etwas mehr Eiweiß, dafür aber ein wenig mehr Natrium. Und es schmeckt delikat und läßt sich schnell zubereiten. Als ein ideales DASH-Lebensmittel! **Warnhinweis** für den Einkauf: „Schweinefilet“ darf nicht mit **„Sauenfilet“** verwechselt werden; das Sauenfilet stammt von alten weiblichen Zuchtschweinen, die viele Ferkel geworfen haben, und infolge des hohen Hormonspiegels nicht-kastrierter und trächtiger Schlachttiere kann ohnehin ein ganz bestimmter Geruch ins Fleisch kommen.

79. Geschnetzeltes vom Schwein: Schweinefilet oder Schweineschnitzel aus der Oberschale in Scheibchen oder in Streifen geschnetzelt, in Olivenöl mit schwarzem Pfeffer und Rosmarin in der Pfanne gebraten

Zubereitung: Das Schweinefilet bzw. Schnitzelfleisch waschen und mit einem Küchenleinen trockentupfen, in dünne, etwa 1 cm dicke Scheibchen schneiden oder diese wieder in kleine bleistiftdünne Streifen. In einer Pfanne feines natives Olivenöl vorsichtig erhitzen, dann die Filetscheibchen bzw. Filetstreifen in der Pfanne unter mehrmaligem schnellem Wenden auf allen Seiten anbraten, damit sich die Poren schließen und der Saft nicht ausläuft. Unter mehrmaligem Wenden etwa 10 bis 20 Minuten braten, dann mit abgekochtem heißem Wasser, heißer Brühe oder Likörwein (Sherry, Marsala, Portwein) löschen, aufgießen, fein gemahlenes Rosmarinpulver, geschnittenen Rosmarin oder ein Rosmarinzweiglein dazugeben, fein gemahlenen schwarzen Pfeffer oder auch grünem Pfeffer, oder nach Gusto auch grob gemahlenen Pfeffer aus der Mühle dazugeben, Deckel aufsetzen und nochmals 10 Minuten bei milder Hitze schmoren lassen. Beilagen: Reis, Pellkartoffeln, Polenta, Couscous, Pasta (Bandnudeln, Spaghetti). Dazu ein sehr kräftiger dunkelroter herber Rotwein, auch 1:10 mit eiskaltem Wasser gespritzt. Wird anstatt des nativen Olivenöles ein Speiseöl mit höherem Rauchpunkt, wie z.B. Kokosfett, verwendet, kann man zwar schneller bei größerer Hitze garen, verzichtet aber auf den gesundheitlichen Vorzug und den Wohlgeschmack des nativen Olivenöles!

Minutensteaks

in DASH-Qualität „no-salt-added“,
vom Rind, Ochsen, Kalb, Schwein, Lamm, in der Pfanne gebraten, für die schnelle Küche, für zu Hause und unterwegs („to go“)

DASH-Minutensteaks sind hauchdünn (von etwa 1 bis 3 mm Dicke) geschnittene Scheiben von geeigneten Stücken Fleisch vom Rind (also von Färsen, alten Kühen und alten Bullen ebenso wie von Jungbullen und Ochsen), vom Schwein, vom Lamm oder auch vom Geflügel. DASH-Minutensteaks werden nicht auf den Grill gelegt, weil beim Grillen wegen der sehr hohen Temperatur erstens krebserregende Verschwelungsprodukte (PAK = Polyzyklische Aromatische Kohlenwasserstoffe, Acroleïn usw.) entstehen, und zweitens, weil der Eigengeschmack des Fleisches durch das Grillen nicht gerade verstärkt wird. DASH-Minutensteaks werden in der unbeschichteten Pfanne mit einem geeigneten gesunden und schmackhaften Öl mit möglichst hohem Rauchpunkt gebraten. Wenn's gemütlich zugeht, in nativem Olivenöl. Wenn's pressiert, in Rapsöl (Omega-3!), Maiskeimöl, Sojaöl, Sonnenblumenöl, Kokosfett oder reinem Butterschmalz (Butterreinfett).

Die von der Bengelmann Versuchsküche entwickelten Rezepte für DASH-Minutensteaks mit und ohne vorheriger ungesalzener Marinade enthalten nur die Menge Natrium bzw. Kochsalz, die von Natur aus in der jeweiligen nativen Fleischsorte enthalten ist. Sie sind somit im Vergleich mit den gesalzenen Steaks als sehr salzarm zu bezeichnen. Sie sind in Minutenschnelle durchzuführen, je nach Qualität der Ware und Erfahrung bei der Zubereitung. Man kann die fertig gebratenen Steaks mit oder ohne Henkelmann ins Büro mitnehmen oder auch unterwegs im Job oder in der Freizeit **(„Minutensteaks to go“, no-salt-added). DASH-Minutensteaks dürfen selbstverständlich nicht in salzhaltigen Marinaden mariniert werden, nicht mit Käse gratiniert werden und auch nicht mit gesalzenem Schinken oder Räucherspeck garniert oder umwickelt werden, und nicht mit gesalzener Panade paniert werden.** Böse Zungen behaupten, derlei Schnickschnack diene in der Gastronomie nicht selten entweder einer Profilierungsneurose des Koches oder dem Verschleiern tieftrauriger Tatsachen, was Gewicht und Qualität des verwendeten Fleisches betrifft…denn „scharf gewürzt und hoch erhitzt“ sei eine Art „Tarnkappe“ für Gammelfleisch. DASH-Minutensteaks sind nahezu beliebig kombinierbar mit anderen Fleisch-, Fisch- und Geflügelsorten, mit ungesalzenen Pilzen und Gemüsen aller Art und mit allen ungesalzenen Beilagen, wie z.B. mit ungesalzenem Brot, mit Reis, Pasta, Couscous, Polenta, Kartoffeln, Mohnsauce, Puttaneska-Sauce, Worcestershiresauce oder Süß-Saurem Gemüse-Chutney, jeweils ungesalzen nach Rezepten in diesem Buch.

80. Hauchdünnes Minutensteak vom Rinderfilet, Ochsenfilet, oder von der Rinder-/ Ochsenhüfte („rump“) in nativem Olivenöl gebraten

Hauchdünn geschnittenes Minutensteak vom Filet (4% Fett) oder von der Hüfte, sog. Rumpsteak (gut 2% Fett), auch tiefgefroren, vom Rind oder Ochsen in einer unbeschichteten Pfanne mit heißem nativem Olivenöl jede Seite eine halbe Minute braten. TK-Ware unaufgetaut eine halbe Minute mehr für jede Seite! Fertig!
Auf einem gut vorgewärmtem Teller servieren. Erst auf dem Teller nach Gusto pfeffern, entweder grob aus der Mühle oder mit feinstem gemahlenem Pfeffer. Wird der Pfeffer in der Pfanne mitgebraten, wird er nur verkohlt und schmeckt bitter. Dazu gut gekühltes natriumarmes Trinkwasser ohne Gas, kräftiger trockener Weißwein oder dunkler Rotwein pur oder 1:10 mit Wasser gespritzt.
Variante: Zum Braten des hauchdünnen Steaks kann auch eines der anderen oben genannten Öle mit hohem Rauchpunkt, gesundheitlichem Wert und vorzüglichem Geschmack benutzt werden.

81. Mariniertes „Minuten-Bistecca alla Diabolo“ „no-salt-added“ — Teufels-Minutensteak von Rind, vom Ochsen, vom Schwein oder Lamm

Für das marinierte „Minuten-Bistecca alla Diabolo“ soll das hauchdünn geschnittene Steakfleisch etwa ein Stunde im Kühlschrank in einer scharfen Marinade mariniert werden. Weil die

Marinade auch im Kühlschrank nicht steif werden oder ausflocken darf , können hierfür nur solche Speiseöle verwendet werden, die einen sehr tiefen Festpunkt (Erstarrungspunkt / Schmelzpunkt) haben, wie z.B. Sonnenblumenöl oder Sojaöl. Natives Olivenöl eignet sich hierfür nicht. Wer eine Marinade mit nativem Olivenöl zubereiten will, kann dies tun, jedoch sollte die Temperatur zum Marinieren dann je nach Herkunft und Sorte des Olivenöles nicht unter 8° bis 12° Celsius sein. Das ist die Temperatur der früher gebräuchlichen Speisekammern.

Zubereitung der Marinade: In einen Topf, auch Steingut, je nach Menge des zu marinierenden Fleisches 1 bis mehrere EL vom feinsten Öl mit hohem Rauchpunkt und tiefem Festpunkt (also Sonnenblumenöl oder Sojaöl), auch kaltgepreßt oder unfiltriert, geben, dazu nach Gusto Knoblauch aus der Presse, grob gemahlene schwarze und / oder grüne Pfefferkörner aus der Mühle oder geschrotete Ware, getrocknete und geschrotete Chili oder Cayennepfeffer, Rosmarin ganz oder geschnitten, nach Gusto ein Thymianzweiglein dazu, und mit der Gabel verrühren, dann das Minutenfleisch in die Marinade legen, so daß es vom Öl bedeckt ist. Wenn man keine Zeit zum Marinieren hat, kann man mit einem Lebensmittelpinsel die Marinade auch direkt auf das Fleisch auftragen und das Fleisch noch durch die Marinade ziehen. Das marinierte Minutensteak dann in einer Pfanne mit nicht zu heißem Öl (damit die Gewürze nicht verkohlen) von hohem Rauchpunkt (damit das Öl selber nicht verschwelt) braten, jede Seite eine halbe Minute. Fertig.

Rinderfilet oder Rindfleisch aus der Oberschale oder Hüfte (IDEALES DASH-LEBENSMITTEL)

Rinderfilet oder Rindfleisch aus der Oberschale (ca. 4,5% Fett)oder Hüfte (ca. 2% Fett) (IDEALES DASH-LEBENSMITTEL) ist sehr fettarm, das Filet vom Rind hat zwar immer noch doppelt so viel Fett wie das Filet vom Schwein, nämlich 4%, ist aber immer noch als sehr fettarme Fleischsorte zu bezeichnen. Viel fettreicher ist der Brustkern vom Rind mit 14 % Fettanteil.

82. Rindergeschnetzeltes oder Ragout vom Filet, aus der Oberschale oder Hüfte (sog. Minutenfleisch), in Olivenöl mit Zwiebeln, Rosmarin, Thymian und Knoblauch in der Pfanne gebraten, gepfeffert nach Gusto

In einer Pfanne 2 - 3 EL eines zum stärkeren Erhitzen geeigneten Öles mit hohem Rauchpunkt (z.B. Rapsöl, Maiskeimöl, Sonnenblumenöl, Sojaöl) vorsichtig erhitzen. Das gewaschene und mit einem Küchenleinen gut trockengetupfte Rindfleisch (ca. 250 g) schnetzeln, d.h. in dünne, höchstens 3 bis 5 mm dicke Streifen oder Schnitzelchen schneiden. Dann das geschnetzelte Fleisch in der Pfanne unter ständigem Wenden mit dem Pfannenwender bei guter Hitze 5 Minuten (bei 3 - 4 mm dicken Fleischstreifen) bis 30 Minuten (8 - 10 mm dicke Schnitzel) durchbraten, damit sich die Poren schließen und der Fleischsaft im Fleisch bleibt. Dann mit einem gelöcherten Pfannenwender das gebratene Schnitzelfleisch ohne Öl und Bratensaft aus der Pfanne nehmen, ggf. auf dem siebartig durchlöcherten Pfannenwender über der Pfanne nochmals abtropfen lassen, und auf einen vorgewärmten Teller legen, der im Backrohr oder auf dem Rechaud warm gehalten wird. Dann 1 EL fein gewiegte Zwiebeln oder Schalotten, 1 fein gewiegte ungebleichte Knoblauchzehe, etwas Rosmarin, Thymian und schwarze Pfefferkörner in das Öl geben, eine Minute anbraten, dann das vorher aus der Pfanne genommene und warm gehaltene Schnitzelfleisch wieder in die Pfanne geben, dann mit heißem abgekochtem Wasser, Brühe und - falls gewünscht - mit 2 cl Weinbrand (Cognac, Armagnac) löschen, umrühren, dann den Deckel aufsetzen und bei aufgesetztem Deckel nochmals köcheln lassen, je nach Dicke der Schnetzelstreifen 10 bis 30 min lang. Während des Köchelns mehrmals umrühren und mit einem Holzspatel verhindern, daß sich was ansetzt oder gar anbrennt. Die Soße soll sämig sein. Ist die Soße zu wäßrig geworden, kann man mit etwas Mehl oder Speisestärke (Maizena, Mondamin) stäuben, oder zum Binden einen EL Preiselbeermarmelade oder saure Rote Johannisbeermarmelade hinzugeben. Beilagen: ungesalzene eifreie Löffelspatzen (Mehlspatzen), Reis, Couscous, Pasta (Maccheroni, lange Hohlnudeln zum Aufsaugen der Soße) oder Polenta, Gemüse. Dazu ein sehr kräftiger dunkler herber Rotwein, auch 1:10 mit eiskaltem Wasser gespritzt.

Geflügel

Hühnerbrust ohne Haut

83. Geschnetzelte Hühnerbrust (ca. 6% Fett), mit Rosmarin, Thymian und Petersilie, in der Pfanne mit Olivenöl oder Rapsöl oder Sojaöl gebraten

Falls vorhanden, sollte die fette Haut der Hühnerbrust sorgfältig entfernt werden; wegen ihres köstlichen Aromas kann sie ein diätetischer Leckerbissen für schlanke und untergewichtige Menschen sein!

Die Hühnerbrust ohne Haut in sehr dünne Streifen von 1 bis 3 mm Dicke schneiden. In einer Stielpfanne natives Olivenöl (niedriger Rauchpunkt!) oder Öl mit hohem Rauchpunkt (Omega-3-Öl: Rapsöl, Omega-6-Öl: Sojaöl) vorsichtig erhitzen und dann die ungewürzten Hühnerbruststreifen in das heiße Öl geben. Unter mehrmaligem Wenden rasch anbraten, damit sich die Poren des Fleisches schließen. Dann den Rosmarin (ganz oder geschnitten) dazu geben, Hitze herunterschalten und das Fleisch mit dem Rosmarin noch einige Minuten garen. Gegen Ende der Garzeit nach Belieben fein gerebelten Thymian, fein gewiegte Petersilie und fein gemahlenen schwarzen Pfeffer hinzugeben. Löschen mit etwas kochendem Wasser, Weißwein, Sherry oder Weinbrand. Falls das Fleisch noch nicht gar ist, nochmals mit wenig kochendem Wasser aufgießen und den Deckel auf die Pfanne setzen, die Hitze höher schalten und so noch einige Minuten schmoren. Fertig. Servieren wahlweise mit Reis, Pasta, Kartoffeln, Couscous oder Polenta in Dash-Qualität, „no-salt-added“. **Variante** für die schnelle DASH-Küche: Falls gerade ein Rest von bevorrateter Hühnerbrühe im Kühlschrank ist, kann anstelle von kochendem Wasser mit heißer Hühnerbrühe aufgegossen werden.

Kaninchen

Das Fleisch des Kaninchens soll weißlich sein, das Fett reinweiß und von harter Konsistenz. Junge, ausgewachsene, gut gemästete Kaninchen geben das beste Fleisch. Zum Schnetzeln und schnellen Braten eignet sich das Fleisch junger Kaninchen, insbesondere das Kaninchenrückenfilet, wohingegen sich für die Zubereitung von dunklem (braunem) Kaninchenragout, sauer gebeiztem Kaninchenpfeffer und von Kaninchensuppe das Fleisch älterer Kaninchen eignet.

84. Geschnetzeltes Kaninchenrückenfilet oder Fleisch junger Kaninchen, in Ölen mit hohem Rauchpunkt gebraten, wahlweise mit Küchenkräutern

Das Kaninchenfleisch quer über die Fasern in sehr feine Streifen von 1 bis 3 mm Dicke oder in kleine Würfel schneiden. Für das *schnelle* Garen von Kaninchenfleisch ist gute Hitze des Öles in der Pfanne anzuraten, so daß sich Olivenöl wegen des doch zu niedrigen Rauchpunktes hierfür nicht eignet. Empfehlenswert sind deshalb Öle und Fette mit hohem Rauchpunkt, also Rapsöl, Maiskeimöl, Sonnenblumenöl, Sojaöl, Kokosfett oder Butterschmalz (cholesterinhaltig!). In einer Pfanne das Öl bzw. Fett erhitzen, dann die ungewürzten Kaninchenfleischstreifen oder -würfel zugeben und einige Minuten kräftig anbraten. Dann die Hitze herunterschalten, dann fein gewiegte weiße Zwiebeln oder Schalotten zugeben und bei geringerer Hitze, damit nichts anbrennt, dünsten, bis die Zwiebeln bzw. Schalotten glasig sind, dann löschen mit „halb und halb“ Weißwein und kochendem Wasser, besser noch mit heißer ungesalzener Gemüsebrühe, Fleischbrühe oder Hühnerbrühe in DASH-Qualität, dann etwas Magermilch oder auch Milch höherer Fettgehaltsstufen, falls erlaubt auch etwas Sahne, Schmand oder Crême fraîche zugeben sowie nach Belieben schwarzen Pfeffer. Dann zum Binden mit etwas weißem feinstem Weizenmehl (Typ 405) bestäuben (falls erforderlich, das Mehl vorher sieben), den Pfannendeckel aufsetzen und bei geschlossenem Deckel und milder Hitze nochmals einige Minuten dünsten. Falls erwünscht, können fein gewiegte Küchenkräuter zum Dünsten hinzugegeben werden, insbesondere Petersilie, Rosmarin, Thymian, Kerbel, Bohnenkraut oder Lavendel. Fertig. Variante: Auf den kanarischen Inseln würzt man das Kaninchenfleisch bevorzugt mit Kreuzkümmel und Koriandergrün. Servieren mit ungesalzenem Weißbrot, Reis, Couscous, Pasta, Kartoffeln oder Polenta in DASH-Qualität. Nach Belieben Salate und Gemüse in DASH-Qualität. Dazu trockener leichter Weißwein oder auch leichter Rotwein.

Innereien

Hühnerleber / Geflügelleber

85. Schnelle Hühnerleber, fein bis grob geschnetzelt, mit Öl Ihrer Wahl, Zwiebel, Rosmarin und Thymian, wahlweise mit Marsala oder Sherry aufgegossen.

Die ganzen oder halbierten, fein oder grob geschnetzelten Hühnerlebern oder Geflügellebern (z.B. auch Entenleber) mit einem kleinen scharfen Messer von Sehnen, Häuten und Flachsen befreien, falls erforderlich säubern, vorsichtig mit eiskaltem Wasser abwaschen, mit Lebensmitteltuch trocken tupfen. Dann in einer Pfanne das Öl vorsichtig erhitzen. Natives Olivenöl kann wegen seines niedrigen Rauchpunktes nicht stark erhitzt werden. Wenn ein Fett oder Öl mit hohen Rauchpunkt verwendet wird, wie z.B. Kokosfett, Rapsöl (= Omega-3-Öl!), Maiskeimöl, Sonnenblumenöl oder Sojaöl, kann stärker erhitzt werden, so daß viel Zeit bei der Zubereitung eingespart wird. Dann bei guter Hitze die ungewürzten geschnetzelten Lebern in das Öl geben und unter ständigem Wenden mit dem Pfannenwender oder einem Holzspatel 3 bis 5 Minuten anbraten. Dann bei noch guter Hitze wenig fein gewiegte Zwiebeln oder Schalotten, evtl. auch Knoblauch, hinzugeben und glasig rösten, dann nach Gusto fein gerebelten Thymian und Rosmarin, auch eine fertige Mischung getrockneter Kräuter der Provence, sowie fein gemahlenen schwarzen Pfeffer oder groben Pfeffer aus der Mühle hinzugeben, dann rasch mit kochendem Wasser löschen. Falls erwünscht und verfügbar, können zum Löschen und Aufgießen auch Marsala, Sherry, Weinbrand, ungesalzene Gemüsebrühe, Fleischbrühe oder Hühnerbrühe in DASH-Qualität verwendet werden.

Servieren mit ungesalzenem Weißbrot, Reis, Couscous, Polenta, Pasta oder Kartoffeln, Gemüsen und Salaten in DASH-Qualität.
Kann auch als Brotbelag bzw. Wurstersatz verwendet werden.

86. Geschnetzelte Kalbsleber, Rindsleber oder Schweinsleber in der Pfanne mit Olivenöl, Zwiebeln und Knoblauch, evtl. mit Salbei und Thymian, gebraten

Die zarte, sehr teure (Kilopreis € 12 bis € 25) Kalbsleber benötigt weniger Zeit zum Garen und ist deshalb für die schnelle Küche bestens geeignet. Rindsleber ist die preiswerteste Leber (Kilopreis ca. 2,50 €) und wird besonders weich, wenn sie vor dem Schnetzeln 10 - 20 Minuten in lauwarme, mit Wasser verdünnte Magermilch eingelegt worden war; Schweinsleber (Kilopreis ca. 4,50 €) ist saftiger.
Die Leber ggf., falls vom Metzger nicht bereits getan, säubern, von Adern, Sehnen und Häuten befreien, mit eiskaltem Wasser waschen, trocken tupfen mit Leinentuch, dann in dünne, 5 bis 10 mm dicke Streifen schneiden. Rinder- und Schweinsleber sollen zur Verkürzung der Garzeiten in noch dünnere Streifen geschnitten werden. Dann die geschnetzelten Leberstreifen mit feinstem weißen, evtl. gesiebtem kleberreichem Weizenmehl (Typ 405) bestäuben oder in solchem Mehl wälzen. In einer Pfanne natives Olivenöl vorsichtig erhitzen, fein gewiegte Zwiebeln, Schalotten, falls erwünscht, auch ungebleichten Knoblauch, in die Pfanne geben und vorsichtig glasig anbraten, oder, falls erwünscht, nach Belieben auch dunkler rösten. Dann gibt man die Leberstreifen in die Pfanne sowie den gerebelten Salbei und den Thymian, nach Belieben auch feinst gemahlenen schwarzen Pfeffer. Dann braten bei guter Hitze einige Minuten, bis die Leber „durch" ist. Löschen und aufgießen kann man mit heißem Wasser, nach Belieben auch mit Marsala, Sherry, Weinbrand, Gemüsebrühe, Fleischbrühe oder Hühnerbrühe. Fertig. Servieren mit ungesalzenem Weißbrot, Reis, Polenta, Couscous, Pellkartoffeln oder Pasta. Dazu paßt ein schwerer dunkler Rotwein.

87. Geschnetzelte Kalbsnieren

Wenn die Kalbsnieren nicht bereits vom Metzger küchenfertig vorbereitet worden sind, müssen die Kalbsnieren erst mal sorgfältig mit eiskaltem Wasser gewaschen werden. Dann werden die Nieren der Länge nach durchgeschnitten, so daß die Harnstränge, Adern,

Bindegewebe und Fett entfernt werden können. Ist dies geschehen, die Nieren in dünne Scheibchen schnetzeln und mit feinstem weißem Weizenmehl bestäuben. Dann in einer Pfanne natives Olivenöl vorsichtig erhitzen, dann fein gewiegte Zwiebeln, Schalotten und evtl. Knoblauch anbraten, bis sie glasig sind; dann die geschnetzelten Nieren in das gut heiße Öl geben und wenige Minuten braten, bis sie „durch" sind. Löschen mit heißem Wasser, Weißwein oder Brühe nach Belieben. Nach Belieben kann auch etwas ungesalzener Essig (kein Balsamico!) hinzugegeben werden. Servieren mit ungesalzenem Weißbrot, Reis, Polenta, Couscous, Pellkartoffeln oder Pasta. Dazu paßt ein schwerer dunkler Rotwein.

Selbst hergestellte ungesalzene Würzsoßen und Würzpasten sowie Kräuter- und Gewürzmischungen

Kräuter - Gewürze - Ersatz von traditionellen kochsalzexzessiven Zutaten durch Lebensmittel mit natürlichem Kochsalzgehalt

88. Ungesalzene Worcestershiresauce (ausgesprochen: ˌwu̇s-tə(r)-ˌshir') „LAURENCE STERNE", in 10 Minuten selbst hergestellt ohne Zusatz von Salz, „no-salt-added" (BENGELMANN INNOVATION) •VEGETARIERGEEIGNET•

Wer Gemüse, Suppen, Gemüsesäfte und Cocktails in DASH-Qualität etwas würziger genießen will, sollte sich seine **ungesalzene DASH-Worcestershiresauce „no-salt-added"** je nach Gusto selbst zubereiten: 2 bis 3 oder auch mehr **Knoblauchzehen** werden geschält und mit sprudelnd kochendem Wasser blanchiert, anschließend mit einer Knoblauchpresse ausgequetscht. Der so gewonnene Knoblauchbrei wird mit einigen Messerspitzen fein gemahlenen Schwarzen Pfeffers, einer Messerspitze fein gemahlenen **Cayennepfeffers** oder **Chilipfeffers**, einer Messerspitze fein gemahlener oder im Mörser zerstoßener **Senfkörner**, 1 EL oder auch mehr **ungereinigten braunen Zuckers** (= Vollrohrzuckers mit natürlicher Melasse), ersatzweise mit geschmacklich minderwertigerem Rohzucker (= Weißzucker mit zugesetztem Sirup), auch mit braunem Farinzucker, Kandiszucker, Karamellzucker, Agavensirup, Ahornsirup), 1-2 TL **Zitronensaft**, mit 100 ml ungesalzenem **Rotweinessig** mit 10% Essigsäure, ersatzweise den schwächeren Salatessig, (kein Aceto Balsamico, da dieser stets hinzugefügtes Kochsalz u.a. Zusätze, wie z.B. *Natriumsulfit*, enthält) und 1 EL **Rotem Traubensaft** (Muttersaft) im Mixer verquirlt. In einer Flasche mit Schraubverschluß gut gekühlt und vor Licht geschützt aufbewahren und vor Gebrauch schütteln. Variante: Man fügt nach Gusto ein wenig oder auch etwas mehr vom starken **Sherryessig** hinzu.

89. Süß-Saures Gemüse-Chutney mit Gemüsebrühe (VEGETARIERGEEIGNET) oder Fleischbrühe, ungesalzen

Vor industriellen Fertigprodukten dieser Art wird wegen des teilweise immensen Kochsalz- und anderweitigen Natriumgehaltes gewarnt, da häufig der Natriumgehalt von Geschmacksverstärkern wie z.B. Natriumglutamat und der versteckte, jedoch extrem hohe Kochsalzgehalt von z.B. Sojasoßen nicht beachtet wird.

Zutaten: 2 bis 3 große rote **Paprikaschoten**, 1 bis 2 **gelbe Rüben (Karotten)**, 1 **Zucchini** oder **Salatgurke**, 1 - 2 native **Knoblauchzehen** ungebleicht oder **Knoblauchpulver**, 1 frische **Ananashälfte**, ersatzweise abgetropfte **Ananasstückchen** aus der Dose, 1 - 2 **geschälte Tomaten** (**Pomodori pelati**, Fa. La Selva) oder garantiert ungesalzene **Tomatenpassata** (z.B. La Selva), ungesalzener **Weißwein- oder Rotweinessig**, **Likörwein** (Marsala, Sherry oder Portwein), **Orangensaft**, **Zitronensaft** jeweils frisch gepreßt, **Gemüsebrühe** oder **Fleischbrühe**, feiner **Zucker**, **Speisestärke** (Mondamin, Maizena), **Speiseöl** mit sehr tiefem Erstarrungspunkt/Schmelzpunkt, um das Ausflocken bei Aufbewahrung im Kühlschrank zu verhindern (**Sojaöl**: Schmelzpunkt -15°C bis -8°C, **Sonnenblumenöl**: Erstarrungspunkt - 16°C bis -18°C); **Sojamehl** (wahlweise vollfette oder entfettete Qualität); zum Binden und Gelieren: **Johannisbrotkernmehl** (unverdaulich, blähend, wasserlöslich) oder **Speisestärke**, Maizena, Mondamin (verdaulich, nicht blähend); **Pinienkerne**; falls vorhanden, selbst hergestellte **Sambal-Würzpaste „no salt added"** (vor handelsüblicher Sambal-Würzsoße wird wegen des extrem hohen Kochsalzgehaltes gewarnt), ersatzweise etwas feines **Chilipulver**.

Zubereitung: Die Tomaten, die roten Paprikaschoten, die gelben Rüben, die Zucchini oder Salatgurke und den Stangensellerie mit heißem Wasser gut abwaschen, evtl. mit Gemüsebürste reinigen, das Gehäuse der Paprikaschote ausschneiden, die Gurke oder die Zucchini schälen. Das Fruchtfleisch der Paprika und der Zucchini in sehr dünne Streifen und Scheibchen schneiden. Die Knoblauchzehe mit dem Wiegemesser fein wiegen. In einer Pfanne das Öl erhitzen, den Knoblauch, das Sojamehl und die Pinienkerne vorsichtig bei milder Hitze „anschwitzen" bzw. anrösten, bis der Knoblauch glasig geworden ist. Dann mit heißer Gemüsebrühe oder Fleischbrühe löschen und eine größere Menge davon aufgießen, Essig und Likörwein aufgießen, Zitronensaft und Orangensaft zugeben, evtl. etwas Zucker hinzugeben oder ungesalzenen Agaven- oder Ahornsirup, je nach erwünschter Schärfe selbst hergestelltes ungesalzenes Sambal oder Chilipulver zugeben, das Gemüse (Paprika, Tomaten, Gelbe Rüben, Sellerie, Zucchini, Gurke, Ananas) zugeben, Deckel aufsetzen und bei milder Hitze dünsten, bis alles gegart und sämig geworden ist. Falls erforderlich, um Anbrennen zu verhindern, etwas abgekochtes Wasser aufgießen. Falls erforderlich, zum Binden und Gelieren ein Verdickungsmittel (Johannisbrotkernmehl, Stärkemehl, Maizena, Mondamin) in etwas kaltes Wasser rühren, hinzugeben und nochmals kurz vorsichtig aufkochen, mit aufgelegtem Topfdeckel ziehen lassen.

90. Sambal mit Chilikernen ungesalzen •VEGETARIERGEEIGNET•

Ganze frische oder getrocknete Chilischoten müssen in einem Mörser („Olek") zerkleinert werden. Einfacher und schneller geht es, wenn man gleich geschrotete getrocknete Chilischoten einkauft und verwendet. Diese werden in einem Topf zunächst ohne Deckel mit einem Speiseöl mit hohem Rauchpunkt und tiefem Erstarrungspunkt, also mit Sonnenblumenöl oder Sojaöl, vorsichtig angebraten, ohne daß das Öl zu rauchen beginnt oder die Chilischoten angebrannt werden. Dann Löschen mit einer Mischung aus ungesalzenem Weißweinessig (kein Balsamico, denn dieser ist gesalzen) und einem Likörwein (Marsala, Sherry, Portwein) zu gleichen Anteilen, falls erforderlich, zum Binden etwas Agavensirup oder Ahornsirup hinzugeben, evtl. auch etwas Johannisbrotkernmehl (unverdaulicher wasserlöslicher Ballaststoff, blähend, cholesterinsenkend!) oder Speisestärke, Maizena oder Mondamin (verdaulich, nicht blähend!). Bei kleiner Flamme und aufgesetztem Deckel längere Zeit köcheln lassen, bis eine dicke Würzsoße oder Würzpaste entstanden ist. Durch Umrühren mit einem Holzspatel das Anlegen und Anbrennen am Topfboden verhindern oder gleich in einem Simmertopf (Wasserbad, Bain Marie) köcheln lassen. Zur Milderung der Schärfe und zur Verbesserung der erwünschten Beschaffenheit als Würzpaste können auch ungesalzene geschälte Tomatenstückchen (im Gläschen: ungesalzene „Pomodori Pelati“ der Fa. La Selva) hinzugegeben werden, ersatzweise handelsübliche getrocknete Tomaten in ungesalzener Qualität. Warnhinweis: Handelsübliche getrocknete Tomaten enthalten meist Salz!

Ersatz für gesalzene Produkte, Wässern und Entsalzen

91. Ungesalzener Ersatz für handelsübliches kochsalzhaltiges Paniermehl und Semmelbrösel in der DASH-Küche

•VEGETARIERGEEIGNET•

Handelsübliches **Paniermehl** besteht aus sehr salzhaltigen **Semmelbröseln. Gesalzene Semmeln und gesalzenes Weißbrot** haben einen hohen Gehalt an hinzugefügtem Kochsalz (ca. 1,5 g = 1.500 mg in 100g und mehr!). Man kann anstatt eines solchen Paniermehles einfach kleberreiches Weizenmehl vom Typ 405 verwenden, d.h. man wendet das zu panierende Fleisch in Weizenmehl, ganz ohne Salz. Wer will, kann noch ein wenig Ei als „Kleber“ dazu geben. Man kann jedoch eine gesalzene Semmel oder gesalzenes Weißbrot durch fünfminütiges Wässern in abgekochtem lauwarmem Wasser zumindest teilweise entsalzen und dann mit Hilfe eines Küchentuches (Leinensäckchen) ausdrücken und zum Panieren verwenden.

Ersatz: a) **Weizenmehl**, wie beschrieben, oder **Weizengrieß** aus Hartweizen, entweder in rohem Zustand, wenn das Garen anschließend nach Verarbeitung durchgeführt werden soll, oder gekochter oder besser **in Speiseöl gerösteter Grieß**; b) **Haferflocke**n von feiner zarter Qualität, evtl. noch fein mit dem Wiegemesser gewiegt oder im Mixer gemahlen, evtl. mit in gleicher Weise verarbeiteten **Weizenflocken, Weizengrieß** oder **Hafergrieß** gemischt, können wie Semmelbrösel verarbeitet werden, insbesondere auch in Öl, Butter oder Butterschmalz geröstet werden; c) **Geriebener ungesalzener Zwieback**, handelsüblich, oder selber hergestellt, d) **selbst gemahlene Semmelbrösel** aus selbstgebackenem ungesalzenem Weißbrot oder ungesalzenen Semmeln.

92. Behelfsmäßige Entsalzung handelsüblicher gesalzener Lebensmittel (Kapern, Anchovis und Oliven) durch Wässern •VEGETARIERGEEIGNET•

Im privaten traditionellen Haushalt in Spanien, dem Land mit der höchsten Lebenserwartung in Europa, wird traditionell mindestens einen Tag vor der geplanten Zubereitung all das unter fließendem Wasser oder in großen Behältnissen, deren Wasser mehrmals gewechselt wird, entsalzen, was leider nur gesalzen auf den Markt kommt und nicht gesalzen gegessen wird: Salzfisch, eingelegte Anchovis, Kapern, Oliven in Salzlake. Gesalzen werden hauptsächlich Brot, Wurst und Käse gegessen.

Kapern, Anchovis und Oliven: handelsüblich meist eingelegt in Salzlake, oder in einer Mischung aus Essig und Salzlake, Kapern auch trocken in wasserfreies Kochsalzgranulat eingelegt. **Kapern,** halbierte und entkernte **Oliven** und **Anchovis** für die Spaghettisoße sollen 24 Stunden vor Verwendung gewässert werden, entweder unter fließendem eiskaltem Wasser oder in einer Schüssel im Kühlschrank, das Wasser soll mehrmals ausgewechselt werden.

93. Ersatz von salzigem und cholesterinreichem Hartkäse, wie z.B. Parmesan, durch die ungesalzenen und cholesterinfreien nativen Walnüsse •VEGETARIERGEEIGNET•

Parmesan und andere Hartkäse können sowohl in geriebenem Zustand als auch als Stückchen durch die Walnuß ersetzt werden. Walnüsse lassen sich *nach sehr sorgfältiger Entfernung der steinharten Schale und des Gehäuses* auch gut mit einer Parmesanmühle mahlen und ähnlich dem Parmesan verwenden und verarbeiten, z.B. zum Gratinieren und Überbacken von Polenta oder Nudelgerichten.

94. Magermilchbaiser. Dessert aus cholesterinfreiem, sehr steif geschlagenem heißem Magermilchschaum (anstelle von salzhaltigem Eischnee oder Meringe/Baisermasse), garniert mit ungezuckerten heißen Himbeeren oder anderen Früchten, mit einem „dash" Marsala oder Maraschino •VEGETARIERGEEIGNET•

Magermilch (0,1% Fettgehalt) vorsichtig erhitzen, damit am Topfboden nichts anbrennt. Bevor die Milch kocht, von der Feuerstelle nehmen und mit einem Handrührer zu einem sehr steifen Schaum schlagen, falls erforderlich, nochmals kurz vorsichtig erhitzen, bis sich die Milch steif schlagen läßt. Nach Belieben natriumfreien Flüssigsüßstoff oder feinsten Kristallzucker oder besser Puderzucker hinzugeben. In geeignete vorgewärmte Dessertschalen füllen und nach Belieben mit heißen ungezuckerten Himbeeren, heißen entsteinten Kirschen oder anderen Früchten garnieren, abschmecken mit Marsala oder Maraschino. Variante: Bestäuben mit feinem bitterem Kakaopulver stark entölt (nicht: Schokoladepulver!).

Walter Rathgeber / Gerda Plattner
ABNEHMEN! Übergewicht sofort selber senken - salzfrei ohne Medikamente.
In Vorbereit., ISBN 978-3-930177-29-5

Walter Rathgeber / Gerda Plattner
Anti-Aging. Strategie gegen das Altern ISBN 978-3-930177-02-8

Walter Rathgeber / Gerda Plattner
Bluthochdruck sofort selber senken salzfrei ohne Medikamente. Die Deutsche D*A*S*H*-Diät: Die Anti-Risiko-**D**iät gegen **A**dipositas, **S**alzexzeß und **H**ypertonie nach der Formula Dr. Rathgeber, für die schnelle Küche zu Hause, im Büro und unterwegs.
ISBN 9783930177271

Walter Rathgeber / Gerda Plattner
CHOLESTERIN sofort selber senken ohne Medikamente. Die Deutsche D*A*S*H*-Diät: Die Anti-Risiko-Diät gegen die falschen Fette im Blut nach der Formula Dr. Rathgeber. Auch für die schnelle Küche zu Hause, im Büro und unterwegs. ISBN 9783930177288

Walter Rathgeber / Gerda Plattner
D*A*S*H*-Diät. Das Kochbuch für die schnelle Küche zu Hause, im Büro und unterwegs
Die Deutsche DASH-Diät gegen Adipositas, Salzexzeß und Hypertonie nach der „Formula Dr. Rathgeber". Mit einem Grundriß der DASH-Lebensmittelkunde, DASH-Ernährungslehre und DASH-Kochlehre.
ISBN 9783930177301

Walter Rathgeber
Die neue Prostatavorsorge - Was Sie wissen sollten.
ISBN 9783930177011

Walter Rathgeber / Gerda Plattner
Shiitake - Strategie gegen Krebs. Tumortherapie mit dem Shiitake-Pilz und anderen antitumoraktiven Naturstoffen ISBN 9783930177042

Rathgeber Walter
Vorsicht, Krebsvorsorge! Die sieben Todsünden der gesetzlichen Krebsvorsorge.
ISBN 978 3 930177 00 4

Walter Rathgeber / Gerda Plattner:
Weihrauch - Strategie gegen Allergie, Asthma und chronische Entzündungen.
Keine ayurvedische Schrift! Mit nicht-verschweltem Weihrauchharz und antientzündlichen Bioaktiven Substanzen gegen Heuschnupfen, Allergie, Asthma, Rheuma, Darmentzündungen, Neurodermitis usw.
ISBN 9783930177035

Béroalde de Verville

Der Weg zum Erfolg - Le Moyen de Parvenir. VOLLSTÄNDIGE, UNGEKÜRZTE DEUTSCHE ERSTAUSGABE DES RENAISSANCEROMANS VON 1610, Übersetzung aus dem Französischen von BARBARA SCHOLZ, Hrsg.: Valentino Bonvicini. Mit 111 ganzseitigen Abbildungen von Charles Marie Bouton (1781 – 1853) • ISBN 978-3-930177-18-9

Béroalde de Verville

The Way to Succeed. Le Moyen de Parvenir. The Alchemy of All that was, is and will be. Beroalde de Verville' s "Le Moyen de Parvenir" (1610) newly done into English by Su Rathgeber.
ISBN 978-3-930177-19-6

Garcilasso de la Vega el Inca

Geschichte der Eroberung von Florida durch Hernando de Soto 1539-1543. VOLLSTÄNDIGE UND UNGEKÜRZTE DEUTSCHE ERSTAUSGABE DER ÜBERSETZUNG VON HEINRICH LUDEWIG MEIER 1753, Ganzseit. Reproduktionen alter Kupferstiche, in Vorbereitung
ISBN 978-3-930177-13-4

Garcilasso de la Vega el Inca

Authentische Geschichte der Eroberung von Florida durch Hernando de Soto 1539 - 1543. La Florida del Inca. VOLLSTÄNDIGE UND UNGEKÜRZTE DEUTSCHE ERSTAUSGABE DER ANONYMEN ÜBERSETZUNG "H" von 1794. Historischer Roman. Ganzseitige Abbildungen. In Vorbereitung
ISBN 978-3-930177-14-1

Garcilasso de la Vega el Inca

FERDINAND VON SOTO oder ERSTER KRIEGSZUG DER SPANIER DURCH FLORIDA. In der Übersetzung von Gottfried Conrad Böttger (1785), Ganzseitige Abbildungen. In Vorbereitung.
ISBN 9783930177202

Leone Ebreo

Dialoge über die Liebe - Dialoghi di Amore. Kommentiert von Garcilaso de la Vega el Inca. Dt. Erstausgabe. In Vorbereitung.
ISBN 9783930177233.

Hardy, Thomas

Tess von den d'Urbervilles

Eine ungekürzte, frische, elegante und glanzvolle neue Übersetzung der Londoner Erstausg. 1891 aus der Feder der Hamburger Übersetzerin Barbara Scholz.
ISBN: 978-3-930177-33-2, **in Vorbereitung**

Fidalgo de Elvas

Wahrer Bericht über die Entdeckung von Florida durch Fernando de Souto 1539 - 1543
DEUTSCHE ERSTAUSGABE. Vollständige u. ungekürzte Übersetzung des im Jahre 1557 in Evora in portugiesischer Sprache und in den Jahren 1609, 1611 und 1851 in englischer Übersetzung erschienenen Berichtes eines anonym gebliebenen Abenteurers aus Elvas, der sich 'Fidalgo de Elvas' nannte.
ISBN 978-3-930177-15-8. In Vorbereitung